RAINER GEROLD

Die Sicherung des Friedens durch die Organisation der Amerikanischen Staaten (OAS)

Schriften zum Völkerrecht

Heft 14

Die Sicherung des Friedens durch die Organisation der Amerikanischen Staaten (OAS)

Von

Dr. Rainer Gerold

DUNCKER & HUMBLOT / BERLIN

Gedruckt 1971 bei Buchdruckerei Feese & Schulz, Berlin 41
Printed in Germany
ISBN 3 428 02410 9

Meinen Eltern

„Der Friedenszustand unter Menschen . . . ist kein Naturzustand . . . Er muß also *gestiftet* werden . . .“

Immanuel Kant, „Zum ewigen Frieden.“ 1795

Inhaltsverzeichnis

Abkürzungsverzeichnis

AdG	Archiv der Gegenwart
a.E.	am Ende
AFDI	Annuaire Français de Droit International
AJIA	Anuario Jurídico Interamericano
AJIL	American Journal of International Law
Annals	Annals of the OAS
Applications	Inter-American Treaty of Reciprocal Assistance, Applications, Vol. I, II, Pan American Union, Washington D.C. 1964
AVR	Archiv des Völkerrechts
Diss.	Dissertation
DÖV	Die Öffentliche Verwaltung
DSB	Department of State Bulletin
EA	Europa-Archiv
FA	Foreign Affairs
FAZ	Frankfurter Allgemeine Zeitung
FI	Foro Internacional
Foreign Relations	Papers relating to the Foreign Relations of the United States
GAOR	General Assembly Official Records
IAEA	International Atomic Energy Agency
ICJ Reports	International Court of Justice, Reports of Judgements, Advisory Opinions and Orders
ICLQ	International and Comparative Law Quarterly
IGH	Internationaler Gerichtshof Den Haag
ILC	International Law Commission, Yearbook
Int. Conc.	International Conciliation
IO	International Organization
NATO	North Atlantic Treaty Organization
NYT	New York Times (United States Edition)
NYT (int.)	New York Times (International Edition)
NZZ	Neue Zürcher Zeitung
OAS	Organisation der Amerikanischen Staaten, Organization of American States
OEA	Organización de los Estados Americanos
ÖZÖR	Österreichische Zeitschrift für öffentliches Recht
Off. Rec.	Official Records
Proc. ASIL	Proceedings of the American Society of International Law
RDI	Revue de Droit International, de Sciences Diplomatiques et Politiques

Rdz.	Randziffer
Rec.	Recueil des Cours de l'Academie de Droit International de la Haye
REDI	Revista Española de Derecho Internacional
RGDIP	Revue Général de Droit International Public
SCOR	Security Council Official Records
SOAS	Satzung der Organisation Amerikanischer Staaten (1948)
StIGH	Statut des Internationalen Gerichtshofs Den Haag
Suppl.	Supplement
SVN	Satzung der Vereinigten Nationen
UN	United Nations
UNCIO	Documents of the United Nations Conference on International Organization
UN. Doc.	United Nations Documents
UNEF	United Nations Emergency Force
UNFICYP	United Nations Force in Cyprus
UNOC	United Nations Operation Congo
US-Report	Interamerican Conference for the Maintenance of Continental Peace and Security, Report of the Delegation of the United States of America, Washington 1948
VAR	Vereinigte Arabische Republik
VN	Vereinte Nationen
VR	Völkerrecht
WVR	Wörterbuch des Völkerrechts, 2. Aufl., Strupp-Schlochauer, Bd. I—III, Berlin 1960—1962
YICJ	Yearbook of the International Court of Justice
YWA	Yearbook of World Affairs
ZAÖRVR	Zeitschrift für Ausländisches Öffentliches Recht und Völkerrecht

Einleitung

Die Erhaltung und Wiederherstellung des Friedens ist eines der Hauptanliegen der internationalen Staatengemeinschaft. Mit der Gründung der Vereinten Nationen (VN) und der Organisation Amerikanischer Staaten (OAS) ist der Versuch unternommen worden, dieses Ziel mit Hilfe internationaler Organe zu erreichen.

Aufgabe dieser Arbeit ist es, die Verfahren der OAS zur Sicherung des Friedens im Vergleich zu denen der VN darzustellen und ihre Vereinbarkeit zu prüfen. Am Beispiel der OAS sollen auch die Kompetenzprobleme zwischen der Weltorganisation und den Regionalorganisationen erörtert werden. Von den Satzungen und Verträgen ausgehend liegt der Schwerpunkt der Untersuchung auf der Praxis, denn seit der Gründung der OAS und der VN vor über 20 Jahren hat nicht nur jede Organisation ihre besonderen Regeln entwickelt, sondern hat sich auch ihr Verhältnis zueinander geändert. Bei der Unterzeichnung der Charta der VN herrschte der Gedanke der „one world" vor. Die Hauptverantwortlichkeit für die Friedenssicherung sollte demgemäß bei der Weltorganisation liegen. Nur mit Mühe hatten die lateinamerikanischen Staaten auf der Konferenz von San Francisco die Vereinigten Staaten dazu bewegen können, den Regionalorganisationen wenigstens in beschränktem Umfange eigenständige Rechte einzuräumen. Die Spaltung der Welt, die eine Lähmung der VN zur Folge hatte, hat die Bedeutung der Regionalorganisationen, und unter ihnen besonders der OAS, über das vorgesehene Maß hinaus wachsen lassen. Heute sind es gerade die Vereinigten Staaten, die den Vorrang der OAS betonen.

Nach einem kurzen geschichtlichen Überblick über die Bemühungen zur Friedenssicherung im Interamerikanischen System vor Gründung der OAS wird zunächst die friedliche Beilegung von Streitigkeiten behandelt. Dabei wird auf das Konsultationsverfahren, die Vermittlungstätigkeit der Interamerikanischen Friedenskommission und auf die Beilegungsverfahren nach der reformierten OAS-Satzung (1967) eingegangen. Es folgt die Erörterung des Problems, wie inneramerikanische Streitigkeiten vor den Organen der VN zu behandeln sind. Bei der Darstellung des Selbstverteidigungsrechts muß insbesondere seine erweiterte Inanspruchnahme durch die OAS bei sogenannten indirekten Aggressionen kritisch untersucht werden. Nach einem Vergleich der kollektiven Sicherheitssysteme der Organisationen ist die Frage autonomer Zwangsmaßnahmen der OAS gegen Mitglieder und Nichtmitglieder abzuhandeln. Den Abschluß bildet die Erörterung von zwei Arten der Friedenssicherung, die sowohl in der OAS als auch bei den VN gerade in den letzten Jahren besondere Bedeutung gewonnen haben: der Einsatz sogenannter Friedensstreitkräfte und die Abrüstung.

Geschichtliche Entwicklung

Die Friedenssicherung im Interamerikanischen System vor Gründung der OAS

Als gegen Ende des Zweiten Weltkrieges die VN gegründet wurden, war dies der zweite Anlauf, innerhalb einer weltweiten Organisation eine Friedensordnung zu schaffen. Der Grundgedanke der Charta der VN hatte bereits der Satzung des Völkerbundes zugrunde gelegen: die Aufrechterhaltung des Weltfriedens durch internationale Streitregelung und ein kollektives Sicherheitssystem[1].

Während durch die Satzung der VN eine völlig neue Organisation geschaffen wurde, ist die OAS keine Neugründung, sondern bildet die Fortsetzung des traditionsreichen Interamerikanischen Systems. Nichts könnte das deutlicher ausdrücken als Art. 1 Satz 1 SOAS:

„Die amerikanischen Staaten bestätigen durch diese Satzung die internationale Organisation, die sie entwickelt haben, um zu einer Ordnung des Friedens und der Gerechtigkeit zu gelangen, ihre Solidarität zu fördern, ihre Zusammenarbeit zu verstärken und ihre Souveränität, ihre territoriale Unverletzlichkeit und ihre Unabhängigkeit zu verteidigen[2]."

Die Grundsätze und Verfahren der Friedenssicherung sind daher nicht neu, sondern in der langen Geschichte des Interamerikanischen Systems gewachsen und aus ihr heraus erst voll verständlich. Ein

---

[1] Die friedliche Beilegung internationaler Streitigkeiten war auch Gegenstand verschiedener Abkommen auf den beiden Haager Friedenskonferenzen 1899 und 1907. Es war damit jedoch nicht die Gründung einer Organisation verbunden.

[2] Der spanische Text lautet: „Los Estados Americanos consagran en esta Carta la organización internacional que han desarrollado ..." Der englische Text lautet: "The American States establish by this Charter the international organization that they have developed ..." (Textnachweise vgl. unten Anm. 32). Das spanische „consagra" bringt den Gedanken, daß es sich um keine Neugründung handelt, deutlicher zum Ausdruck als das englische „establish", das im Sinne von „to found" mißverstanden werden könnte; vgl. *Fernández-Shaw*, S. 270; *Kunz*, AJIL 1948, S. 570; *Kutzner*, S. 153 ff. Die deutsche Übersetzung aus „Die Friedenswarte" 1949, S. 43, die von „ins Leben rufen" spricht, hat den Mangel aus dem Englischen übernommen. Der Verfasser hat daher „ins Leben rufen" durch „bestätigen" ersetzt.

Daß die OAS die Fortsetzung eines bestehenden Systems ist, ergibt sich z. B. auch daraus, daß die Interamerikanischen Konferenzen von 1890 an durchgezählt werden. Das gleiche gilt für die Konsultationsversammlungen der Außenminister, die 1939 begannen.

kurzer Rückblick in die Geschichte des Interamerikanischen Systems ist daher notwendig[3].

In seiner Jahresbotschaft von 1823 erklärte Präsident *Monroe* u. a., daß jeder Versuch der europäischen Mächte, ihre Ordnung auf den amerikanischen Kontinent zu übertragen, insbesondere ihr Kolonialgebiet zu erweitern, eine Bedrohung des Friedens und der Sicherheit der Hemisphäre sei und ein unfreundlicher Akt gegenüber den Vereinigten Staaten, dem diese nicht untätig zusehen könnten[4]. Obwohl die *Monroe-Doktrin* zum ersten Mal den Gedanken der Solidarität der westlichen Hemisphäre zum Ausdruck brachte, kann sie doch nicht als Vorläufer der OAS angesehen werden. Denn sie ist eine einseitige, allein vom Interesse der Vereinigten Staaten bestimmte Erklärung.

Der Gedanke der interamerikanischen Zusammenarbeit nimmt erst drei Jahre später, 1826, auf dem Kongreß von Panama Gestalt an. Auf Initiative *Bolívars,* des Befreiers Spanisch-Amerikas, wurde von den dort versammelten Staaten[5] der „Vertrag Ewiger Union, Liga und Konföderation" unterzeichnet[6]. Der unmittelbare Anlaß war die Gefährdung der Unabhängigkeit der spanisch-amerikanischen Republiken durch das ehemalige Mutterland. Der Vertrag war aber mehr als ein reines Verteidigungsbündnis, er enthielt eine Art System kollektiver Sicherheit. Ein Gewaltverbot verpflichtete die Mitglieder, jegliche Zwangsmaßnahmen, auch nichtmilitärischer Art, zu unterlassen, bevor der Streitfall einem Verfahren friedlicher Schlichtung unterworfen worden war. Auch andere wesentliche Elemente der heutigen OAS-Charta sind in ihm enthalten, so etwa der Gedanke der wirtschaftlichen Zusammenarbeit[7]. In Kraft getreten ist der Vertrag von Panama aber nie, denn nur Großkolumbien, und auch das nur mit Vorbehalt, fand sich bereit, ihn zu ratifizieren.

In den folgenden Jahrzehnten war es immer wieder Druck von außen, der jeweils einen Teil der spanisch-amerikanischen Republiken

---

3 In einer eingehenden Untersuchung der zwischen den amerikanischen Staaten seit 1822 abgeschlossenen Verträge stellt *Lehmann* in der ersten Hälfte seiner Arbeit (S. 16—132) die Entwicklung der friedlichen Streitbeilegung in der westlichen Hemisphäre bis 1948 dar; S. XXX—XXXIX enthalten eine übersichtliche chronologische Zusammenstellung der von 1822 bis 1967 abgeschlossenen bilateralen und multilateralen Verträge.

Zur Geschichte des Interamerikanischen Systems auch *Kutzner,* S. 17—89.

4 Zur Monroe-Doktrin: H. *Kraus,* Die Monroe-Doktrin, Berlin 1913; *Schatzschneider,* S. 5 f. mit Nachweisen und *Nearing-Freeman,* S. 349 ff., die besonders hervorheben, daß sich die Erklärung Monroes nicht zuletzt gegen die Bestrebungen Rußlands wandte, sich in Kalifornien festzusetzen. *Krakau* behandelt das Verhältnis der Monroe-Doktrin zur kubanischen Revolution.

5 Großkolumbien (umfaßte die heutigen Staaten: Ecuador, Kolumbien, Panama, Venezuela), Mexiko, Peru und Mittelamerika (heute die fünf Republiken: Costa Rica, El Salvador, Guatemala, Honduras und Nicaragua).

6 *Fernández-Shaw,* S. 99 ff. und *Thomas,* OAS, S. 6 ff.

7 Art. 26, 27 SOAS und besonders eindringlich Art. 29 ff. der neuen SOAS.

dazu veranlaßte, Kongresse einzuberufen und Verteidigungsbündnisse zu schließen. 1847/48 — als eine spanische Wiedereroberung der Westküste Südamerikas drohte — kam man in Lima zusammen. 1856 beriet man in Santiago de Chile über Verteidigungsmaßnahmen gegen die Vereinigten Staaten, die 1848 Teile Mexikos erobert hatten und ständig in Mittelamerika intervenierten. Der Kongreß von Lima 1864/65 war die Reaktion auf Interventionen europäischer Mächte[8] und den weiter anhaltenden Expansionsdrang der Vereinigten Staaten. Keines der unterzeichneten Abkommen erlangte jedoch Gültigkeit. Die Vision Bolívars, eine Konföderation der ehemals spanischen Kolonien[9], scheiterte[10].

Mit der ersten Internationalen Konferenz amerikanischer Staaten 1889/90 in Washington und der Gründung der „Internationalen Union Amerikanischer Republiken" endete die Epoche des Hispano-Amerikanismus und beginnt die des Panamerikanismus[11]. Es ist die Geburtsstunde der amerikanischen Regionalorganisation. Von jetzt ab nehmen zwar alle amerikanischen Staaten außer Kanada an den in unregelmäßigen Abständen stattfindenden Konferenzen teil[12]. Lange Zeit beschränkt sich die Zusammenarbeit aber auf wirtschaftliche, soziale und kulturelle Bereiche[13]. Zwei Faktoren sind es, die einer politischen Annäherung, insbesondere dem Abschluß eines Bündnisses zur gemeinsamen Verteidigung der Hemisphäre, entgegenstehen. Einmal befürchten die Vereinigten Staaten, ihre politische Handlungsfreiheit zu verlieren und zwangsläufig in einen Konflikt verwickelt zu werden, etwa im Falle einer Intervention europäischer Mächte wie 1902 in Venezuela[14]. Zum anderen mißtrauen die lateinamerikanischen Repu-

---

[8] Spanien hatte 1861 Santo Domingo und 1864 die peruanischen Chincha-Inseln erobert, Frankreich versuchte, sich in Mexiko festzusetzen (1861—64), und die Engländer hatten in Mittelamerika interveniert.

[9] Bolívars Konförderationsplan umfaßte weder das damalige Königreich Brasilien noch die Vereinigten Staaten. Beide Staaten haben auch, Brasilien trotz mehrfacher Einladungen, nicht an den erwähnten Kongressen teilgenommen.

[10] Vgl. *Berner*, S. 13 ff.; *Fernández-Shaw*, S. 104 ff.; *Thomas*, OAS, S. 8 ff.

[11] *Kunz* unterscheidet zwischen erstem und zweitem Panamerikanismus, WVR II, S. 732 ff.

[12] Vgl. Tabelle bei *Stoetzer*, S. 154 ff.

[13] So wurde z. B. ein Handelsbüro der Amerikanischen Republiken eingerichtet, ab 1910 Panamerikanische Union genannt, und 1912 trat zum ersten Mal die Internationale Vereinigung der Rechtsgelehrten zusammen. Näheres bei *Fernández-Shaw*, S. 131 ff. und Tabellen S. 791 ff.; *Thomas*, OAS, S. 12 ff.

[14] Im Dezember 1902 begannen Deutschland, England und Italien eine Blockade Venezuelas, um es zur Zahlung von Geldschulden zu zwingen. Dies veranlaßte den argentinischen Außenminister Luis M. Drago dazu, den Grundsatz aufzustellen, daß die öffentliche Schuld eines Landes keine bewaffnete Intervention rechtfertige (Drago-Doktrin). Hierauf gründet sich die Drago-Porter-Konvention, in der die Eintreibung von Vertragsschulden durch Waffengewalt verboten wurde, vorausgesetzt, daß sich der Schuldner-

bliken der imperialistischen Politik der Vereinigten Staaten, die sich in *ihrer* Hemisphäre moralisch zur Ausübung einer Polizeigewalt aus eigener Machtvollkommenheit berufen fühlen und danach handeln[15].

Nur ganz allmählich, von vielen Rückschlägen unterbrochen, bahnt sich auch auf politischem Gebiet eine Zusammenarbeit an. Zunächst wird ein System zur friedlichen Regelung von inneramerikanischen Streitigkeiten entwickelt. Verträge über die Errichtung von Untersuchungskommissionen[16] über Ausgleichsverfahren[17], Schiedsgerichtsbarkeit[18], gute Dienste und Vermittlung[19] und über die Verhütung von Streitfällen[20] werden im Laufe der Jahre abgeschlossen. Keiner der Verträge ist jedoch von allen amerikanischen Staaten ratifiziert worden, und von vielen geschah die Ratifikation nur mit Vorbehalt[21]. In den

---

Staat einem Schiedsverfahren unterwirft. Die Konvention wurde auf der 2. Haager Friedenskonferenz (1907) unterzeichnet, an der alle lateinamerikanischen Staaten außer Costa Rica und Honduras teilnahmen. Vgl. *Thomas*, OAS, S. 16 f., 173 f. mit weiteren Nachweisen.

15 Das kommt u. a. deutlich im „Roosevelt-Corollary" zur Monroe-Doktrin zum Ausdruck. Vgl. *Schatzschneider*, S. 8 f. und *Thomas*, OAS, S. 16, beide mit weiteren Nachweisen.

16 „Vertrag zur Vermeidung oder Verhütung von Konflikten zwischen Amerikanischen Staaten" (Gondra-Vertrag, Santiago de Chile, 3. Mai 1923); Text in Conferencias Internacionales Americanas 1889—1936, Dotación Carnegie, Washington 1938, S. 222 ff.; deutscher Text *Rönnefarth-Euler*, Vertragsploetz II, S. 76 ff.; *Berner*, S. 66 ff.; *Lehmann*, S. 89 ff.

17 „Allgemeiner Interamerikanischer Vergleichsvertrag" (Washington, 5. Januar 1929) mit Ergänzungsprotokoll (Montevideo, 26. Dezember 1933), Text in Conferencias Internacionales Americanas, S. 569 ff., 466 f.; *Berner*, S. 94 ff., 177 f.; *Lehmann*, S. 100, 101 ff.

18 „Allgemeiner Interamerikanischer Schiedsvertrag" und „Protokoll zur Erweiterung der Schiedsgerichtsbarkeit" (Washington, 5. Januar 1929); Text in Conferencias Internacionales Americanas, S. 573 ff., 579 f.; *Berner*, S. 108 ff.; *Lehmann*, S. 100, 112 ff.

19 „Interamerikanischer Vertrag über gute Dienste und Vermittlung" (Buenos Aires, 23. Dezember 1936); Text AJIL 1937, Off. Doc. S. 64 ff.; *Berner*, S. 216 f.

20 „Vertrag zur Verhütung von Streitigkeiten" (Buenos Aires, 23. Dezember 1936); Text AJIL 1937, Off. Doc. S. 63 f.; *Berner*, S. 215 f.

21 Einzelheiten über die Ratifikation vgl. *Fernández-Shaw*, S. 157 f., 167 ff., 175 ff. und Tabellen S. 791 ff.; *Yakemtchouk*, S. 203 Anm. 1—8; *Berner*, S. 231 ff. Argentinien, das sich bis zum 2. Weltkrieg nur sehr zögernd an der panamerikanischen Bewegung beteiligte, trat keinem der genannten Verträge bei. Auf seine Initiative ist jedoch der am 10. Oktober 1933 in Buenos Aires unterzeichnete „Antikriegsvertrag über Nichtangriff und Schlichtung", der sogenannte Saavedra-Lamas Pakt, zurückzuführen; Text in Conferencias Internacionales Americanas, S. 678 ff. Ihm traten — zum Teil allerdings mit Vorbehalten — alle amerikanischen Republiken bei (Costa Rica ratifizierte ihn allerdings nicht und Bolivien hinterlegte die Ratifikationsurkunde nicht), darüber hinaus aber auch europäische Staaten. Obwohl er nicht innerhalb der panamerikanischen Bewegung abgeschlossen wurde, wird er unter den Verträgen aufgezählt, die durch den Pakt von Bogotá ersetzt werden sollen (Art. LVIII Bogotá-Pakt). Vgl. *Berner*, S. 131 ff.; *Lehmann*, S. 111 f.

30er Jahren endlich, im Zeichen *F. D. Roosevelts* „Good Neighbour Policy", geben die Vereinigten Staaten die von den lateinamerikanischen Staaten erbittert bekämpfte Interventionspolitik auf. 1933 stimmen sie, zunächst allerdings mit Vorbehalten, der „Konvention über Rechte und Pflichten der Staaten" zu, die ein absolutes Interventionsverbot enthält. 1936 geben sie in einem Zusatzprotokoll[22] auch diesen Vorbehalt auf. Tatsächlich ziehen die Vereinigten Staaten 1933 und 1934 ihre Truppen aus Nicaragua und Haiti zurück. 1934 und 1936 geben sie ihre Interventionsrechte in Kuba und Panama auf. Und schließlich, die vielleicht härteste Prüfung der „Good Neighbour Policy", verzichten sie auf jegliche Intervention, als Mexiko 1938 nordamerikanische Erdölgesellschaften enteignet[23].

1936 in der „Konvention für die Aufrechterhaltung, Festigung und Wiederherstellung des Friedens" wird beschlossen, sich bei einer Bedrohung des Friedens Amerikas zu konsultieren. Im Falle einer Gefahr von außerhalb der Hemisphäre soll darüber befunden werden, ob und in welcher Weise die Vertragsstaaten zusammenarbeiten können. Als Konsultationsorgan wird 1938 in der „Deklaration von Lima" die Versammlung der Außenminister bestimmt. Mit diesem ersten Schritt in Richtung auf ein kollektives Sicherheitssystem und mit der Anerkennung des Interventionsverbotes durch die Vereinigten Staaten verliert die Monroe-Doktrin ihren bisherigen Charakter als einseitige, ausschließlich von nationalen Interessen bestimmte Politik der Vereinigten Staaten. Die Bedrohung des Friedens der Hemisphäre durch nichtamerikanische Mächte betrifft von nun an die Gesamtheit der Vertragsstaaten. Man spricht von der „Kontinentalisierung" oder „Multilateralisierung" der Monroe-Doktrin[24].

Der Zweite Weltkrieg fördert die Zusammenarbeit der amerikanischen Staaten. Angesichts der Gefahr, daß Deutschland die Herrschaft über die amerikanischen Kolonien des besiegten Frankreich oder der Niederlande ergreifen könnte, verabschieden die Außenminister der amerikanischen Staaten auf ihrer zweiten Versammlung 1940 in Havanna die „Akte von La Habana"[25]. Sie besagt: Versucht ein nichtamerikanischer Staat einen anderen nichtamerikanischen Staat in der Oberherrschaft über ein Gebiet auf dem amerikanischen Kontinent abzulösen, so

[22] Texte in AJIL 1934, Off. Doc. S. 75 ff. und 1937, S. 57; *Berner*, S. 150 ff., 208 f.; *Schatzschneider*, S. 12 f.; *Thomas*, OAS, S. 22.

[23] Dazu *Fraenkel*, S. 53.

[24] *Fenwick*, OAS, S. 61, 63; *Thomas*, OAS, S. 23; besonders eingehend *Schatzschneider*, S. 10 ff.

[25] Näheres bei *Fernández-Shaw*, S. 186 f.

liegt darin eine Bedrohung des Friedens[26], und das Gebiet wird unter die vorläufige Verwaltung einer interamerikanischen Kommission gestellt. Nach dem japanischen Angriff auf Pearl Harbour treten die Außenminister unverzüglich zu einer dritten Versammlung 1942 in Rio de Janeiro zusammen und empfehlen, die diplomatischen Beziehungen zu den Achsenmächten und Japan abzubrechen. Die Empfehlung weitergehender Maßnahmen scheitert an dem Widerstand Chiles und besonders Argentiniens, die an ihrer Neutralitätspolitik festhalten wollen[27].

Im Februar und März 1945 findet in Mexiko die „Interamerikanische Konferenz über Probleme des Krieges und des Friedens" statt[28]. Neben verschiedenen Empfehlungen für eine verstärkte Zusammenarbeit zur Beendigung des Krieges[29], sind als Ergebnis besonders die Resolutionen VIII, IX und XXXIX[30] hervorzuheben, die zwei und drei Jahre später zum Abschluß der drei Verträge geführt haben, die heute die Grundlage des Interamerikanischen Systems bilden:

— Das „Interamerikanische Beistandsabkommen" von 1947, kurz Rio-Vertrag genannt[31],

---

[26] Schon 1811, noch vor der Verkündung der Monroe-Doktrin, war vom Kongreß der Vereinigten Staaten eine „No-Transfer Resolution" angenommen worden, um Großbritannien von einer Eroberung Floridas, das Spanien gehörte, abzuhalten. Den gleichen Grundsatz proklamierten die Vereinigten Staaten später wiederholt, besonders für den karibischen Raum. Die „No-Transfer-Doktrin" wurde in Havanna „kontinentalisiert", d. h. zur gemeinsamen Politik aller amerikanischen Staaten erklärt. Vgl. *Fenwick*, OAS, S. 12 ff.; *Thomas*, OAS, S. 24 Anm. 52 (S. 441 f.).

[27] Erst nach erheblichem Druck durch die Vereinigten Staaten brachen Chile im Januar 1943 und Argentinien im Januar 1944 die diplomatischen Beziehungen ab. Näheres bei *Thomas*, OAS, S. 25 ff.

[28] *Canyes*, AJIL 1945, S. 504 ff. und *Kunz*, AJIL 1945, S. 527 ff.; vgl. auch *Fernández-Shaw*, S. 191 ff. und *Thomas*, OAS, S. 28 ff.

[29] Bis dahin waren alle lateinamerikanischen Staaten, zum Teil allerdings erst unmittelbar vor Beginn der Konferenz, auf der Seite der Alliierten in den Krieg getreten. Eine Ausnahme bildete Argentinien. Da es erst Ende März 1945 Deutschland und Japan den Krieg erklärte, hatte es an der Konferenz in Mexiko nicht teilnehmen dürfen. Es trat den Resolutionen jedoch im April bei.

[30] Resolution VIII: „Gegenseitiger Beistand und Amerikanische Solidarität" (Akte von Chapultepec); Resolution IX: „Reorganisation, Sicherung und Festigung des Interamerikanischen Systems"; Resolution XXXIX: „Interamerikanisches Friedenssystem". Vgl. *Fernández-Shaw*, S. 692 ff., 820 ff.

[31] „Tratado Interamericano de Asistencia Recíproca", Unión Panamericana, Washington D. C. 1961; Text in spanisch bei *Fernández-Shaw*, S. 847 ff.; in englisch bei *Thomas*, OAS, S. 429 ff. und AVR 1948/49, S. 471 ff.; deutsche Übersetzung bei *Stoetzer*, S. 105 ff.

— die „Charta der Organisation der Amerikanischen Staaten" von 1948[32] und

— der „Amerikanische Vertrag über friedliche Lösungen", auch „Pakt von Bogotá" genannt, von 1948[33, 34].

---

[32] „Carta de la Organización de los Estados Americanos", Unión Panamericana, Washington D. C. 1951; Text in spanisch bei *Fernández-Shaw*, S. 856 ff.; in englisch bei *Thomas*, OAS, S. 413 ff. und AVR 1948/49, S. 475 ff.; deutsche Übersetzung bei *Stoetzer*, S. 84 ff. (vgl. auch „Die Friedenswarte" 1949, S. 42 ff.).

[33] „Tratado Americano de Soluciones Pacíficas — Pacto de Bogotá", Unión Panamericana, Washington D. C. 1961; Text in spanisch bei *Fernández-Shaw*, S. 881 ff.; in englisch in AVR 1948/49, S. 488 ff.; die deutsche Übersetzung bei *Stoetzer*, S. 111 ff. ist nicht immer genau.

[34] Soweit der Verfasser in dieser Arbeit bei den auf deutsch wiedergegebenen Artikeln von den angegebenen deutschen Übersetzungen abgewichen ist, geschah das, um eine möglichst genaue Wiedergabe der Urtexte zu erreichen.

Erster Teil

Die friedliche Beilegung von Streitigkeiten

A. Vergleichende Darstellung

Es wird allgemein anerkannt und viel beklagt, daß den VN keine verläßlichen Mittel zur friedlichen Streitregelung zur Verfügung stehen. Die Befugnisse des Sicherheitsrates und der Generalversammlung sind beschränkt. Zwar können beide Organe Streitigkeiten ohne Zustimmung der Parteien behandeln und dabei auch Untersuchungen durchführen[1], entscheiden können sie aber nicht, sondern nur Empfehlungen für die Parteien aussprechen (Kap. VI SVN). Hinzu kommt, daß diese Beilegungsverfahren gegenüber den in Art. 33 Abs. 1 SVN aufgezählten, insbesondere aber gegenüber den regionalen Verfahren subsidiär sind (Art. 52 Abs. 2 SVN).

Der Internationale Gerichtshof (IGH), das Hauptorgan der Rechtsprechung der VN, kann nur dann entscheiden, wenn die Parteien seine Zuständigkeit anerkannt haben, sei es ad hoc, sei es durch Annahme der Unterwerfungsklausel[2]. Bedauerlicherweise ist er von den Staaten verhältnismäßig selten angerufen worden[3].

Im Gegensatz zur SVN, die in Kap. VI eingehend die friedliche Beilegung von Streitigkeiten regelt, enthält die Charta der OAS darüber nur ganz allgemeine Bestimmungen. Art. 20 SOAS verpflichtet die Mitgliedstaaten, alle internationalen Streitigkeiten zwischen amerikanischen Staaten — nicht nur, wie bei den VN, diejenigen, die den Weltfrieden oder die Weltsicherheit gefährden — den in der Satzung vorgesehenen friedlichen Verfahren zu unterwerfen[4]. Dabei räumt

---

1 Das Untersuchungsrecht des Sicherheitsrates ist in Art. 34 SVN ausdrücklich normiert, das der Generalversammlung wird aus den „implied powers" abgeleitet. *Dahm* II, S. 194 f. mit Nachweisen.

2 Bisher haben 43 (1968) von 124 (1968) Mitgliedstaaten der Vereinten Nationen die Klauseln angenommen (YICJ 1967/68, S. 41, 24, 68 f.), zum Teil allerdings mit erheblichen Vorbehalten — wie z. B. die Vereinigten Staaten.

3 Zwar ist, gerade nach dem 2. Weltkrieg, immer wieder mit Nachdruck auf die internationale Gerichtsbarkeit und das Schiedsgerichtswesen hingewiesen worden. In der Praxis haben sich die Staaten jedoch sehr zurückhaltend gezeigt. Dazu *Münch*, ZAÖRVR 1961, S. 221 ff.; vgl. auch Überblicke *Mahnke*, S. 32 f. und *Rosenne*, S. 14 ff.

4 Das hebt besonders *Lleras*, Annals 1949, S. 30, hervor.

Art. 22 SOAS, anders als Art. 33 Abs. 1 SVN, unmittelbaren diplomatischen Verhandlungen den Vorrang ein[5]. Erst wenn diese nach Ansicht einer Partei keine Aussicht auf Erfolg haben, sollen andere Verfahren angewandt werden. Hinsichtlich der näheren Bestimmungen hierüber verweist die SOAS auf einen besonderen Vertrag (Art. 23 SOAS). Es ist der „Tratado Americano de Soluciones Pacíficas", der „Amerikanische Vertrag über friedliche Lösungen", kurz „Pakt von Bogotá" genannt[6].

I. Verfahren zur Streitentscheidung — der Pakt von Bogotá

Der Pakt von Bogotá ist 1948 auf der IX. Interamerikanischen Konferenz zusammen mit der Charta der OAS abgeschlossen worden[7]. Bisher haben erst 13 Staaten Ratifikationsurkunden hinterlegt[8], so daß der Pakt nur zwischen diesen Staaten in Kraft ist (Art. LIII)[9]. Der Pakt ist der umfassendste und theoretisch vollkommenste Versuch, die im Interamerikanischen System entwickelten Methoden der friedlichen Streitregelung zu koordinieren. Durch ihn sollen die neun, in Art. LVIII Bogotá-Pakt einzeln aufgezählten Verträge ersetzt werden, die von 1923 an im Laufe der Jahre von den amerikanischen Staaten auf diesem Gebiet abgeschlossen wurden[10].

Die Besonderheit des Paktes von Bogotá ist darin zu sehen, daß er versucht, durch geeignete Kombination herkömmlicher Verfahren, „jeden Streitfall zwischen amerikanischen Staaten in einem angemes-

---

[5] Nach einem Vorschlag der Tschechoslowakei sollen auch im Rahmen der VN diplomatische Verhandlungen Vorrang vor anderen Mitteln friedlicher Streitbeilegung haben, Report of the 1966-Special Committee on Principles of International Law Concerning Friendly Relations and Cooperation among States, UN Doc. A/6230 (27th June 1966), S. 93.

[6] So ausdrücklich Art. LX.

[7] Texthinweise Einleitung, Anm. 33; nähere Ausführungen zum Pakt von Bogotá vgl.: *Accioly,* AJIA 1948, S. 3 ff.; *Córdova,* AJIA 1948, S. 10 ff.; *Fenwick,* AJIL 1954, S. 123 ff.; *Fernández-Shaw,* S. 399 ff.; *Kunz,* ÖZÖR II (1950), S. 486 ff.; *Thomas,* OAS, S. 281 ff.; *Lehmann,* S. 133 ff.

[8] Brasilien, Costa Rica, die Dominikanische Republik, El Salvador, Haiti, Honduras, Kolumbien, Mexiko, Nicaragua, Panama, Paraguay, Peru, Uruguay vgl. „La Crónica de la OEA" IV, Nr. 2 (Aug.—Dez. 1968), S. 5.

[9] Die Behauptung von *Mecham* (S. 310) und *Stoetzer* (S. 111 Anm. 36), der Bogotá-Pakt sei noch nicht in Kraft getreten, ist ein offensichtlicher Irrtum, da zum Zeitpunkt der Abfassung dieser Bücher bereits mehrere Staaten die Ratifikationsurkunden hinterlegt hatten. 1961 waren es 9 Staaten. Vgl. *Thomas,* OAS, S. 297 mit weiteren Nachweisen und Übersicht bei *Fernández-Shaw,* S. 791 ff. Art. LIII bestimmt, daß der Vertrag in der Reihenfolge der Hinterlegung der Ratifikationsurkunden zwischen den betreffenden Staaten in Kraft tritt, ohne daß eine Mindestzahl an Ratifikationen festgelegt ist; anders der Vertrag von Rio de Janeiro — Art. 22 — und die Charta der OAS — Art. 109 —, die Ratifikation durch zwei Drittel der Signatarstaaten voraussetzen.

[10] Vgl. oben S. 17 f.

senen Zeitraum endgültig beizulegen" (Art. 23 SOAS). Mit anderen Worten, er soll ein lückenloses System der friedlichen Streitregelung sein und garantieren, daß alle inneramerikanischen Streitigkeiten rasch gelöst werden. Durch einschneidende Einschränkungen der Entscheidungsfreiheit der Mitgliedstaaten bezüglich Wahl und Fortführung der Verfahren soll erreicht werden, daß eine Lösung auch gegen den Willen einer Partei herbeigeführt werden kann. Die Streitentscheidung, nicht die einvernehmliche Beilegung, steht im Vordergrund.

1. Funktionsweise

Bei drei Arten von Streitigkeiten sind die Verfahren des Paktes nicht anwendbar:

Einmal, ähnlich der Regelung in der SVN, im innerstaatlichen Bereich (Art. V)[11], weiter bei Konflikten, die bereits durch Vertrag, Schiedsspruch oder Urteil geregelt wurden (Art. VI), und schließlich bei Streitigkeiten, die den Schutz von Staatsangehörigen betreffen, sofern diese die Möglichkeit hatten, ihren Fall einem Gericht des Aufenthaltsstaates zu unterbreiten[12]. Bei Meinungsverschiedenheit darüber, ob ein Streitfall unter eine der genannten Beschränkungen fällt, kann diese Vorfrage von einer Partei, einseitig und zwingend für die andere, dem IGH zur Entscheidung vorgelegt werden[13]. Hält sich der IGH nicht für zuständig, so wird die Streitigkeit für beendet erklärt (Art. XXXIV).

Keine Besonderheiten enthalten die Regelungen über gute Dienste und Vermittlung (Art. IX—XIV). Diese Verfahren können nur mit Zustimmung aller Parteien durchgeführt werden. Anregungen und Feststellungen hieraus sind unverbindlich.

Das Kernstück des Paktes bilden die Bestimmungen über das gerichtliche und das schiedsgerichtliche Verfahren. Rechtsprechungsorgan ist

---

[11] Art. V spricht von „Angelegenheiten, die ihrem Wesen nach in die inerstaatliche Zuständigkeit eines Staates fallen". Kritisch zu dieser Formulierung mit Recht *Thomas*, OAS, S. 283 f.

[12] Das muß aus Art. VII geschlossen werden, der allerdings ausdrücklich nur die Einschaltung der diplomatischen Missionen und die Vorlage an ein internationales Gericht beschränkt; Einzelheiten *Thomas*, OAS, S. 285 f.

[13] Das ist für Art. V in Satz 2 ausdrücklich normiert, folgt aber auch allgemein aus Art. XXXI und XXXIV. Die analoge Anwendung des Art. V Satz 2 auf Art. VII, wie sie *Fernández-Shaw*, S. 405 vorschlägt, ist überflüssig. Im übrigen müßte sie dann folgerichtig auch auf Art. VI ausgedehnt werden.

der IGH, nicht ein besonderer Interamerikanischer Gerichtshof, wie er jahrzehntelang zur Debatte gestanden hatte[14].

In Art. XXXI unterwerfen sich die Mitgliedstaaten gegenüber jedem anderen amerikanischen Staat[15] der zwingenden Gerichtsbarkeit des IGH, sofern es sich um Rechtsstreitigkeiten im Sinne des Art. 36 Abs. 2 StIGH handelt. Entgegen seinem Wortlaut ist Art. XXXI aber keine Erklärung im Sinne des Art. 36 Abs. 2 StIGH. Denn die Zuständigkeit des IGH beruht nicht auf der einseitigen Erklärung jedes Mitgliedstaates, die dem Generalsekretär zu übermitteln wäre (Art. 36 Abs. 4 StIGH), sondern auf den Bestimmungen des Paktes von Bogotá, einem Vertrag, wie er in Art. 36 Abs. 1 StIGH vorgesehen ist[16]. Ergänzt wird Art. XXXI durch Art. XXXII. Danach unterliegt ein Streitfall auch dann der zwingenden Gerichtsbarkeit des IGH, wenn ein Ausgleichsverfahren zu keiner Lösung führt, und sich die Parteien auf ein schiedsrichterliches Verfahren nicht haben einigen können. Die Auslegung dieser Bestimmung ist umstritten. Soll sie neben Art. XXXI, der bereits alle Rechtsstreitigkeiten erfaßt, nicht völlig überflüssig sein, so bedeutet sie nichts anderes, als daß hier auch für nichtrechtliche, d. h. politische Streitigkeiten[17] die Gerichtsbarkeit des IGH obligatorisch ist[18]. Die Zweckmäßigkeit dieser Regelung wird bezweifelt, denn der IGH kann ohne eine ausdrückliche Ermächtigung, ex aequo et bono zu entscheiden[19], nur Recht anwenden und ist daher nicht in der Lage,

---

[14] Die Satzung der VN räumt in Art. 95 den Mitgliedern ausdrücklich das Recht ein, andere Gerichte anzurufen.

Ein glänzender Anfang regionaler Gerichtsbarkeit, der Zentralamerikanische Gerichtshof, scheiterte 1918 nach zehnjähriger Tätigkeit (vgl. *Lehmann*, S. 81 ff.). Danach wurden immer wieder Vorschläge zur Gründung eines Interamerikanischen Gerichtshofes unterbreitet. Diese fußten nicht zuletzt auf der Annahme eines amerikanischen Völkerrechts. Vgl. *Thomas*, OAS, S. 289 f.; *Fenwick*, OAS, S. 215. 1965 wurde der Zentralamerikanische Gerichtshof, allerdings mit verminderter Zuständigkeit wieder ins Leben gerufen. Vgl. dazu *Sand*, Journal du Droit International 1966, S. 83 ff.

[15] Der andere Staat braucht weder Mitglied des Bogotá-Paktes zu sein, noch die Unterwerfungsklausel des Art. 36 Abs. 2 StIGH angenommen zu haben.

[16] Daher wird er auch nicht in der Liste der Ausnahmeerklärungen nach Art. 36 Abs. 2 StIGH, sondern getrennt geführt. *Jiménez*, Derecho Constitucional, S. 540 f.; *Wittmann*, S. 485; *Dahm* II, S. 488.

[17] Einen begrifflichen Gegensatz zwischen rechtlichen und politischen Streitigkeiten gibt es nicht. Die Einteilung hängt von der Betrachtungsweise der Parteien ab. Vgl. *Dahm* II, S. 493; *Rosenne*, S. 94; *Scheuner*, Decisions ex aequo et bono, S. 278; *Thomas*, OAS, S. 291 f.; *Kelsen*, UN, S. 478; *Verdross*, VR, S. 418.

[18] So *Caicedo Castilla*, Panamericanismo, S. 259 f.; *Ernst*, S. 182; *Fenwick*, OAS, S. 188 (hier steht versehentlich „non-political" statt „non-juridical"); ders. in AJIL 1948, S. 560; *Jiménez*, Derecho Constitucional, S. 533; *Wittmann*, S. 485; *Yakemtchouk*, S. 208.

[19] Art. 38 Abs. 2 StIGH, XXXVI Satz 2 Bogotá-Pakt.

politische Streitfälle befriedigend zu lösen. Wie begründet diese Kritik auch sein mag, so berechtigt sie doch nicht, die Anwendung des Art. XXXII — entgegen seinem Wortlaut und seinem systematischen Zusammenhang — auf rechtliche Streitigkeiten zu beschränken[20].

Art. XXXV sieht zwingende Schiedsgerichtsbarkeit vor bei Konflikten, in denen sich der IGH aus anderen als den in Art. V—VII aufgezählten Gründen für unzuständig erklärt. Wie sich aus Äußerungen von *Regules* und *Córdova*[21], zwei Autoren, die maßgeblich an der Abfassung des Paktes von Bogotá beteiligt waren, ergibt, bezieht sich diese Bestimmung auf Streitigkeiten, die nach Ansicht des IGH allein auf der Grundlage des Rechts nicht befriedigend gelöst werden können. Ob die Voraussetzungen dieser zwingenden Schiedsgerichtsbarkeit — daß der IGH ein non-liquet ausspricht — aber jemals gegeben sein werden, wird von *Jiménez*[22] zu Recht bezweifelt. Die Ansicht, daß es Streitfälle gibt, die rechtlich nicht entschieden werden können, und auf der die Fassung des Art. XXXV Bogotá-Pakt offensichtlich beruht, ist überholt. Sie geht von der Annahme eines rechtsfreien Raumes aus. Einen solchen gibt es aber weder im innerstaatlichen Recht noch im Völkerrecht. Macht ein Staat daher Ansprüche geltend, besteht aber im Völkerrecht keine Anspruchsgrundlage, so erklärt sich der IGH nicht für unzuständig, sondern weist die Klage ab[23]. In der Praxis wird daher wohl kaum ein Fall zwingender Schiedsgerichtsbarkeit nach dem Pakt von Bogotá auftreten.

Nach Art. XXXVIII können die Parteien gemeinsam auch jeden anderen Konflikt einem Schiedsgericht unterbreiten. Für die Errichtung der Schiedsgerichte hält der Pakt detaillierte Verfahren bereit (Art. XL—XLII).

Verweigert eine Partei ihre Mitwirkung hierbei, so wird auf Veranlassung der anderen das Gericht vom Rat der OAS in einem fest-

---

[20] So aber *Thomas*, OAS, S. 290 ff., 297; *Verdross*, VR, S. 586 f.; *Lehmann*, S. 175 f., 196 und *Kunz*, ÖZÖR II (1950), S. 496, der allerdings auf S. 501 einräumt, daß dem Wortlaut nach Art. XXXII auch auf politische Streitigkeiten angewendet werden könnte.

[21] Regules zitiert bei *Jiménez*, Derecho Constitucional, S. 534; *Córdova*, AJIA 1948, S. 12.

[22] Derecho Constitucional, S. 534 f.

[23] *Dahm* I, S. 45 ff., 48; *Dahm* II, S. 545, dort auch zu dem Fall, daß sich die Parteien auf die Nichtanwendung gewisser Rechtsnormen einigen. *Jiménez*, a.a.O.; *Münch*, AVR 1964/65, S. 167; *Scheuner*, Decisions ex aequo et bono, S. 277 ff. mit Nachweisen. Scheuner grenzt die Entscheidungen ex aequo et bono von Billigkeitsentscheidungen (equity) ab. Während letztere auf der Grundlage des geltenden Rechts ergehen, kann sich der Richter bei ex-aequo-et-bono-Entscheidungen von der Rechtsordnung lösen, bleibt aber an generelle Prinzipien der Gerechtigkeit gebunden. Darin besteht der Unterschied zur Streitschlichtung, einem rein politischen Verfahren — *Scheuner*, a.a.O., S. 282 f.

gelegten Verfahren bestimmt (Art. XLV). Können sich die Parteien innerhalb von drei Monaten nicht über die Schiedsordnung einigen, so räumt Art. XLIII dem IGH das Recht ein, Streitgegenstand, Sitz des Gerichts und Verfahrensvorschriften in einem summarischen Verfahren verbindlich festzulegen.

Die Erfüllung der gerichtlichen oder schiedsgerichtlichen Entscheidungen soll durch Art. L sichergestellt werden. Kommt ein Mitgliedstaat seinen Verpflichtungen aus dem Urteil oder Schiedsspruch nicht nach, so soll die andere Partei, bevor sie den Sicherheitsrat anruft, eine Beratungsversammlung der Außenminister beantragen, damit geeignete Maßnahmen zur Vollstreckung der Entscheidung getroffen werden.

Bei Rechtsstreitigkeiten kann die Vorlage an den IGH nicht nur zum Zwecke der Entscheidung, sondern auch zur Einholung eines Gutachtens erfolgen. Die Parteien ersuchen hierbei durch den Rat der OAS die Generalversammlung oder den Sicherheitsrat, den Fall dem IGH zur Begutachtung vorzulegen[24].

2. *Scheitern*

Der Pakt von Bogotá ist gescheitert. Nach über 20 Jahren ist er erst von kaum mehr als der Hälfte der OAS-Mitglieder ratifiziert worden, und zahlreiche Vorbehalte[25] heben seine Wirkung praktisch auf.

Was aber schwerer wiegt: er ist noch kein Mal unmittelbar angewandt worden. Von den im Pakt vorgesehenen Untersuchungs- und Ausgleichskommissionen zwischen den Mitgliedstaaten ist nur eine einzige, und auch die nur auf Drängen des Rates, zustandegekommen: am 9. Januar 1956 im Streitfall zwischen Costa Rica und Nicaragua[26]. Aber selbst diese Kommission hat niemals ihre Tätigkeit aufgenommen. Sie hat 1959 den Ausbruch eines neuen Konflikts zwischen diesen Staaten, des dritten innerhalb von elf Jahren, nicht verhindern können, ja sie ist nicht einmal in irgendeiner Form eingeschaltet worden[27].

In zwei Fällen kann man immerhin von einer mittelbaren Anwendung des Bogotá-Paktes sprechen. Das ist einmal die Grenzstreitigkeit zwischen Honduras und Nicaragua im Jahre 1957[28]. Sie brach aus, weil Nicaragua einen Schiedsspruch des Königs von Spanien aus dem Jahre 1906, der ein umstrittenes Gebiet Honduras zugesprochen hatte,

24 Art. LI Bogotá-Pakt, 96 Abs. 1 SVN.
25 Vorbehalte erklärten Argentinien, Bolivien, Ecuador, Nicaragua, Paraguay, Peru und die Vereinigten Staaten. Zur Ratifizierung vgl. oben Anm. 8.
26 Applications I, S. 218 ff.
27 Über die Tätigkeit der OAS in diesem Konflikt Applications I, S. 369 ff.
28 Applications I, S. 245 ff.; vgl. auch *Thomas*, OAS, S. 315 f.

nicht anerkannte. Auf Antrag beider Parteien schaltete sich zunächst der Rat der OAS als provisorisches Konsultationsorgan ein und erzielte einen beiderseitigen Rückzug der Truppen. In einer Resolution empfahl er, sich durch direkte Verhandlungen auf ein friedliches Verfahren zur Beilegung der Streitigkeit zu einigen; er erinnerte daran, daß die Parteien den Pakt von Bogotá ratifiziert hätten, und verwies schließlich auf den IGH für den Fall, daß auf dem Verhandlungswege keine Lösung zu erzielen sei[29]. Mit Hilfe eines vom OAS-Rat eingesetzten ad-hoc-Komitees vereinbarten die Parteien, den Streitfall, „in Anwendung des Paktes von Bogotá", dem IGH zur Entscheidung vorzulegen[30]. Von einer eigentlichen Anwendung des Paktes, durch den die Mitglieder ja die Zuständigkeit des IGH bei Rechtsstreitigkeiten „ipso facto" anerkennen, kann man hier jedoch nicht sprechen. Denn Grundlage der Anrufung des IGH war nicht der Pakt von Bogotá, sondern das spezielle Abkommen zwischen den Parteien, in dem Vorschriften des Paktes zum Teil wiederholt werden, zum Teil auf sie Bezug genommen wird. Der IGH hat 1960 den Konflikt zugunsten Honduras' entschieden[31].

Auch bei den jüngsten Spannungen zwischen El Salvador und Honduras (1969) hat der Pakt von Bogotá seine Aufgabe, bewaffnete Auseinandersetzungen zu verhindern, nicht erfüllen können. Obwohl beide Staaten den Pakt ratifiziert haben, ist keines der dort vorgesehenen Verfahren eingeleitet worden. Immerhin einigten sich die Parteien nach der Wiederherstellung des Friedens durch die 13. Außenministerkonferenz darauf, die dem Konflikt zugrunde liegenden Streitpunkte binnen zwei Monaten einem der Verfahren zur friedlichen Streitbeilegung des Paktes von Bogotá zu unterwerfen[32].

Der Grund für das Scheitern des Paktes von Bogotá liegt auf der Hand. Zwar stehen die lateinamerikanischen Staaten gerichtlichen oder schiedsgerichtlichen Entscheidungen grundsätzlich nicht abneigend gegenüber, wie zahlreiche Fälle aus jüngster Zeit beweisen[33]. Sie sind aber in der Regel nicht bereit, die Entscheidung darüber, ob und wann

---

[29] Applications I, S. 313 ff.

[30] Applications I, S. 315 f.

[31] YICJ 1960/61, S. 83 ff.; *Rosenne*, S. 159 ff., S. 81 ff.

[32] Resolution II Ziffer 4, DSB 1969 II, S. 133. *Kutzner* (S. 145) schreibt, es wäre „das erste Mal, daß der Bogotá-Pakt Anwendung fände". Das ist irreführend, denn einmal handelte es sich nur um eine mittelbare Anwendung, und zum anderen war es der zweite Fall einer solchen mittelbaren Anwendung.

[33] So zuletzt die Entscheidung einer von der englischen Königin eingesetzten Kommission in einer Grenzstreitigkeit zwischen Argentinien und Chile. Grundlage des Verfahrens war nicht der Pakt von Bogotá, sondern ein Schiedsvertrag zwischen den Parteien aus dem Jahre 1902. 71 % des umstrittenen Territoriums wurden Argentinien zugesprochen. Ausführlich hierzu RGDIP 1967, S. 150 ff., 257 ff.; vgl. auch *Vallat*, S. 171.

sie einen Fall einer unabhängigen Instanz zur Entscheidung vorlegen, aus der Hand zu geben. Im Pakt von Bogotá wird die einzelne Partei zu weitgehend ihrer Einflußmöglichkeiten auf Verfahren und Entscheidung beraubt. So ermöglicht es der Pakt einer Partei auch gegen den Willen der anderen, ein Verfahren einzuleiten, das mit einer bindenden Entscheidung endet, sei es ein Spruch des IGH oder eines Schiedsgerichtes, sei es die Erklärung, daß der Streitfall beendet sei. Den Organen der OAS und unbeteiligten Mitgliedern räumt er allerdings keinerlei Initiativrechte ein. Der Pakt setzt sich auch bewußt über die für internationale Schiedsgerichte übliche Bindung an das Völkerrecht[34] hinweg. Die Entscheidung der Konflikte bleibt dem Ermessen der Schiedsrichter überlassen, auch bei Rechtsstreitigkeiten[35]. Durch die freie Hand des Schiedsgerichtes sollte eine zufriedenstellende Lösung in allen Fällen garantiert werden. Gerade diese „Blankovollmacht" bedeutet für viele Staaten aber eine kaum erträgliche Unsicherheit und Einschränkung ihrer Souveränität[36]. Entgegen der Konzeption in den drei interamerikanischen Verträgen sind die Streitfälle daher in der Praxis vor den Rat der OAS und die Interamerikanische Friedenskommission gebracht worden.

Wendet man diese Erfahrungen auf die VN an, so erscheint es wenig sinnvoll, im Rahmen der SVN die Normierung von Verfahren anzustreben, die eine obligatorische Gerichtsbarkeit oder die verbindliche Entscheidung von Streitfällen durch den Sicherheitsrat vorsehen[37]. Derartige Verfahren setzen ein zu hohes Maß an Gemeinsamkeiten zwischen den Staaten voraus. War es schon innerhalb des Interamerikanischen Systems nicht möglich, wirksame Verfahren zur Streitentscheidung zu entwickeln, so ist dies von den VN bei der gegenwärtigen politischen Weltlage erst recht nicht zu erwarten.

II. Einvernehmliche Streitbeilegung

Entgegen der Konzeption in den drei interamerikanischen Verträgen sind die Streitfälle in der Praxis mit Hilfe der Konsultation oder durch die Interamerikanische Friedenskommission beigelegt worden.

---

[34] *Dahm* II, S. 542 f.

[35] *Kunz*, ÖZÖR II (1950), S. 507; *Thomas*, OAS, S. 294.

[36] Seit vielen Jahren sind Diskussionen um eine Abänderung des Paktes von Bogotá im Gange. Immer wieder wird dabei vorgeschlagen, die politischen Streitigkeiten einem Ausgleichsverfahren vor dem Rat der OAS zu unterwerfen, so z. B. in der Resolution XCIX der 10. Interamerikanischen Konferenz in Caracas 1954 (AJIL 1954, Suppl. S. 130) und Resolution XIII der 2. Interamerikanischen Sonderkonferenz in Rio de Janeiro 1965 (AJIL 1966, S. 456). Vgl. auch *Fenwick*, AJIL 1954, S. 125; *Thomas*, OAS, S. 297. In der 1967 reformierten Satzung der OAS ist ein Ausgleichsverfahren vor dem „Ständigen Rat" vorgesehen; vgl. unten unter II, 4.

[37] So aber z. B. die von *Schlochauer*, S. 441 ff. vorgeschlagenen Reformen.

1. *Interamerikanische Konsultation und Verfahren vor den Vereinten Nationen*

Zwei Arten von Konsultationen[38] müssen unterschieden werden: einmal die gemäß Art. 39 SOAS, zum anderen die auf Grund des Vertrages von Rio. Organ der Konsultation ist in beiden Fällen die Versammlung der Außenminister. Nach dem Vertrag von Rio kann provisorisch auch der Rat der OAS als Konsultationsorgan tätig werden.

a) Konsultation gemäß Art. 39 SOAS

Die Konsultation nach Art. 39 SOAS dient der Behandlung dringender Probleme, die für die amerikanischen Staaten von gemeinsamem Interesse sind. Was man darunter zu verstehen hat[39], braucht aber in diesem Zusammenhang nicht näher erörtert zu werden. Die Entscheidung darüber, ob die Versammlung zusammentreten soll, trifft der Rat der OAS auf Antrag eines Mitglieds mit absoluter Mehrheit (Art. 40 SOAS). Das Konsultationsorgan ist ähnlich wie die Generalversammlung der VN (Art. 10 und 11 SVN) für die Erörterung gemeinsamer Probleme bestimmt, nicht aber für die Entscheidung oder Beilegung von Streitigkeiten. Deshalb haben die Entschließungen im Gegensatz zu denen nach dem Vertrag von Rio niemals Bindungswirkung[40]. Während die Generalversammlung der VN sich aber in der Praxis dann doch häufig mit der Lösung akuter Streitfälle befaßte, war das bei der Konsultation nach Art. 39 SOAS, von einer Ausnahme abgesehen[41], nicht der Fall. Auf der 4. Beratungsversammlung der Außenminister in Washington (1951) wurden im Zusammenhang mit der Korea-Krise Resolutionen über die politische und militärische Zusammenarbeit und die innerstaatliche Sicherheit verabschiedet. Die 5. Versammlung 1959 (Santiago de Chile) bekräftigte die demokratischen Prinzipien und die Achtung der Menschenrechte und verurteilte die Diktatur. Die 7. Außenministerkonferenz 1960 (Costa Rica) stand infolge der Ereignisse auf Kuba weit mehr als die vorhergehenden im Zeichen der

[38] Unter Konsultation in der OAS ist allgemein die Beratung der Mitglieder über gemeinsam interessierende internationale Fragen zu verstehen. Die Beratung kann, wie auszuführen sein wird, der friedlichen Beilegung von Streitigkeiten, dem Ergreifen von Zwangsmaßnahmen oder der Koordinierung der Politik der Einzelstaaten gegenüber anderen Völkerrechtssubjekten dienen. Zum Begriff Konsultation *Granow*, WVR II, S. 288 ff.; *Münch*, AVR 1964/65, S. 165.

[39] *Thomas*, OAS, S. 84 ff.

[40] *Fenwick*, AJIA 1949, S. 33 ff. Die beschränkten Befugnisse bringt schon der Wortlaut des Art. 39 SOAS zum Ausdruck, der von „considerar“ = „consider“ spricht.

[41] Die 10. Versammlung der Außenminister anläßlich der dominikanischen Krise 1965 vgl. unten 5. Teil, II, 3.

Abwehr des internationalen Kommunismus[42]. Sie verurteilte die extrakontinentale Intervention durch die chino-sowjetischen Mächte und versuchte dagegen, die interamerikanische Solidarität zu stärken. Auf der 10. Außenministerkonferenz 1965 (Washington) wurde die Interamerikanische Friedensstreitmacht, bestimmt für den Einsatz in der Dominikanischen Republik, ins Leben gerufen. Von dieser außerordentlichen Maßnahme, die die Kompetenzen der Versammlung überschritt, soll unten ausführlicher die Rede sein[43]. Die 11. Außenministerkonferenz[44] diente der Vorbereitung der Gipfelkonferenz der amerikanischen Staaten, die vom 12.—14. April 1967 in Montevideo stattfand[45]. Die 12. Konferenz schließlich, die bisher letzte Konsultation nach Art. 39 SOAS, wurde im September 1967 in Washington abgehalten. Sie verurteilte die subversive Tätigkeit der kubanischen Regierung in Venezuela, Bolivien und anderen lateinamerikanischen Staaten und nahm Stellung gegen zwei internationale kommunistische Befreiungsbewegungen, die beide ihre erste Sitzung in Havanna durchgeführt hatten, nämlich die „Organización de Solidaridad de los Pueblos de Africa, Asia y América Latina (OSPAAL)"[46] und die „Organización Latinoamericana de Solidaridad (OLAS)"[47]. Die Empfehlungen der 12. Konferenz, die sich zum Teil auch an Nichtmitglieder der OAS richten[48], zielen auf eine verstärkte Isolierung Kubas durch Unterbrechung der wirtschaftlichen Beziehungen und der Verkehrsverbindungen hin[49]. In der Resolution IV wird außerdem empfohlen, die Streitigkeit mit Kuba den VN vorzulegen[50].

---

42 Die 6., 8. und 9. Außenministerkonferenz waren Konsultationen nach dem Vertrag von Rio.

43 Vgl. unten 5. Teil, II, 3.

44 Sie fand in drei Abschnitten statt: in Washington (24. 1.—1. 2.), in Buenos Aires (16.—26. 2.) parallel mit der 3. Interamerikanischen Sonderkonferenz und in Montevideo (8.—14. 4. 1967). Vgl. „La Crónica de la OEA" II, Nr. 5 (April 1967), S. 1 f. und Nr. 6 (Juni 1967), S. 1.

45 Einzelheiten in „La Crónica de la OEA" II, Nr. 6 (Juni 1967), S. 1 ff., 25 ff.

46 „Afro-Asian-Latin American Peoples Solidarity Organization" (AALAPSO). Die erste Sitzung war die „Conferencia Tricontinental de la Habana" im Januar 1966; AdG 1966, S. 12327 ff.; ausführlicher Bericht der Sonderkommission der OAS — OEA/Ser.G/IV C—i—769/Rev.Vol. I, II (28. 11. 66).

47 „Latin American Solidarity Organization" (LASO). Die erste Sitzung — „Primera Conferencia de Solidaridad de los Pueblos de America Latina" — fand vom 31. 7.—8. 8. 1967 statt; „La Crónica de la OEA" III, Nr. 2 (Okt. 1967), S. 20; AdG 1967, S. 13351 f.; NZZ, 10. Aug. 1967.

48 Vgl. unten S. 138.

49 Resolution III, „La Crónica de la OEA", a.a.O., S. 20 ff.; vgl. auch NZZ, 24. und 27. Sept. 1967.

50 „La Crónica de la OEA", a.a.O., S. 23; allgemein zur 12. Konferenz AdG 1967, S. 13453 f. und *Krämer*, S. 490 ff.

b) Konsultation nach dem Vertrag von Rio de Janeiro

Von ungleich größerer Bedeutung für die friedliche Beilegung von Streitigkeiten ist das Konsultationsverfahren nach dem Vertrag von Rio, das im folgenden näher behandelt wird. Wie der offizielle Name „Interamerikanisches Beistandsabkommen" erkennen läßt, soll der Vertrag der gemeinsamen Abwehr von Angriffen dienen. Demgemäß ist das Konsultationsorgan autorisiert, Zwangsmaßnahmen zu ergreifen, und hat von diesem Recht auch schon in einigen Fällen Gebrauch gemacht[51]. Waren seine Befugnisse gemäß Art. 39 SOAS mit denen der Generalversammlung der VN nach Art. 10 und 11 SVN vergleichbar, so entsprechen sie hier denen des Sicherheitsrates nach Art. 39 ff. SVN. In der Mehrzahl der Fälle ist der Vertrag von Rio aber nicht angewandt worden, um Sanktionen zu ergreifen, sondern um Konflikte zwischen amerikanischen Staaten durch Konsultation beizulegen. Diese Zweckentfremdung ist auf das Versagen des Paktes von Bogotá zurückzuführen[52]. Bis zu einem gewissen Grade vermag immerhin Art. 7 Rio-Vertrag diese Entwicklung zu rechtfertigen. Dort heißt es:

„Im Falle eines Konflikts zwischen zwei oder mehreren amerikanischen Staaten sollen die hohen vertragschließenden Parteien, ohne dem Recht der Selbstverteidigung nach Artikel 51 der Charta der Vereinten Nationen vorzugreifen, wenn sie zur Beratung zusammentreten, die streitenden Staaten auffordern, die Feindseligkeiten einzustellen und den status quo ante bellum wieder herzustellen, sie sollen außerdem alle anderen Maßnahmen ergreifen, die zur Wiederherstellung oder Erhaltung des interamerikanischen Friedens und der Sicherheit und zur Lösung des Konflikts auf friedlichem Wege erforderlich sind ..."

Art. 7 enthält also eine Art summarisches Streitschlichtungsverfahren und ist somit ein Fremdkörper in dem Beistandspakt. Er ist der Kompromiß zwischen zwei Ansichten, die auf der Konferenz von Bogotá vertreten wurden:

Die eine hielt es für unvereinbar mit der pazifistischen Tradition Amerikas, Zwangsmaßnahmen gegen einen amerikanischen Staat zu ergreifen, und wollte daher unterscheiden:

(a) falls der Angriff von einem amerikanischen Staat ausgehe, so solle der Konflikt durch friedliche Mittel beigelegt werden;

---

[51] Unten 3. Teil, A, I, 2.

[52] Bericht des Comité Jurídico Interamericano, OEA/Ser. I/VI. 2 — CIJ—86, Nov. 1966, S. 74; *Lleras*, Annals 1951, S. 8; *Manger*, S. 50 f.; *Dupuy*, Panaméricanisme, S. 160 ff. will dem Rat der OAS durch extensive Auslegung von Art. 6 Rio-Vertrag quasi-richterliche Befugnisse einräumen.

(b) nur bei Angriffen von außerhalb des Kontinents sollten Zwangsmaßnahmen angewandt werden[53].

Die andere Meinung ging dahin, jeden Angreifer gleich zu behandeln und in allen Fällen sofortige Zwangsmaßnahmen gegen ihn zu ergreifen[54].

Im Ergebnis sieht der Rio-Vertrag gegen alle Angreifer gleichermaßen Zwangsmaßnahmen vor. Bei Konflikten zwischen amerikanischen Staaten wird ihre Anwendung jedoch hinausgezögert; hier soll das Konsultationsorgan zunächst versuchen, den Streit friedlich beizulegen[55]. Neben sentimentalen Gründen beruht die Unterscheidung auch darauf, daß die Streitschlichtung mit Staaten außerhalb der Organisation nicht in die Zuständigkeit der OAS, sondern in die der VN fällt.

aa) Verfahrensvoraussetzungen

Die Voraussetzungen für die Einleitung eines Konsultationsverfahrens sind in Art. 43 SOAS i. V. m. Art. 3 und 4 Rio-Vertrag und in Art. 6 Rio-Vertrag geregelt.

Art. 43 SOAS lautet:

„Im Falle eines bewaffneten Angriffs innerhalb des Gebiets eines Amerikanischen Staates oder innerhalb der durch die geltenden Verträge festgelegten Sicherheitszone wird unverzüglich eine konsultative Versammlung abgehalten. Diese ist sofort vom Vorsitzenden des Rates der Organisation einzuberufen, der zu gleicher Zeit eine Versammlung des Rates selbst einberuft."

---

[53] So besonders die argentinische Delegation und die venezolanische, die für den Abschluß von zwei verschiedenen Verträgen eintraten (US-Report, S. 16 ff.); ebenso *Manger*, S. 52. Dieselbe Unterscheidung hatte schon Bolívar im Vertrag von Panama (1826) vorgesehen. Sie ist auch noch in der „Convención sobre Mantenimiento, Afianzamiento y Restablecimiento de la Paz" (Buenos Aires 1936) enthalten. Vgl. auch *Gómez*, Seguridad Colectiva, S. 139 ff.; *Fenwick*, OAS, S. 218.

[54] So war es in der „Akte von Chapultepec" vorgesehen. *Accioly* („A evolucão do Pan-Americanismo e o Tratado Interamericano de Assistencia Recíproca" — zitiert bei *Gómez*, Seguridad Colectiva, S. 143) bezeichnet die Regelung des Art. 7 als diskriminierend und als Rückschritt gegenüber der „Akte von Chapultepec".

[55] *Accioly*, a.a.O., weist besonders auf den Nachteil hin, daß der Angreifer durch die Verzögerung der Zwangsmaßnahmen Zeit gewinnt. Diese Befürchtung erscheint aber nicht so schwerwiegend, da während der Befriedungsaktion nach Art. 7 die amerikanischen Staaten den Angegriffenen im Wege der kollektiven Selbstverteidigung zumindest unterstützen *können*. Denn Art. 7 zögert nur die kollektiven Zwangsmaßnahmen des Konsultationsorgans hinaus, läßt das Recht der Einzelstaaten auf kollektive Selbstverteidigung aber unberührt. *Dupuy*, Panamericanisme, S. 234 nimmt für die Fälle des Art. 9 Rio-Vertrag auch bei inneramerikanischen Streitigkeiten eine sofortige Beistands*pflicht* an. Anders *Fernández-Shaw*, S. 212 ff., der den Hinweis des Art. 7 Rio-Vertrag einschränkend auslegt und nur dem unmittelbar angegriffenen Staat ein Selbstverteidigungsrecht einräumt.

Beispiel für eine friedliche Beilegung trotz Vorliegens eines bewaffneten Angriffs ist der Konflikt zwischen El Salvador und Honduras (1969).

Ein bewaffneter Angriff eines Staates gegen einen anderen soll auf dem amerikanischen Kontinent somit automatisch ein Konsultationsverfahren auslösen, unabhängig davon, ob ein Mitgliedstaat einen entsprechenden Antrag stellt oder nicht.

Seit dem Abschluß des Vertrages von Rio ist noch kein Konsultationsverfahren unter dem ausdrücklichen Hinweis auf Art. 3 Rio-Vertrag eingeleitet worden[56]. Bedenkt man, wie selten regelrechte Kriege auf dem amerikanischen Kontinent sind — der Chaco-Krieg zwischen Bolivien und Paraguay (1932—35) war der einzig bedeutende Konflikt in den letzten Jahrzehnten —, so kann man hoffen, daß Art. 3 sich auch in Zukunft nicht zu bewähren braucht.

Im Gegensatz hierzu ist Art. 6 Rio-Vertrag schon häufig Grundlage für eine Konsultation gewesen. Art. 6 Rio-Vertrag lautet:

„Wird die Unverletzlichkeit (a) oder die Unantastbarkeit des Gebietes (b) oder die Souveränität (c) oder die politische Unabhängigkeit (d) irgendeines amerikanischen Staates durch eine Aggression, die keinen bewaffneten

---

[56] In den Resolutionen der 13. Konsultationsversammlung der Außenminister (26.—30. Juli 1969 in Washington) anläßlich der kriegerischen Auseinandersetzung zwischen El Salvador und Honduras (DSB 1969 II, S. 132 ff.) ist weder auf Art. 3 noch auf Art. 6 oder 7 des Rio-Vertrages Bezug genommen worden. Es ist anzunehmen, daß absichtlich eine Erklärung über das Vorliegen eines bewaffneten Angriffs von El Salvador vermieden werden sollte, um so den Konflikt unter Mitwirkung von El Salvador rasch und friedlich beilegen zu können. Immerhin kommt in der verabschiedeten Deklaration — wenn auch ohne Namensnennung — doch deutlich zum Ausdruck, daß der Einmarsch der Truppen El Salvadors nach Honduras mißbilligt wird. Dort heißt es nämlich in Ziffer 1 unter Bezugnahme auf Art. 1 Rio-Vertrag und Art. 18 SOAS, daß die Anwendung von Gewalt zwischen Staaten als Mittel zur Beilegung von Streitigkeiten verboten sei. Weiter wird in Ziffer 2 auf Art. 5 e und 17 SOAS hingewiesen und erklärt, daß fremdes Territorium nicht gewaltsam in Besitz genommen werden darf und Eroberungen nicht anerkannt werden (DSB 1969 II, S. 133 f.). Der Erfolg hat gezeigt, daß dieses behutsame Vorgehen, für das die rechtliche Grundlage in Art. 7 Rio-Vertrag zu suchen ist, richtig war. Schon dem Rat als provisorischem Konsultationsorgan war es gelungen, eine Feuereinstellung herbeizuführen. Die größere Autorität der Außenministerkonferenz und die Entschlossenheit, notfalls auch Sanktionen zu ergreifen, veranlaßte dann El Salvador dazu, am 29. Juli unter Überwachung von Beobachtern der OAS mit dem Rückzug der Truppen zu beginnen. Ursachen des Konfliktes, der nach Schätzungen der OAS immerhin 2.400 Todesopfer forderte, waren soziale Spannungen in Honduras. Dort leben ca. 280.000 Salvadorianer — über 10 % der Bevölkerung Honduras' —, die sich durch Maßnahmen der lokalen Behörden benachteiligt fühlten. Ausgelöst wurde die Auseinandersetzung durch Unruhen nach einem Ausscheidungsspiel der Fußballweltmeisterschaft, weshalb die Bezeichnung „Fußballkrieg" Schlagzeilen machte. Zu Einzelheiten über den Ablauf der Ereignisse vgl. AdG 1969, S. 14854; NZZ, 15., 16., 17., 18., 20., 21., 24., 26. und 29. Juli und 4. Aug. 1969; FAZ, 30. Juli, 1. und 5. Aug. 1969; *Kutzner*, S. 143 ff. Inzwischen ist auf Grund einer Übereinkunft der fünf Außenminister der zentralamerikanischen Staaten eine entmilitarisierte Zone zwischen El Salvador und Honduras gebildet worden (AdG 1970, S. 15587); vgl. auch „Crónica de la OEA" V, Nr. 1 (Jan.—März 1970), S. 2.

Angriff darstellt (1), oder durch einen Konflikt innerhalb oder außerhalb des Kontinents (2) oder durch irgendeine andere Tatsache oder Situation, die den Frieden Amerikas gefährden könnte (3), in Mitleidenschaft gezogen, so tritt das Beratungsorgan unverzüglich zusammen, um eine Einigung über Maßnahmen herbeizuführen, die im Falle einer Aggression zur Unterstützung des Opfers *ergriffen werden müssen* oder, in jedem Fall, über Maßnahmen, die zur gemeinsamen Verteidigung und zur Aufrechterhaltung von Friede und Sicherheit auf dem Kontinent *ratsam sind*[57]."

Das Verfahren der Konsultation wird hier durch den Antrag eines Mitglieds, das nicht Partei zu sein braucht, an den Rat der OAS eingeleitet[58]. Anders als in Art. 37 Abs. 1 SVN, der nach Erschöpfung der in Art. 33 genannten Verfahren eine Antragspflicht enthält, können die Parteien den Konflikt auch in der Schwebe halten. Über den Antrag, die Konsultationsversammlung einzuberufen, entscheidet der Rat mit absoluter Mehrheit (Art. 16 Rio-Vertrag). Trotz dieser wesentlichen Zuständigkeit ist die Stellung des Rates, was die Einleitung von friedlichen Beilegungsverfahren anbetrifft, weit schwächer als die des Sicherheitsrates oder der Generalversammlung nach der SVN. Der Rat hat, abgesehen vom Fall des Art. 3 Rio-Vertrag, weder ein Initiativrecht noch das Recht, Empfehlungen auszusprechen. Rufen die Mitglieder ihn nicht von sich aus an, so muß er bei Konflikten tatenlos zusehen. Auch das Recht, Untersuchungen durchzuführen, das sowohl dem Sicherheitsrat als auch der Generalversammlung zusteht[59], wird dem Rat bestritten. Es spricht, vor allem vom Standpunkt der impliedpowers-Lehre, viel für ein solches Untersuchungsrecht, denn es versetzt den Rat in die Lage festzustellen, ob tatsächlich die Voraussetzungen für eine Konsultation nach Art. 6 Rio-Vertrag vorliegen[60]. Dennoch hat der Rat keinen Gebrauch davon gemacht.

Er beschränkte sich in seinen ersten Sitzungen regelmäßig darauf, die beteiligten Staaten anzuhören, den Konflikt zu erörtern und in einigen Fällen an die Parteien einen Appell zu richten, alles zu

---

[57] Die Zusätze in Klammern und die Hervorhebungen sind vom Verfasser hinzugefügt zur Erleichterung des Verständnisses und um Fehlinterpretationen zu vermeiden.

[58] Art. 13 Rio-Vertrag. Anstelle des Leitenden Ausschusses der Panamerikanischen Union ist der Rat der OAS getreten. Das ist unbestritten, wenn auch eine Bestimmung darüber fehlt. In Art. 52 SOAS ist die Nachfolge nur für den Fall des Art. 43 SOAS, der dem Art. 3 Rio-Vertrag entspricht, geregelt. Vgl. *Thomas*, OAS, S. 101 f.

[59] Vgl. oben Anm. 1.

[60] Für ein solches Untersuchungsrecht: *Dupuy*, Panamericanisme, S. 161 f.; *Thomas*, OAS, S. 104 f. Dagegen: *Dreier*, Hemisphere Crisis, S. 126, der darauf hinweist, daß die Mitglieder den Rat bewußt schwach halten wollten; auch er räumt aber ein, daß es logischer und vernünftiger wäre, dem Rat ein solches Recht zuzubilligen. Vermittelnd mit guten Gründen *Kutzner*, S. 245 f. Er sieht die Aufklärungskompetenz des Rates durch das Erfordernis des unverzüglichen Zusammentretens des Beratungsorgans für begrenzt an.

unterlassen, was den Streitfall verschlimmern könnte. Anschließend vertagte er sich, um den Mitgliedern Gelegenheit zu geben, Rücksprache mit ihren Regierungen zu nehmen. Erst in den nächsten Sitzungen entschied er sich für oder gegen die Einberufung des Konsultationsorgans.

Den VN und der OAS ist gemeinsam, daß sich beide grundsätzlich nicht in innerstaatliche Konflikte einmischen dürfen[61]. Vergleicht man die übrigen Voraussetzungen für die Behandlung eines Streitfalls, so fällt auf, daß in der SVN Formulierungen gebraucht werden, die dank ihrer Allgemeinheit dem Sicherheitsrat und der Generalversammlung einen großen Spielraum für die Entscheidung darüber lassen, ob sie sich in einen Konflikt einschalten wollen oder nicht. So ist in Art. 33 Abs. 1 SVN von Streitfällen die Rede, deren Fortdauer geeignet ist, die Aufrechterhaltung des Weltfriedens und der internationalen Sicherheit zu gefährden[62]. Demgegenüber wird in Art. 6 Rio-Vertrag versucht, die Art der Konflikte, die eine Konsultation auslösen sollen, näher zu beschreiben.

Wegen der zahlreichen Fehlinterpretationen erscheint es nicht überflüssig, auf den genauen Wortlaut und die logische und grammatikalische Konstruktion hinzuweisen. Daraus ergibt sich eindeutig: es genügt für die Einleitung eines Konsultationsverfahrens nicht, wie vielfach angenommen wird, daß eine Aggression, ein Konflikt oder eine andere Tatsache oder Situation, die den Frieden Amerikas gefährden könnte, vorliegt[63]. Vielmehr ist außerdem eine Beeinträchtigung der Unverletzlichkeit oder Unantastbarkeit des Territoriums oder der Souveränität oder der politischen Unabhängigkeit irgendeines amerikanischen Staates erforderlich[64]. Bewußt soll die Konsultation auch dann stattfinden, wenn ein amerikanisches Nichtmitglied betroffen ist[65]. Darin liegt keine unzulässige Einmischung in die Angelegenheit dritter Staaten. Denn bei der engen Interessen-Verflechtung auf dem amerika-

---

61 Art. 2 Abs. 7 SVN. Eingeschränkt ist dieser Gedanke durch die Zuständigkeit der VN für die Verwirklichung des Selbstbestimmungsrechtes der Völker und für den Schutz der Menschenrechte (Art. 1 Abs. 2 und 3 SVN); vgl. unten 4. Teil Anm. 9. Für die OAS ergibt sich das Verbot der Nichteinmischung aus allgemeinen Grundsätzen. Vgl. unten S. 152.

62 Vgl. auch Art. 34, 35 Abs. 1, 36 Abs. 1, 37 und 11 Abs. 1 und 2 SVN.

63 So aber z. B. *Fernández-Shaw*, S. 325, 328; *Mecham*, S. 283; unklar *Mahnke*, S. 169.

64 So mit Recht z. B. *Gómez*, Seguridad Colectiva, S. 135 f.; *Kunz*, AJIL 1948, S. 117; *Thomas*, OAS, S. 264; *Kutzner*, S. 172.

65 In den interamerikanischen Verträgen fehlt die Unterscheidung zwischen „Streitfall" und „Situation, die zu internationalen Reibungen führen oder einen Streitfall hervorrufen könnte", wie sie in Art. 34 ff. SVN getroffen wird. Da dieser Unterscheidung aber auch bei den VN in der Praxis geringe Bedeutung zukommt (*Dahm* II, S. 369 f.), wird sie im Rahmen dieser Untersuchung nicht berücksichtigt. Eingehend zu dieser Frage *Ruda*, S. 41 ff.

nischen Kontinent ist eine Konsultation auch dann gerechtfertigt, wenn Nichtmitglieder in ernsthafte Konflikte verwickelt sind.

Ohne Zweifel erfüllt ein bewaffneter Grenzstreit zweier Staaten, wie der Konflikt Honduras - Nicaragua (1957)[66], den Tatbestand des Art. 6 Rio-Vertrag. Aber auch bürgerkriegsartige Aufstände zahlenmäßig kleiner Gruppen, wie z. B. in Costa Rica (1948)[67], Nicaragua (1959)[68] und Panama (1959)[69], werden von Art. 6 Rio-Vertrag erfaßt. In größeren Staaten können bewaffnete Erhebungen dieser Art durch einfache Polizeiaktionen niedergeschlagen werden. In diesen kleineren Staaten mit ihren labilen innenpolitischen Verhältnissen bedrohen sie aber schon die Souveränität. In den genannten Fällen handelte es sich nicht um rein innerstaatliche Konflikte, für die die OAS nicht zuständig gewesen wäre, weil die Aufstände mit maßgeblicher Unterstützung fremder Staaten durchgeführt wurden.

Die Förderung militärischer Erhebungen in fremden Staaten ist im interamerikanischen Bereich durch zwei besondere Verträge verboten: die „Konvention über Pflichten und Rechte von Staaten im Falle von Bürgerkriegen" (Havanna 1928)[70] und das Zusatzprotokoll von 1957[71]. Art. 1 Abs. 1 der Konvention von Havanna verpflichtet die Vertragsstaaten, „alle zur Verfügung stehenden Mittel einzusetzen", um zu verhindern, daß ihr Territorium als Ausgangspunkt für einen Bürgerkrieg benutzt wird oder die Bewohner ihres Territoriums, Staatsangehörige wie Ausländer, Bürgerkriege in anderen Staaten unterstützen. Ähnlich lautet Art. 5 des Protokolls von 1957, der die Vorbereitung, Organisation und Durchführung militärischer Unternehmungen zur Unterstützung von Bürgerkriegen in anderen Vertragsstaaten verbietet. Was darunter zu verstehen ist, ergibt eine Aufzählung in derselben Bestimmung: Lieferung von Waffen und anderem Kriegsgerät; Ausrüstung, Ausbildung, Versammlung oder Beförderung von Mitgliedern einer militärischen Expedition oder Bereitstellung von Geld für solche Unternehmungen. Der gesamte Waffenhandel wird durch die beiden Abkommen beschränkt. Art. 1 Abs. 3 der Konvention von Havanna verbietet jede Waffenlieferung in den betreffenden Staat, es sei denn, sie diente zur Unterstützung der Regierung im Kampf gegen Aufständische, solange diese noch nicht als Kriegsführende anerkannt sind.

66 Applications I, S. 245 ff.; vgl. auch *Thomas*, OAS, S. 315 f.
67 Applications I, S. 27 ff.; vgl. auch *Thomas*, OAS, S. 298 f.
68 Applications I, S. 369 ff.
69 Applications I, S. 325 ff.
70 Sie wurde von allen Gründungsmitgliedern der OAS mit Ausnahme von Argentinien, Chile, Guatemala und Venezuela ratifiziert. Die Vereinigten Staaten ratifizierten die Konvention mit Vorbehalten. Text der Konvention in Annals 1957, S. 181.
71 Es wurde von Argentinien, Costa Rica, der Dominikanischen Republik, El Salvador, Haiti, Honduras und Kuba ratifiziert. Text in AJIA 1955/57, S. 161 ff. und in Annals 1957, S. 181 f.

Das Zusatzprotokoll legt den Vertragsstaaten darüber hinaus die Pflicht auf, auch alle nur verdächtigen Waffenbewegungen zu überwachen und gegebenenfalls zu unterbinden[72].

Im Ergebnis kann festgestellt werden, daß die Konvention von Havanna und das Zusatzprotokoll bestehendes, aber ungeschriebenes Völkerrecht, normieren[73]. Neue Rechte und Pflichten werden durch die Abkommen nicht geschaffen. Sie halten sich an die allgemeinen Regeln, daß die Unterstützung der amtierenden Regierung gestattet ist[74], solange die Aufständischen nicht als kriegsführende Partei anerkannt sind, was die Regeln der Neutralität eingreifen läßt. Die Aufständischen zu unterstützen, ist dagegen immer verboten[75].

Für die OAS liegt die Bedeutung der Konvention von Havanna und des Zusatzprotokolls u. a. darin, daß sie zur Auslegung von Art. 6 Rio-Vertrag herangezogen werden können. Wie zahlreiche Fälle beweisen, sehen die amerikanischen Staaten bei einer Verletzung der Konvention durch einen Staat die Voraussetzung des Art. 6 als erfüllt an, was zur Einleitung des Konsultationsverfahrens führt[76]. Als

---

[72] Näheres zur Konvention von Havanna und zum Zusatzprotokoll bei: *Accioly*, AJIA 1949, S. 3 ff.; *Fenwick*, OAS, S. 254 f.; *Pinto*, S. 505 f.; *Podesta Costa*, AJIA 1949, S. 9 ff.; *Thomas*, OAS, S. 338, 342 ff.

[73] *Thomas*, OAS, S. 345.

[74] Eine Verpflichtung, der in innerstaatliche Kämpfe verwickelten Regierung zu Hilfe zu kommen, besteht aber, anders als bei einer äußeren Aggression (Art. 3, 6 Rio-Vertrag), nicht. Die Satzung der OAS schränkt das Beistandsrecht allerdings ein, da nur die Unterstützung einer Regierung zulässig sein kann, welche die in Art. 5 SOAS genannten Grundsätze beachtet; vgl. unten S. 154 f.

[75] Bezüglich der Beteiligung dritter Staaten an einem Bürgerkrieg werden drei Ansichten vertreten (vgl. Übersicht bei *Falk*, Proc. ASIL 1966, S. 61 ff.; *Thomas*, OAS, S. 338 ff.):

Die erste wendet sich gegen jede Einmischung in einen Bürgerkrieg: *Hall*, S. 347; *Lauterpacht*, S. 233; *Wright*, AJIL 1959, S. 121 f. und 1960, S. 529; eine ausführliche Zusammenstellung der Literatur bei *Blesinger*, S. 109—117.

Die zweite hält die Unterstützung der Partei, welche für die gerechte Sache kämpft, für erlaubt; *Vattel*, 2. Buch, Kap. IV, § 56; ebenso *Pinto*, S. 508 für den interamerikanischen Bereich; vgl. 5. Teil Anm. 66.

Die überwiegende Meinung schließlich billigt die Unterstützung der legalen Regierung durch dritte Staaten, bis diese die Aufständischen als kriegführende Partei anerkannt haben. So: *Blesinger*, S. 255 f.; *Fawcett*, S. 366 ff.; *Higgins*, S. 210 f.; *Padelford*, AJIL 1937, S. 585 f.; *Pinto*, S. 486 f. für das allgemeine Völkerrecht; *Thomas*, OAS, S. 341 f.; *Wehberg*, S. 74. Dieser Ansicht entspricht die Konvention von Havanna und das Zusatzprotokoll.

Kipp, S. 418 ff. will mit der Begründung, daß die Anerkennung der Aufständischen durch dritte Staaten nur relative Wirkung habe und die völkerrechtliche Vertretungsbefugnis der regulären Regierung nicht beeinträchtige, eine Unterstützung der Regierung bis zur Bildung einer allgemein anerkannten Gegenregierung durch die Aufständischen zulassen.

Ob eine Verpflichtung besteht, Aufständische als Kriegführende anzuerkennen, wenn sie einen fest umrissenen Teil des Staatsgebietes beherrschen, ist umstritten. Für eine solche Pflicht, die er aus dem Prinzip der Nichtintervention ableitet, *Lauterpacht*, S. 228 ff.; ebenso *Thomas*, OAS, S. 341; a. A. *Kunz*, AJIL 1950, S. 713 ff. und *Kipp*, S. 420.

[76] *Thomas*, OAS, S. 347.

Beispiele für Konsultationen, bei denen die Verletzung der Konvention von Havanna besonders hervorgehoben wurde, seien genannt: die Invasion von Rebellen aus Nicaragua nach Costa Rica 1948 und 1955[77] und die umstürzlerischen Bewegungen der dominikanischen Regierung in Haiti sowie Kubas und Guatemalas in der Dominikanischen Republik 1950[78].

In einigen Fällen hat der Rat der OAS allerdings das provisorische Konsultationsorgan nicht einberufen, sondern auf andere Methoden der friedlichen Streitregelung verwiesen und damit zu verstehen gegeben, daß er die Voraussetzungen des Art. 6 Rio-Vertrag nicht als gegeben erachtet. Das war bei der von Haiti vorgebrachten Anschuldigung „moralischer Aggression"[79] durch feindliche Radiopropaganda der Fall und bei der von Chile geplanten Ableitung von Wasser des internationalen Flusses Lauca, was von Bolivien als eine „Aggressionsdrohung der Regierung Chiles gegen den territroialen Bestand Boliviens" angeprangert wurde[80]. Der erste Fall wurde dann vor der Interamerikanischen Friedenskommission behandelt[81]. Im Streit zwischen Bolivien und Chile verwies der Rat ohne Erfolg auf den Pakt von Bogotá[82]. Ob die Entscheidung des Rates bei der Beschwerde Haitis, feindliche Propaganda nicht als ausreichende Voraussetzung für eine Konsultation nach Art. 6 Rio-Vertrag anzusehen, aber verallgemeinert werden kann, ist fraglich. Denn im Gegensatz hierzu ist in dem Bericht der Kommission, die 1963/64 die Vorwürfe Venezuelas gegen Kuba untersuchte, systematische feindliche Propaganda als Interventions- und Aggressionsakt gewertet worden[83]. Ob das allein für eine Konsul-

---

77 Applications I, S. 27 ff, 38, 57 und 167 ff., 197, 204.

78 Applications I, S. 79 ff., 127 f., 131 f., 134 f., 153.

79 Applications I, S. 69 ff.

80 Applications II, S. 83 ff. Wegen der „nachlässigen" Handhabung der Streitigkeit stellte Bolivien seine Mitarbeit im OAS-Rat vorübergehend ein (RGDIP 1963, S. 882 f.). Zum chilenischen Standpunkt vgl. die Stellungnahme der chilenischen Botschaft in der Bundesrepublik in „Handelsblatt" vom 14./15. Okt. 1966.

81 Vgl. unten unter 3 b.

82 Applications II, S. 94.

83 Applications II, S. 189 ff., 201 f.; vgl. unten S. 93. *Thomas*, OAS, S. 349 ist der Ansicht, daß feindliche Propaganda einen Grad erreichen kann, der die Souveränität eines Staates beeinträchtigt. Feindliche Propaganda in der Konvention von Havanna (1928) oder im Zusatzprotokoll (1957) generell zu verbieten, ist nicht gelungen, da man eine zu weitgehende Beschränkung der Meinungsäußerungsfreiheit befürchtete; *Fenwick*, OAS, S. 255 ff. Daß umstürzlerische Propaganda gegen eine Regierung aber Anlaß zu Beschwerde geben kann, wird in der „Convención sobre Asilo Territorial" von 1954 ausdrücklich anerkannt. Die Konvention ist von 20 Staaten unterzeichnet und bisher von 9 ratifiziert, von Haiti aber inzwischen wieder gekündigt worden; „La Crónica de la OEA" III, Nr. 2 (Okt. 1967), S. 3. Text der Konvention in AJIA 1952/54, S. 336 ff. Zu den Stellungnahmen der OAS und der VN gegen hetzerische Radiopropaganda *Whitton*, AJIL 1958, S. 739 ff.; vgl. auch *Wright*, AJIL 1948, S. 128 ff.

tation ausgereicht hätte, ist allerdings nicht entschieden worden, denn gleichzeitig wurden gegen Kuba andere schwere Vorwürfe, wie Ausbildung und Ausrüstung von Guerillas, erhoben, die mit Sicherheit eine Konsultation rechtfertigten.

Häufig hat der Rat der OAS seine Zuständigkeit nach Art. 6 Rio-Vertrag auch in Fällen bejaht, die durch den Wortlaut nicht mehr gedeckt erscheinen. So war das Eindringen von haitischer Polizei in die Botschaft der Dominikanischen Republik zwar eine gefährliche und bedauerliche Verletzung des Völkerrechts, die Unverletzlichkeit oder Unantastbarkeit des Gebietes, die Souveränität oder die politische Unabhängigkeit der Dominikanischen Republik wurden dadurch jedoch kaum beeinträchtigt. Der dominikanische Vertreter sprach in diesem Zusammenhang von Verletzung der „Würde" der dominikanischen Regierung[84]. Auch als der Flaggenstreit zwischen den Vereinigten Staaten und Panama in der Kanalzone 1964 vor dem Rat verhandelt wurde, lagen die Voraussetzungen des Art. 6 Rio-Vertrag nicht vor. Zu dieser Zeit hatten die beiden Parteien bereits seit längerem über die Interamerikanische Friedenskommission Kontakte mit dem Ziel einer friedlichen Lösung aufgenommen, und die Kommission hatte schon vierzehn Tage vor Anrufung des Rates die Wiederherstellung des Friedens festgestellt[85].

Es soll hier nicht im einzelnen untersucht werden, wie freizügig Art. 6 Rio-Vertrag ausgelegt wurde, und ob die behandelten Fälle alle unter seinen Wortlaut subsumiert werden können. Im Zusammenhang mit den Zwangsmaßnahmen der OAS wird hiervon noch einmal die Rede sein[86]. Es genügt festzuhalten, daß der Wortlaut des Art. 6 Rio-Vertrag kein Hindernis dafür war, jeden Fall von Bedeutung vor dem Konsultationsorgan behandeln zu lassen.

Kritisch muß angemerkt werden, daß bei der Entscheidung darüber, ob ein Fall des Art. 6 Rio-Vertrag vorliegt, die Mitglieder des Rates nicht immer vorurteilsfrei waren. So zögerte man 1959 einen Beschluß über die Vorwürfe der Dominikanischen Republik, die venezolanische und kubanische Interventionen anprangerte, so lange hinaus, bis der Antrag zurückgezogen wurde. Der Grund war, daß die *Trujillo*-Diktatur der Dominikanischen Republik bei den übrigen Mitgliedstaaten verhaßt war, während sich die kubanische Revolutionsregierung unter *Fidel Castro* 1959 noch allseitiger Beliebtheit erfreute, so daß man ihre umstürzlerischen Pläne damals noch nachsichtig überging[87]. Diese Kritik,

---

[84] Applications II, S. 160.
[85] Informe de la Comisión Interamericana, S. 50; zitiert unten Anm. 130.
[86] Vgl. unten 3. Teil, A, I.
[87] Die kubanische Regierung war 1959 auch bei den bewaffneten Invasionen in Panama und Nicaragua beteiligt. *Connell-Smith*, S. 240 f.; *Dreier*, Hemisphere Crisis, S. 70; *Manger*, S. 53; *Thomas*, OAS, S. 229 f., 317.

die der OAS vorwirft, politische und nicht juristische Entscheidungen zu fällen, wird aber letztlich gegen jede vergleichbare internationale Organisation vorgebracht und sicher an vorderster Stelle gegen die VN[88].

bb) Behandlung der Streitfälle

Das eigentliche Konsultationsorgan des Vertrages von Rio, die Versammlung der Außenminister, trat bisher nur viermal zusammen und hat, mit Ausnahme des jüngsten Konfliktes zwischen El Salvador und Honduras, nicht die Streitigkeiten friedlich beigelegt, sondern jedesmal Sanktionen beschlossen[89]. Der Rat, als provisorisches Konsultationsorgan konzipiert[90], ist das entscheidende Streitschlichtungsorgan geworden. Grundlage hierfür war ein „Trick"[91]. Erfüllte ein Konflikt nach Ansicht des Rates zwar die Voraussetzungen des Art. 6 Rio-Vertrag, erschien aber eine Zusammenkunft der Außenminister nicht gerechtfertigt, so berief der Rat die Versammlung nur pro forma, nämlich ohne Festlegung von Ort und Zeit ein und erklärte sich selbst zum provisorischen Konsultationsorgan[92]. In dieser Eigenschaft behandelte er die Streitfälle in eigener Zuständigkeit; er ließ Untersuchungen an Ort und Stelle durchführen, richtete Empfehlungen an die Parteien und setzte mit Erfolg Vermittlungskommissionen ein. Dieses Vorgehen liegt etwas außerhalb der Legalität. Zwar stehen dem Rat in seiner Funktion als provisorischem Konsultationsorgan unbestrittenermaßen die gleichen Rechte zu wie der Versammlung der Außenminister. Aber diese besonderen Befugnisse sollte der Rat nur vorübergehend bis zur unverzüglichen Zusammenkunft der Außenminister haben[93]. Den-

[88] Juristische Argumente dienen in der Regel nur der Begründung vorgefaßter politischer Entscheidungen; so auch *Vallat*, S. 160; ähnlich der österreichische Außenminister Toncic am 30. Juni 1967, NZZ, 3. Juli 1967.

[89] Sanktionen wurden auf der 6., 8. und 9. Konsultationsversammlung beschlossen. Auf der 13. Versammlung gelang es den Außenministern, von El Salvador einen Rückzug der Truppen zu erwirken, ohne daß Sanktionen erforderlich waren. Der Rat hatte nur eine Feuereinstellung erreicht. Vgl. dazu oben Anm. 56.

[90] In Art. 52 SOAS wird der Rat für den Fall eines bewaffneten Angriffs im Sinne des Art. 43 SOAS, 3 Rio-Vertrag noch einmal ausdrücklich zum provisorischen Konsultationsorgan erklärt. Damit ist sein Recht, auch in den Fällen des Art. 6 Rio-Vertrag als vorläufiges Konsultationsorgan zu handeln, aber nicht eingeschränkt worden. Das zeigt die Verweisung des Art. 25 SOAS auf „besondere Verträge", womit der Vertrag von Rio gemeint ist; *Thomas*, OAS, S. 101 f.

[91] *Dreier*, Hemisphere Crisis, S. 61 spricht von „juridical stratagem".

[92] Zum Teil wird angenommen, daß der Rat sich auch ohne eine pro-forma-Einberufung der Außenministerversammlung als vorläufiges Konsultationsorgan konstituieren dürfe. In der Praxis ist diese Frage jedoch ohne Belang. Näheres bei *Thomas*, OAS, S. 105 f.

[93] Besonders die lateinamerikanischen Staaten wollten den Rat schwach halten, da sie befürchteten, er könne in zu große Abhängigkeit von den Vereinigten Staaten geraten. *Fenwick*, AJIA 1949, S. 30 ff.

noch hat sich dieses Vorgehen des Rates durchgesetzt und ist von allen Mitgliedstaaten anerkannt, so daß von einer gewohnheitsrechtlichen Abänderung des Vertrages von Rio gesprochen werden muß[94].

Die jeweils ersten Resolutionen, die die eigentliche Behandlung des Streitfalls vor dem Rat einleiten, weichen nur in Einzelheiten voneinander ab und halten sich an folgendes Schema[95]:

1. Der Rat der OAS beschließt:
   a) In Übereinstimmung mit den Bestimmungen des Interamerikanischen Beistandsabkommens das Konsultationsorgan einzuberufen, wobei zu gegebener Zeit Ort und Termin für das Zusammentreten bestimmt werden.
   b) Sich selbst als provisorisches Konsultationsorgan einzusetzen und als solches zu handeln, in Übereinstimmung mit Art. 12 des besagten Vertrages.
   c) Dem Sicherheitsrat der VN von dem Text dieser Resolution und von allen Schritten in dieser Angelegenheit Mitteilung zu machen.
2. Als provisorisches Konsultationsorgan beschließt der Rat:
   a) Den Vorsitzenden des Rates zu bevollmächtigen, ein Komitee zu ernennen, das an Ort und Stelle eine Untersuchung über die zugrundeliegenden Tatsachen durchzuführen hat und hierüber Bericht erstatten soll.
   b) Die amerikanischen Regierungen, besonders die von ... und ... und den Generalsekretär der OAS um volle Unterstützung zu ersuchen, damit die Aufgabe des Komitees erleichtert wird, das unmittelbar nach seiner Ernennung mit der Arbeit beginnen soll.
   c) In Übereinstimmung mit der Satzung der OAS und mit dem Interamerikanischen Beistandsabkommen die Regierungen von ... und ... zu ersuchen, sich voll dafür zu verbürgen, daß sie sich ab sofort jeder Handlung enthalten werden, die die Situation verschlimmern könnte.

Dem Antrag folgend setzt der Vorsitzende ein Komitee ein, das in der Regel aus fünf Ratsmitgliedern besteht. Es beginnt unverzüglich mit einer umfassenden Untersuchung. In dringlichen Fällen begibt es sich oft noch am gleichen Tag an Ort und Stelle. Im Gegensatz zum Sicherheitsrat, dem in Art. 34 SVN das Recht eingeräumt ist, mit verbindlicher Wirkung für alle Mitglieder Untersuchungen durchzuführen, steht dem

---

94 a. A. *Kutzner* (S. 251 f.), der die Praxis des Rates für rechtswidrig hält.

95 Applications II, S. 163 f., 226 f.; „Crónica de la OEA“ IV, Nr. 5 (Juli—Sept. 1969), S. 3 f., 1. In früheren Fällen verabschiedete der Rat jeweils nur eine einheitliche Resolution, in der nicht deutlich wurde, daß er teils als Rat der OAS, teils als provisorisches Konsultationsorgan tätig wurde; Applications I, S. 30, 88 f., 171 f., 257, 331, 374.

Rat der OAS ein solches Recht nicht zu[96]. Die Mitglieder der OAS unterliegen keiner besonderen Verpflichtung, die Arbeit des Untersuchungskomitees zu unterstützen, insbesondere brauchen sie nicht zu gestatten, daß ihr Staatsgebiet betreten wird[97]. Um so bemerkenswerter ist es, daß sie es in der Regel nicht abgelehnt haben, die Untersuchungskommission auf ihrem Territorium zu empfangen[98]. Der unmittelbare Effekt der Untersuchungen war die Verzögerung und das Abklingen der Konflikte, bei bewaffneten Auseinandersetzungen eine Feuereinstellung. Durch Trennung von Tatsachen und Propaganda und durch Publizität trat eine Versachlichung ein, die den Boden für bilaterale Verhandlungen unter Aufsicht der OAS ebnete. In verschiedenen Fällen zog das Untersuchungskomitee einen Stab von Militärsachverständigen zu, entweder auf Grund einer ausdrücklichen Ermächtigung des Rates[99] oder aus eigener Machtvollkommenheit[100]. Die Sachverständigen wurden vor allem zur Grenzüberwachung und zur Kontrolle von Waffenstillstandsabkommen von Land, Wasser und Luft aus eingesetzt. Die hierzu notwendigen Fahrzeuge wurden ihnen jeweils von Mitgliedstaaten zur Verfügung gestellt[101].

Bei der Behandlung der Spannungen zwischen Nicaragua und seinen Nachbarländern 1959 genügte die Arbeit des Untersuchungskomitees, um die Beziehungen zwischen den Staaten wieder soweit zu ent-

[96] Der Beschluß des Sicherheitsrates, eine Untersuchung gemäß Art. 34 durchzuführen, ist eine Sachentscheidung nach Art. 27 Abs. 3 und daher nach Art. 25 SVN verbindlich. Die Mitglieder müssen deshalb das Betreten ihres Staatsgebietes dulden. Häufig führt der Sicherheitsrat allerdings auch Voruntersuchungen auf der Grundlage des Art. 29 SVN durch. Diese begründen ebensowenig wie die Untersuchungen der Generalversammlung eine unbedingte Pflicht zur Mitwirkung. Zum Untersuchungsrecht des Sicherheitsrates *Kerley*, AJIL 1961, S. 892 ff., 897, 901 f.

[97] Bisher ist auch von den VN auf dem Territorium eines Staates gegen den Willen der Regierung noch keine Untersuchung durchgeführt worden.

[98] Bei dem Antrag der Dominikanischen Republik (1959) auf Einberufung des Konsultationsorgans erklärten die Regierungen Kubas und Venezuelas, sie würden keine Untersuchungskommission auf ihrem Gebiet dulden: *Thomas*, OAS, S. 317. Dies war ein Grund dafür, daß der Rat keine Konsultation nach dem Rio-Vertrag einleitete, sondern eine Außenministerversammlung auf Grund Art. 39, 40 SOAS einberief; Applications I, S. 411 ff. In zwei anderen Fällen verweigerten die Dominikanische Republik und Kuba das Betreten ihres Territoriums durch die Interamerikanische Friedenskommission; vgl. unten Anm. 159 und 162.

[99] So z. B. ausdrücklich bei der Streitigkeit Costa Rica — Nicaragua 1948/49 — Applications I, S. 37 — und konkludent, durch den Appell, Flugzeuge zur Verfügung zu stellen, im Fall Panama 1959 — Applications I, S. 331; ebenso im Fall Costa Rica — Nicaragua 1955 — Applications I, S. 173.

[100] So z. B. in dem Konflikt Honduras — Nicaragua 1957 — Applications I, S. 280, 284.

[101] Entweder von den beteiligten Staaten — z. B. Applications I, S. 173 —, von den Heimatstaaten der Komiteemitglieder — z. B. Applications I, S. 173, 339 — oder von sonstigen Mitgliedern — Applications I, S. 173, 339.

spannen, daß die unmittelbare Gefahr eines Konflikts gebannt war, und der Rat seine Arbeit mit einem allgemeinen Appell an die amerikanischen Staaten, alles der Friedenserhaltung Dienliche zu tun, beenden konnte[102].

Im Anschluß an seine Tätigkeit legt das Komitee dem Rat einen ausführlichen Bericht vor, der eine allgemeine Beurteilung der Lage enthält. In der Regel endet der Bericht mit einem Resolutionsvorschlag, den der Rat häufig, zum Teil mit kleinen Abänderungen, übernimmt. Von den zahlreichen Streitfällen, in denen sich der Rat um eine friedliche Beilegung bemühte, hatte die Mehrzahl ihren Ursprung darin, daß die Regierungen umstürzlerische Bewegungen gegen ihre Nachbarstaaten offen duldeten oder sie sogar unterstützten. Die Resolutionen des Rates enthalten daher vor allem Appelle an die beteiligten Staaten:

— sich feindlicher Akte, so z. B. auch feindlicher Propaganda zu enthalten,

— Umsturzbewegungen gegen Regierungen amerikanischer Staaten nicht zu dulden oder zu fördern, sondern Maßnahmen gegen sie zu ergreifen,

— die Konvention von Havanna (1928) über Rechte und Pflichten der Staaten bei Bürgerkriegen zu beachten,

— unter Anwendung der Verfahren des Paktes von Bogotá einen friedlichen Ausgleich anzustreben.

Anfangs setzte der Rat neben dem Untersuchungskomitee besondere Kommissionen ein, um die Durchführung der Resolutionen zu überwachen und zwischen den Parteien zu vermitteln[103]. Diese Aufgabentrennung wurde jedoch bald zur Formalität[104] und verschwand schießlich ganz. Schon bei der Streitigkeit zwischen Honduras und Nicaragua (1957) und ebenso bei der Invasion Panamas (1959) hatte das mit der Untersuchung beauftragte Komitee neben seinem eigentlichen Auftrag formlos Vermittlungen zwischen den Parteien durchgeführt. Diese Praxis wurde dann legalisiert. So wurde während der folgenden vor dem Rat behandelten Streitigkeiten (Dominikanische Republik —

---

102 Applications I, S. 406 f.

103 So kontrollierte der Rat bei der Auseinandersetzung Costa Rica — Nicaragua 1948/49 durch eine Militärkommission die Einstellung der Feindseligkeiten und ließ durch zwei Sonderkommissionen den Abschluß eines Freundschaftsvertrages vorbereiten — Applications I, S. 37 ff., 44, 55. Zu dem Fall auch *Fenwick*, AJIL 1949, S. 329 ff.

104 Im Konflikt Haiti — Dominikanische Republik 1950 war die personelle Zusammensetzung der verschiedenen Kommissionen identisch — Applications I, S. 89, 134. Bei der Auseinandersetzung Costa Rica — Nicaragua 1955 übernahmen die Militärexperten des Untersuchungskomitees die Grenzüberwachung und das um vier Mitglieder erweiterte Untersuchungskomitee selbst die Vermittlung — Applications I, S. 172, 182, 206.

Haiti[105] und Vereinigte Staaten — Panama) sofort ein Komitee eingesetzt, das neben der Untersuchung auch ausdrücklich damit betraut war zu vermitteln[106].

Es fällt auf, daß sowohl in den Berichten der Kommissionen als auch in den Resolutionen des Rates sorgsam vermieden wird, einen Mitgliedstaat als für den Streitfall verantwortlich zu bezeichnen oder gar zu verurteilen. Dieses Vorgehen war gerechtfertigt, wenn beide Parteien durch Duldung und Förderung von Umsturzbewegungen gegen Nachbarregierungen für den Konflikt verantwortlich waren, wie in den Fällen Dominikanische Republik — Haiti (1950 und 1963—66) oder Costa Rica — Nicaragua (1948/49). Aber auch im Falle der Invasion Costa Ricas 1955, wo die alleinige Verantwortung Nicaraguas erwiesen war, sprach der Bericht der Untersuchungskommission nur allgemein von ausländischer Unterstützung und Vorbereitung und davon, daß die Invasion von Nicaragua her erfolgt sei[107]. Auch der Rat vermied eine Verurteilung Nicaraguas und unterhielt formell immer korrekte Beziehungen. Das ist um so bemerkenswerter, bedenkt man die unnachgiebige Haltung Nicaraguas und den massiven Druck, den es auf die Kommission ausübte, so daß diese fast gezwungen war, ihre Arbeit abzubrechen[108]. Gerade der Verzicht auf eine Verurteilung aber ermöglichte es Nicaragua einzulenken, ohne das Gesicht zu verlieren. So gelang es schließlich, ähnlich wie sechs Jahre vorher, den Konflikt mit einer Vereinbarung zwischen den Parteien beizulegen[109].

In anderen Fällen beendete der Rat seine Tätigkeit nach Wiederaufnahme der diplomatischen Beziehungen zwischen den Parteien[110], zum Teil aber auch ohne eine förmliche Vereinbarung mit einem Friedens-

105 Der Streit war von 1963 bis zum 12. Aug. 1966 mit Unterbrechungen immer wieder Gegenstand von Verhandlungen; vgl. Bericht der Kommission vom 12. Aug. 1966 — OEA/Ser.G/IV/C—i—757; *Krämer*, S. 485 ff.

106 Resolutionen des Rates vom 8. Mai 1963 — Applications II, S. 165 — und vom 7. Febr. 1964 — Applications II, S. 226 f.

107 Der Vertreter Ecuadors legte gegen dieses Vorgehen der Kommission Vorbehalt ein. Er war der Ansicht, daß die Solidarität und die freundlichen Beziehungen zwischen den amerikanischen Völkern eine vollständige Veröffentlichung der festgestellten Tatsachen geboten hätten, wodurch die Identifizierung der für die Intervention in Costa Rica Verantwortlichen möglich gewesen wäre. In diesem Zusammenhang machte er den Vorschlag, zur Überwachung der Grenzen und Bekämpfung von Interventionen eine interamerikanische Polizeitruppe aufzustellen — Applications I, S. 198 f.

108 *Dreier*, Hemisphere Crisis, S. 65 ff., der Mitglied der Kommission war.

109 *Connell-Smith*, S. 237 f. und *Dreier*, a.a.O., S. 62 halten dies für die erfolgreichste Aktion der OAS. Auch im Konflikt El Salvador — Honduras (1969) wurde eine Verurteilung El Salvadors vermieden und dadurch die friedliche Beilegung erleichtert. Vgl. oben Anm. 56.

110 So in dem Konflikt Dominikanische Republik — Haiti 1963—66 durch die Resolution vom 12. Aug. 1966 (zitiert oben in Anm. 105); ebenso im Streitfall Panama — Vereinigte Staaten 1964 — Applications II, S. 230.

appell an die Beteiligten, sofern die akuten Spannungen abgeklungen waren[111].

Die Praxis der friedlichen Streitbeilegung durch den Rat ähnelt in mancher Hinsicht den Verfahren vor dem Sicherheitsrat: Appelle an die Parteien, die Feindseligkeiten einzustellen, Untersuchung der Streitfälle durch ad-hoc-Kommissionen, Überwachung von Grenzen oder Waffenstillstandslinien durch militärische Beobachter und Vermittlung zwischen den Parteien ebenfalls durch Kommissionen. Die Feststellungen der Untersuchungskommissionen bei den VN und die Empfehlungen des Sicherheitsrates sind ebenso wie bei der OAS unverbindlich.

Unterschiedlich ist das Abstimmungsverfahren. Zwar sind in beiden Organisationen die an einem Streitfall beteiligten Staaten von der Abstimmung ausgeschlossen[112], und auch die für die Verabschiedung von Empfehlungen notwendigen Mehrheitsverhältnisse sind ähnlich, beim OAS-Rat Zweidrittelmehrheit[113], beim Sicherheitsrat neun von fünfzehn Stimmen[114]. Verschieden ist jedoch das Gewicht der einzelnen Stimmen. Während bei der OAS jedes Mitglied unabhängig von Größe und Bedeutung die gleiche Stimme hat, verfügen im Sicherheitsrat fünf Staaten über eine Sonderstellung in Form des Vetorechts. Es hat sich gezeigt, daß gerade dieses Vetorecht den Sicherheitsrat häufig handlungsunfähig machte. Denn sowie eine der bevorzugten Mächte in ihren unmittelbaren Interessen berührt wurde, verhinderte sie eine Beschlußfassung. Der tatsächlichen Ausübung des Vetorechts bedurfte es dabei gar nicht immer, vielmehr genügte oft schon die bloße Androhung. Infolge dieser häufigen Beschlußunfähigkeit des Sicherheitsrats ist die Generalversammlung, die von der Satzung der VN an sich als Forum für die Diskussion allgemeiner Themen der Friedenserhaltung konzipiert war, immer häufiger mit der Lösung konkreter Streitfälle betraut worden. Zwischen Sicherheitsrat und Generalversammlung hat in der Praxis eine Gewichtsverlagerung stattgefunden. Sie wird besonders deutlich in der Uniting for Peace Resolution (1950), durch die versucht wurde, eine Grundlage für eine Art Ersatzzuständigkeit der Generalversammlung zu schaffen[115]. Als Beispiele für Streitigkeiten, die wegen Beschlußunfähigkeit des Sicherheitsrats vor der Generalversammlung verhandelt wurden, seien die Fälle Griechenland (1946—

---

111 z. B. bei der Auseinandersetzung zwischen der Dominikanischen Republik und Haiti 1950 — Resolutionen vom 8. April 1950. Applications I, S. 130 ff.

112 Art. 18 Rio-Vertrag und 27 Abs. 3 SVN, der allerdings nur für die friedliche Streitregelung gilt, nicht für Maßnahmen nach Kap. VII der Satzung der VN.

113 Art. 17 Rio-Vertrag.

114 Art. 27 Abs. 3 SVN.

115 Hierzu die Dissertation von *Delbrück*.

1954), Ungarn (1956), der Suez-Konflikt (1956) und Libanon (1958) genannt.

Trotz einiger Erfolge, vor allem in den ersten Jahren, als die Stellung der Vereinigten Staaten noch ungleich stärker war, kann nicht übersehen werden, daß die Generalversammlung an sich kein geeignetes Organ für die rasche Beilegung von Streitigkeiten ist. Sie wird als Propagandaforum mißbraucht und ist wegen der großen Zahl der Mitglieder und der Tatsache, daß sie nicht ständig tagt, auch ein schwerfälliges Instrument. Dies und die zahlenmäßige Überlegenheit der Staaten der Dritten Welt dürften mitursächlich dafür gewesen sein, daß sich in der Politik der führenden Mächte wieder eine Tendenz zur Stärkung des Sicherheitsrates abzeichnet[116].

2. *Stellung der Generalsekretäre*

Gerade die Schwäche der Hauptorgane der VN hat der Stellung des Generalsekretärs unverhältnismäßig mehr politisches Gewicht gegeben. In der Theorie sind die Befugnisse der Generalsekretäre der VN und der OAS durchaus vergleichbar. Sie sind beide oberste Verwaltungsbeamte ihrer Organisationen und nehmen an den Sitzungen der Hauptorgane teil. Während die Satzung der OAS ihrem Generalsekretär eine beratende Stimme einräumt, fehlt in der Satzung der VN eine solche allgemeine Bestimmung. Hier kann der Generalsekretär nur die Aufmerksamkeit des Sicherheitsrates auf eine Angelegenheit lenken, sofern die Aufrechterhaltung des Weltfriedens oder die internationale Sicherheit bedroht sind (Art. 99 SVN).

Die Satzungen beider Organisationen schaffen die Möglichkeit, den Generalsekretären besondere Aufgaben zur selbständigen Erledigung zu übertragen[117]. Bei der OAS ist hierzu nur die Interamerikanische Konferenz und die Beratende Versammlung der Außenminister befugt, nicht aber der Rat.

Tatsächlich hat der Generalsekretär der VN im Laufe der Jahre aber eine ungleich stärkere Stellung erlangt als der der OAS. Durch das Gleichgewicht der Großmächte bei den VN wurde nicht nur die Bedeutung der kleinen Staaten gesteigert, sondern auch dem Generalsekretär größere Entfaltungsmöglichkeit gegeben. Für ihn galt es, wie *Hammarskjöld* vor der Generalversammlung erklärte, „ein Vakuum zu füllen, das innerhalb des von der Charta und der traditionellen Diplomatie geschaffenen Systems zur Sicherung von Frieden und Sicherheit auftreten mag"[118]. Schon dem ersten Generalsekretär der VN, *Trygve*

---

[116] Besonders die Sowjetunion tritt dafür ein. Vgl. das Memorandum vom 16. März 1967, NZZ, 7. April 1967.

[117] Art. 83 f. SOAS, 98 SVN.

[118] Hammarskjöld nach seiner Wiederwahl vor der Generalversammlung am 26. Sept. 1957 — GAOR, 690th mtg., par. 73.

Lie, gelang es, durch Schaffung einer Reihe von Präzedenzfällen, systematisch und Schritt für Schritt den Einfluß und das Prestige des Generalsekretärs zu stärken[119]. Die entscheidende Ausweitung der Machtbefugnisse ist aber das Werk seines Nachfolgers Hammarskjöld; sie erreichte während der Kongokrise 1960—1964 ihren Höhepunkt[120]. Heute ist es allgemein anerkannt, daß der Generalsekretär vor der Generalversammlung und dem Sicherheitsrat das Wort ergreift und Anträge stellt, zu politischen Fragen Stellung nimmt, selbständig Beobachter und Untersuchungskommissionen entsendet und persönlich oder durch Vertreter Kontakte mit den Mitgliedstaaten aufnimmt und zwischen ihnen vermittelt. Die diplomatische Aktivität des Generalsekretärs ist zu einem wesentlichen Faktor der Friedenssicherung der VN geworden[121].

Demgegenüber blieb der Generalsekretär der OAS, wie in der Satzung vorgesehen, auf die Verwaltung beschränkt und neben dem Rat ein farbloses Organ ohne eigenes politisches Gewicht. In der OAS fehlt das Gleichgewicht der Großmächte und damit das Vakuum, das die Machtausweitung des Generalsekretariats bei den VN ermöglicht hat. Das ständige politische Organ der OAS, der Rat, war beschlußfähig, er nahm seine Funktionen wahr und wachte eifersüchtig über sie. So fanden die ersten Jahresberichte, in denen der Generalsekretär der OAS auch zaghaft zu politischen Fragen Stellung nahm, im Rat ein ungünstiges Echo, was den Generalsekretär zwang, fortan nur neutrale Tätigkeitsberichte vorzulegen. Er durfte nicht nur nicht selbständig politisch handeln, sondern wurde bei der Behandlung von Streitfällen überhaupt nicht beteiligt. Er ist weder mit der Untersuchung von Konflikten oder Grenzüberwachungen noch mit der Vermittlung oder gar Leitung von bewaffneten Aktionen beauftragt worden wie sein Kollege bei den VN. Wie oben dargelegt, ließ der Rat all diese Aufgaben durch eigene Kommissionen wahrnehmen.

Erst in letzter Zeit, während der Dominikanischen Krise 1965, hat die Stellung des Generalsekretärs auch bei der OAS an Gewicht gewonnen. Hier wurde der Generalsekretär zum ersten Male in der

---

119 *Boyd*, S. 93.

120 Zur Ausweitung der Machtbefugnisse des Generalsekretärs der VN *Boyd*, S. 91 ff. und *Mahnke*, S. 125 ff. mit Nachweisen. *Kutzner* (S. 293) übersieht, daß die ungleich stärkere Stellung des Generalsekretärs der VN nicht auf der SVN beruht, sondern sich in der Praxis nach und nach entwickelt hat.

121 In letzter Zeit scheint die Rolle des Generalsekretärs der VN in der Weltpolitik etwas an Bedeutung verloren zu haben. Grund dafür ist einmal die im Vergleich zu seinem Vorgänger weniger dynamische Politik U Thants. Zum anderen gehen aber auch die Bestrebungen der Großmächte dahin, die Stellung des Sicherheitsrates zu stärken (vgl. oben Anm. 116) und nicht nur die im Laufe der Jahre erweiterten Befugnisse der Generalversammlung, sondern auch die des Generalsekretärs wieder zu beschränken. Vgl. *Carillo*, REDI 1965, S. 169; *Mahnke*, S. 127 ff.

Geschichte der OAS mit umfassenden politischen Aufgaben betraut. Am 29. April beauftragte ihn der Rat mit der Bildung einer Kommission zur Vorbereitung der 10. Versammlung der Außenminister[122] und einen Tag später damit, in die Dominikanische Republik zu reisen, um

— den Dekan des Diplomatischen Corps, den Apostolischen Nuntius, in seinen Bemühungen um eine Befriedung zu unterstützen,
— die Präsenz der OAS zu dokumentieren,
— die 10. Versammlung der Außenminister von dort aus zu informieren und
— die Arbeit einer von dieser Versammlung einzusetzenden Kommission vorzubereiten[123].

Zunächst standen die Bemühungen des Generalsekretärs im Schatten dieser von der 10. Außenministerkonferenz eingesetzten Sonderkommission. Aber als sie ihre Arbeit beendet hatte, konnte der Generalsekretär voll seine politische Aktivität entfalten. In einer Resolution vom 20. Mai 1965 wurde er von der 10. Versammlung der Außenminister bevollmächtigt, als ihr Vertreter

— eine Feuereinstellung herbeizuführen,
— seine guten Dienste anzubieten und
— seiner Arbeit mit der des Vertreters der VN zu koordinieren[124].

Mit der Einsetzung einer zweiten Kommission durch die Resolution vom 2. Juni 1965 wurden die Befugnisse des Generalsekretärs aber wieder eingeschränkt. Obwohl die Befriedung der Dominikanischen Republik in erster Linie der erfolgreichen Vermittlung dieser zweiten Kommission zuzuschreiben ist[125], muß festgestellt werden, daß der Generalsekretär dabei ebenso maßgeblich beteiligt war wie bei den wirtschaftlichen Hilfsmaßnahmen der OAS[126].

Die umfassenden Befugnisse während der Dominikanischen Krise können jedoch nicht darüber hinwegtäuschen, daß die Stellung des

---

122 OEA/Ser.G/III/C—sa—569 (3).

123 OEA/Ser.G/III/C—sa—570 (2). Ob der Rat, der hier wohlgemerkt nicht als provisorisches Konsultationsorgan handelte, zu einer so umfassenden Bevollmächtigung befugt war, ist zweifelhaft. Sein Vorgehen ist nach Art. 41 SOAS nur insoweit gedeckt, als es der Vorbereitung der Beratungsversammlung nach Art. 39 diente. Soweit der Generalsekretär aber aufgefordert wurde, die Friedensbemühungen des Apostolischen Nuntius' zu unterstützen, fehlt eine Grundlage in den interamerikanischen Verträgen.

124 DSB 1965 I, S. 912.

125 Ihr war auch Befehlsgewalt über die Interamerikanische Friedensstreitmacht erteilt worden — vgl. unten S. 162.

126 Zur Tätigkeit des Generalsekretärs sei besonders auf seinen Bericht hingewiesen: „Informe del Secretario General de la Organización de los Estados Americanos en relación con la situación Dominicana desde el 29 de abril 1965 hasta la instalación del Gobierno Provisional“, Unión Panamericana, Washington, 1. Nov. 1965 — OEA: Ser.F/II.10, Doc. 405.

Generalsekretärs der OAS noch keineswegs mit der des Generalsekretärs der VN verglichen werden kann, die nicht nur durch zahlreiche Präzedenzfälle gefestigt, sondern auch wesentlich selbständiger ist[127]. Während der Generalsekretär der OAS — wie sich auch kürzlich wieder bei den Auseinandersetzungen zwischen El Salvador und Honduras zeigte[128] — nur auf ausdrücklichen Auftrag hin tätig wird, hat der Generalsekretär der VN oft selbst die Initiative ergriffen und von sich aus Beobachterkommissionen entsandt oder Vermittlungen eingeleitet.

3. Die Interamerikanische Friedenskommission — ein ständiges Vermittlungsorgan

Wie dargelegt, kann das Konsultationsverfahren nach dem Vertrag von Rio, abgesehen von dem Fall eines bewaffneten Angriffs, nur dann eingeleitet werden, wenn die Voraussetzungen des Art. 6 erfüllt sind. Wenn dieser Artikel auch weit ausgelegt wurde, und der Rat schon bei kleineren Konflikten die Unverletzlichkeit oder Unantastbarkeit, die Souveränität oder die politische Unabhängigkeit eines amerikanischen Staates beeinträchtigt sah, so tauchen doch immer wieder Streitfälle auf, die diese Voraussetzungen offensichtlich nicht erfüllen und dennoch einer Lösung bedürfen, da sie die Beziehungen zwischen den amerikanischen Staaten belasten. Vornehmlich bei der Lösung solch kleinerer Streitigkeiten hat sich die Interamerikanische Friedenskommission bewährt[129].

a) Entstehung

Die Entstehung der Interamerikanischen Friedenskommission führt auf die 2. Beratungsversammlung der Amerikanischen Außenminister 1940 in Havanna zurück. In der Resolution XIV war dem Leitenden Ausschuß der Panamerikanischen Union empfohlen worden, eine Kommission aus Vertretern von fünf Staaten zu bilden, die damit

---

127 Auf einer Sitzung des Rates der OAS am 18. Mai 1968 deutete der neue Generalsekretär Galo Plaza anläßlich seiner Amtsübernahme an, daß man die Stellung des Generalsekretariats stärken und sich dabei auf die Erfahrungen größerer internationaler Organisationen — gemeint waren offensichtlich die VN — stützen müsse. Deutlicher äußerte sich der neue stellvertretende Generalsekretär Urquía. Er bedauerte, daß bei der Revision der Satzung der OAS die Befugnisse des Generalsekretärs nicht erweitert wurden, und forderte die Mitgliedstaaten auf, im Interesse der gemeinsamen Ziele dem Generalsekretariat den nötigen Spielraum zu lassen. „The OAS Chronicle" III, Nr. 6 (Juni 1968), S. 1 ff.

128 In Resolution II Ziffer 2 der 13. Außenministerversammlung (DSB 1969 II, S. 133) wird der Generalsekretär beauftragt, die vom Rat der OAS in das Konfliktgebiet entsandten Beobachter dort weiter zu belassen und erforderlichenfalls ihre Zahl zu erhöhen.

129 *Fenwick*, IO 1956, S. 18.

beauftragt sein sollte, „ständig dafür Sorge zu tragen, daß die Staaten, zwischen denen ein Konflikt, gleich welcher Natur, besteht oder im Entstehen begriffen ist, diesen so schnell wie möglich beilegen". Zu diesem Zweck sollte die Kommission jeweils Maßnahmen und Schritte vorschlagen, ohne die zwischen den Parteien vereinbarten Verfahren zu beeinträchtigen[130].

Die rechtliche Einordnung der Interamerikanischen Friedenskommission[131] in der OAS hat Schwierigkeiten bereitet. Die Kommission, die tatsächlich erst am 31. Juli 1948 auf Anregung der Dominikanischen Republik eingesetzt wurde, war bei der Abfassung der interamerikanischen Verträge übersehen worden. Sie zählte nicht zu den Organen des Rates, die in Art. 57 SOAS aufgeführt sind, sondern war der Interamerikanischen Konferenz unmittelbar verantwortlich. Nicht der Rat, sondern die Kommission selbst war es daher auch, die sich am 24. Mai 1950 ihre erste Satzung gab[132]. Hiernach sollte die Kommission regelmäßig einmal im Monat zusammentreten[133]. Dabei konnte sie einen Streitfall nicht nur auf Antrag einer Partei, sondern auch ohne deren Einwilligung, auf Wunsch eines unbeteiligten amerikanischen Staates aufgreifen[134]. Sie sollte ihre guten Dienste anbieten, den Konflikt — falls erforderlich — mit Hilfe der Parteien untersuchen und Schritte für eine freundschaftliche Schlichtung vorschlagen[135]. Das Verfahren war subsidiär und beeinträchtigte in keiner Weise andere Bemühungen[136]. Über ihre Tätigkeit sollte die Kommission nicht nur die Interamerikanischen Konferenzen, die Beratungsversammlungen der Außenminister und den Generalsekretär der OAS, sondern auch den Sicherheitsrat der VN gemäß Art. 54 SVN unterrichten[137]. Anfängliche Bedenken, die den rechtlichen Status der Kommission betrafen, wurden bald überwunden. Am 3. Januar 1951 stellte der Rat fest, daß die Funktion anderer interamerikanischer Friedensinstitutionen durch den Bestand der Kommission nicht beeinträchtigt würde[138]. 1954 schließlich sprach auch die 10. Interamerikanische Konferenz der Kommission

130 Wortlaut der Resolution in: „Informe de la Comisión Interamericana de Paz a la Segunda Conferencia Interamericana Extraordinaria sobre las actividades de la Comisión desde la Décima Conferencia Interamericana — 1954—1965", Unión Panamericana, Washington, OEA/Ser.L/III/II.10, Anhang 1, S. 53; vgl. auch AJIL 1941, Nr. 1, Off. Doc. S. 15.

131 Bis zum Juni 1949 war der offizielle Name „Inter-American Committee on Methods for Peaceful Solution of Conflicts"; Annals 1950, S. 23.

132 „Informe de la Comisión ..." (zitiert oben in Anm. 130), Anhang 2, S. 54 ff.

133 Art. 25.

134 Art. 7, 12.

135 Art. 13, 14, 19.

136 Art. 6, 7, 13.

137 Art. 23.

138 Annals 1951, S. 210, 212 f.

ausdrücklich das Vertrauen aus und beschloß, sie aufrechtzuerhalten. Gleichzeitig wies sie aber den Rat an, ein neues Statut aufzustellen, und ermächtigte ihn damit, die Kommission unter seine Kontrolle zu bringen und ihre Sonderstellung aufzuheben[139].

Wenn die Friedenskommission nicht in das System des Paktes von Bogotá einbezogen wurde, obwohl das, um eine Vereinheitlichung der friedlichen Streitregelung zu erreichen, nahegelegen hätte, so folgte man einer praktischen Einsicht. Es hatte sich nämlich gezeigt, daß nur wenige amerikanische Staaten diesen Pakt ratifiziert hatten, und daß selbst diejenigen, die diesen Schritt vollzogen hatten, das formlose Verfahren der Kommission vorzogen[140]. Im Gegensatz zu dem starren System des Bogotá-Paktes, das darauf angelegt ist, einen vorgelegten Streitfall auch gegen den Willen einer Partei zu entscheiden, kann die Kommission keinerlei bindende Beschlüsse fassen und läßt den Parteien ihre volle Handlungsfreiheit.

b) Vermittlungstätigkeit

Bis zum Zusammentritt der 10. Interamerikanischen Konferenz war die Friedenskommission in nicht weniger als sieben Streitfällen angerufen worden, davon allein drei zwischen der Dominikanischen Republik und Kuba. 1948, noch bevor der Vertrag von Rio in Kraft getreten war, beschuldigte die dominikanische Regierung die kubanische, ihr Territorium für die Vorbereitung einer Invasion zur Verfügung zu stellen. Dank der Bemühungen der Kommission kam es zu einer Übereinkunft, die freilich den Konflikt nicht endgültig beilegte, denn ein Jahr später mußte sich die Kommission wiederum damit befassen[141]. Besonders bewährt hat sich die Kommission in dem dritten Streitfall zwischen den beiden Staaten. Dominikanische Behörden hatten im Juli 1951 das guatemaltekische Schiff „Quetzal" aufgebracht und dabei fünf kubanische Seeleute gefangengenommen. Der Kommission gelang es in ununterbrochenen Sitzungen, zwischen dem 21. und 25. Dezember 1951 die Außenminister der Dominikanischen Republik und Kubas zu einer Einigung zu bringen. Die Gefangenen wurde freigelassen und eine Erklärung unterzeichnet, in der die Politik der Nichtintervention, besonders die Einstellung der feindlichen Propaganda, bekräftigt wurde[142].

In einer weiteren Kontroverse 1949 beschuldigte Haiti die dominikanische Regierung der „moralischen Aggression", weil sie einem

---

139 Annals 1954, Appendix B, S. 120 f.; vgl. auch *Thomas*, OAS, S. 126, 464 Nr. 216.

140 Zu den Gründen für das Scheitern des Bogotá-Paktes vgl. oben unter I 2.

141 AJIA 1949, S. 74, 79 ff.

142 AJIA 1950/51, S. 107 ff.

geflüchteten Offizier Radiosender zur Hetze gegen die haitische Regierung zur Verfügung stellte. Der Rat der OAS hatte die Behandlung der Frage abgelehnt[143], da er Art. 6 des Vertrages von Rio nicht als erfüllt ansah; weder die Unverletzlichkeit oder Unantastbarkeit des Staatsgebietes Haitis, noch dessen Souveränität oder politische Unabhängigkeit schienen beeinträchtigt. Auf Betreiben der Parteien befaßte sich die Friedenskommission mit dem Fall[144]. Es gelang ihr, eine gemeinsame Erklärung herbeizuführen, in der die Parteien versprachen, auf ihren Territorien keine Handlungen zu dulden, die Unruhen im Nachbarland bezweckten. Da die Spannungen nicht nachließen, mußte der Rat sich sechs Monate später allerdings doch mit der Streitigkeit befassen[145].

Von Bedeutung ist auch der Fall „Haya de la Torre", der vom IGH entschieden worden war[146] und über den zwischen Kolumbien und Peru auch danach noch keine Einigkeit herrschte[147]. Im Gegensatz zu den bisherigen Streitigkeiten waren sich die Parteien hier nicht über die Anrufung der Friedenskommission einig; die Regierung von Peru lehnte ihre Dienste ab. Sie war der Ansicht, die Kommission könnte nur im Einverständnis mit beiden Parteien tätig werden und berief sich dabei auf einen Vorbehalt, den Peru 1940 gegenüber der Resolution XIV vorgebracht hatte[148]. Trotzdem setzte die Kommission ihre Unterredung mit der kolumbianischen Regierung fort und empfahl schließlich bilaterale Verhandlungen[149]. Sie wurden bald aufgenommen, wenn auch — Peru bestand darauf — offiziell nicht auf Grund der Vorschläge der Kommission, und führten zu einer Beilegung des Konflikts.

Kurz nach der Konferenz von Caracas 1954 befaßte sich die Friedenskommission mit dem Fall Guatemala. Auf Veranlassung der Beteiligten brach sie ihre Bemühungen jedoch ab, nachdem eine bewaffnete Intervention von Honduras und Nicaragua, unterstützt von den Ver-

---

143 Oben S. 38.

144 Annals 1950, S. 23 f.; *Ortiz*, AJIA 1949, S. 72 f., 77 ff.

145 Applications I, S. 79 ff.

146 Urteil vom 20. Nov. 1950, ICJ Reports 1950, S. 265 ff. Kritisch zu der Entscheidung *Barcía Trelles*, REDI 1950, S. 753 ff. Seine Schlußfolgerung lautet (S. 801): „... Der Gerichtshof hat im Fall Haya de la Torre nicht bewiesen, daß er fähig ist, die spezifisch amerikanischen Probleme zu erfassen, auf die als Wertmaßstäbe die Traditionen, Gesetze, Sitten und das Gewohnheitsrecht der Neuen Welt angewandt werden müssen."

147 Kolumbien bat den IGH vergeblich um „Interpretation" des Urteils; ICJ Reports 1950, S. 395 ff.

148 AJIL 1941, Nr. 1, Off. Doc. S. 28.

149 AJIA 1952/54, S. 65 f.

einigten Staaten, zum Sturz der sozial-revolutionären Regierung *Arbenz* geführt hatte, und damit die Spannungen beseitigt waren[150].

Nachdem die Kommission im Februar 1956 noch einmal mit einem Streit zwischen der Dominikanischen Republik und Kuba betraut worden war, begannen für sie am 9. Mai 1956 mit der Annahme ihres neuen Statuts[151] durch den Rat der OAS drei „magere" Jahre. Neben einigen Veränderungen in der Zusammensetzung der Kommission wurde ihre Zuständigkeit in wesentlichen Punkten eingeschränkt. Im Gegensatz zum alten Statut räumt das neue nur dem unmittelbar vom Streitfall betroffenen Staat das Recht ein, die Kommission zu bemühen[152]. Darüber hinaus darf sie sich auch nur dann mit dem Fall befassen, wenn die übrigen Beteiligten einverstanden sind[153].

Es besteht kaum ein Zweifel darüber, daß diese Beschränkung der Befugnisse zum mindesten teilweise der Grund dafür war, daß vom Inkrafttreten des neuen Statuts an der bisher so vielbeschäftigten und im ganzen so erfolgreich tätigen Kommission kein einziger Fall mehr unterbreitet wurde, obwohl es an Streitigkeiten in dieser Zeit nicht mangelte, wie vier Fälle vor dem Rat der OAS beweisen[154].

Ein Wandel trat nach der 5. Außenministerkonferenz im August 1959 in Santiago de Chile ein. Auf der einen Seite wurde zwar eine Entscheidung über den Vorschlag Ecuadors, die Beschränkungen der Statuten aufzuheben, verschoben; auf der anderen Seite wurde jedoch die Interamerikanische Friedenskommission durch die Resolution IV provisorisch mit recht weitgehenden Vollmachten ausgestattet, ihr insbesondere zugestanden, auf eigene Initiative Untersuchungen einzuleiten. Während sie bisher nur für akute Streitfälle zuständig war und deshalb auch im September 1949 das Gesuch der Vereinigten Staaten, die Lage im karibischen Raum zu untersuchen, ablehnen

---

150 Annals 1954, S. 242 ff.; AJIA 1952/54, S. 66 ff. Der Rat der OAS, der ebenfalls mit dem Fall befaßt war, behandelte ihn nur zögernd. Trotz der Dringlichkeit trat er nicht als provisorisches Konsultationsorgan zusammen, sondern berief am 28. Juni 1954 eine Außenministerkonferenz für den 7. Juli ein. Diese wurde nach dem Umsturz in Guatemala auf unbestimmte Zeit vertagt: Applications I, S. 159 ff. Für eine nähere Darlegung des Falles Guatemala aus verschiedener Sicht *Connell-Smith*, S. 229 ff. und *Thomas*, OAS, S. 302 ff.

151 Text in AJIA 1955/57, S. 168 ff.

152 Art. 2.

153 Art. 15, 16, 17.

154 1957 der Grenzkonflikt zwischen Honduras und Nicaragua, der dann dem IGH vorgelegt wurde und zu dessen Regelung 1961/62 die Interamerikanische Friedenskommission auf Wunsch der Parteien zugezogen wurde; 1959 die Spannungen in Panama und Nicaragua sowie die Beschwerde der Dominikanischen Republik gegen Kuba und Venezuela. Dokumentation der Fälle in Applications I, S. 245—414.

mußte[155], sollte die Resolution IV sie gerade in die Lage versetzen, allgemein die Ursache der ständigen Spannungen in diesem Raum und besonders drei Problemkreise zu untersuchen:

— mögliche Maßnahmen zur Verhinderung umstürzlerischer Tätigkeiten,
— das Verhältnis von Verletzungen der Menschenrechte und von nichtdemokratischen Regierungsformen zu friedensgefährdenden politischen Spannungen,
— das Verhältnis zwischen wirtschaftlicher Unterentwicklung und politischer Instabilität[156].

Die Resolution IV war die Grundlage von sechs aus insgesamt acht in der Folgezeit behandelten Fällen. Nach Abschluß der 5. Außenministerkonferenz beschäftigte sich die Kommission mit einer von kubanischem Territorium aus unternommenen Invasion Haitis und mit verschiedenen Klagen gegen die Dominikanische Republik[157]. Diese wurde für schuldig befunden, eine Flugblattaktion gegen die venezolanische Regierung geduldet[158] und durch ständige schwere Verletzung der Menschenrechte die Spannung im karibischen Raum erhöht zu haben[159]. Ohne Erfolg blieb die Kommission bei einem Vermittlungsversuch zwischen der Dominikanischen Republik und Ecuador, gegen dessen Botschaft in Ciudad Trujillo feindliche Maßnahmen ergriffen worden waren, weil sie dreizehn Personen Asyl gewährt hatte[160].

1961 begann die Friedenskommission auf Anregung Perus mit einer Untersuchung der Politik der kubanischen Regierung[161]. In ihrem abschließenden Bericht gelangte sie zu dem Ergebnis: Die marxistisch-leninistische Einparteienregierung auf Kuba verletzt die Grundsätze der Charta der Organisation Amerikanischer Staaten und des Vertrages von Rio; sie steht im offenen Widerspruch zu dem Gedanken der

---

[155] AJIA 1949, S. 73 f., 75 ff.

[156] Text der Resolution in „Informe de la Comisión ..." (zitiert oben in Anm. 130), Anhang 6, S. 61 f.; auszugsweise bei *Thomas*, OAS, S. 231.

[157] „Informe de la Comisión ...", S. 15 ff.

[158] Ibid S. 17 ff. Die Feststellungen dienten zusammen mit der Verwicklung der Dominikanischen Republik in ein Attentat gegen Präsident Betancourt von Venezuela als Grundlage für die auf der 6. Außenministerkonferenz ergriffenen Maßnahmen gegen die Dominikanische Republik.

[159] Ibid S. 24 ff. Die Untersuchung wurde ohne einen Besuch an Ort und Stelle durchgeführt. Die Regierung der Dominikanischen Republik hatte von ihrem Recht Gebrauch gemacht, gemäß Ziffer 2 der Resolution IV der 5. Außenministerkonferenz der Kommission die Einreise zu verweigern.

[160] Ibid S. 19 ff.

[161] Zunächst hatte Peru den Rat mit der Frage befaßt. Der hatte die Behandlung abgelehnt, weil keine Tatsachen vorgetragen waren, die die Voraussetzungen des Art. 6 Rio-Vertrag erfüllten. Der Rat verwies Peru an die Interamerikanische Friedenskommission; Applications II, S. 61 ff.

repräsentativen Demokratie, mißachtet die Menschenrechte und gefährdet durch ihre Beziehungen zum internationalen Kommunismus und durch subversive Tätigkeit den Frieden der Hemisphäre[162]. Zum Teil bildete dieser Bericht der Kommission die Grundlage für den Ausschluß der kubanischen Regierung von der Zusammenarbeit im Interamerikanischen System, der auf der 8. Außenministerkonferenz in Punta del Este (1962) ausgesprochen wurde[163].

Wertvolle Arbeit leistete die Interamerikanische Friedenskommission bei der Grenzfestsetzung zwischen Honduras und Nicaragua, für die der Schiedsspruch des Königs von Spanien aus dem Jahre 1906 zugrunde gelegt wurde. In seinem Urteil vom 18. November 1960 hatte der IGH diesen Schiedsspruch für wirksam und bindend erklärt[164]. Der Präsident der Kommission und je ein Vertreter der beteiligten Staaten bildeten einen Ausschuß, der darüber wachte, daß die Grenze gemäß dem Schiedsspruch festgelegt und bezeichnet wurde, und daß die Bewohner frei für eine der beiden Nationalitäten optieren durften[165].

Auch in dem Konflikt zwischen Panama und den Vereinigten Staaten Anfang 1964 über die Souveränität in der Kanalzone konnte sich die Kommission mit Erfolg einschalten. Sie war den Parteien bei der Wiederherstellung der öffentlichen Ordnung und bei der Lösung der Schwierigkeiten im Zusammenhang mit dem Hissen der Fahnen der Parteien in der Kanalzone behilflich[166]. Eine Beilegung der Streitigkeiten gelang der Kommission jedoch nicht, so daß Panama sich an den Rat der OAS wandte, bei dem es seine Interessen besser durchsetzen zu können glaubte[167].

[162] „Informe de la Comisión ..." (zitiert oben in Anm. 130), S. 39 ff., 46 ff. Die kubanische Regierung hatte, ebenso wie vorher die dominikanische, der Untersuchungskommission verboten, ihr Territorium zu betreten.

[163] Applications II, S. 75 f.

[164] YIJC 1960/61, S. 83 ff.

[165] „Informe de la Comisión ..." (zitiert oben in Anm. 130), S. 26 ff.

[166] Ibid S. 48 ff.

[167] Applications II, S. 215 ff. Eine endgültige Beilegung der Streitigkeit um die Souveränität in der Kanalzone scheint, nach dreijährigen bilateralen Verhandlungen, unmittelbar bevorzustehen. Am 26. Juni 1967 ließ die Regierung der Vereinigten Staaten erklären, daß sie sich mit Panama über den Abschluß von drei neuen, weniger „kolonialistischen" Verträgen geeinigt habe. Sie sehen die Anerkennung der panamaischen Souveränität in der Kanalzone vor sowie deren politische, wirtschaftliche und soziale Integration in Panama. Die neuen Verträge sollen im Gegensatz zu dem Hay-Buneau-Varilla-Vertrag von 1903 eine begrenzte Laufzeit haben (31. Dez. 1999). Auch sollen die Zahlungen der Vereinigten Staaten für die Benutzung des Kanals erhöht werden; dazu ausführlich *Tate-Allen* in EA 1968, S. 599 ff. und zum Panamalkanal-Konflikt *Baxter-Carroll*. Ein kurzer Abriß der Geschichte des Panamakanals und eine Darstellung der Ereignisse im Jan. 1964 in FAZ, 22. Jan. 1964. Vgl. auch *Krämer*, S. 488 f.

Die 2. Interamerikanische Sonderkonferenz in Rio de Janeiro im November 1965 hob die auf Resolution IV begründeten Sonderbefugnisse der Kommission wieder auf. Gleichzeitig forderte sie den Rat auf, die Mitglieder zu konsultieren und gegebenenfalls die Statuten der Friedenskommission abzuändern[168]. Angesichts der im Februar 1967 revidierten OAS-Charta[169], die dem Rat der OAS — nunmehr „Ständiger Rat" genannt — Aufgaben der friedlichen Streitbeilegung zuweist und zu seiner Unterstützung eine „Interamerikanische Kommission der Friedlichen Lösungen" vorsieht, ist aber eine Erweiterung der Kompetenzen der Interamerikanischen Friedenskommission nicht aktuell. Im Gegenteil, durch die Revision könnte die Existenz der Interamerikanischen Friedenskommission überhaupt gefährdet sein. Da sich ihre Aufgaben und Zuständigkeiten mit denen des „Ständigen Rates" und seines Hilfsorgans, der „Interamerikanischen Kommission der Friedlichen Lösungen" praktisch decken, besteht an sich kein Bedürfnis mehr für ihr Fortbestehen. Verfolgt man aber die Geschichte des Interamerikanischen Systems, so erscheint es wahrscheinlicher, daß eine bewährte Institution wie die Interamerikanische Friedenskommission beibehalten wird, wobei es nicht ausgeschlossen ist, daß sie die Funktion der neu gegründeten „Interamerikanischen Kommission der Friedlichen Lösungen" mitübernimmt. Denn seit jeher tendieren die amerikanischen Staaten dazu, immer neue Verträge und Organe zu schaffen, ohne daß die alten aufgelöst würden. Auf diese Weise ist das Interamerikanische System im Laufe der Jahrzehnte unübersichtlich geworden, ein Nachteil, der jedoch durch seine hohe Praktikabilität aufgewogen wird. Für die Regelung eines jeden Streitfalles stehen viele verschiedene Verfahren und Institutionen zur Auswahl, von denen die jeweils geeignetste ausgewählt werden kann.

Die VN verfügen über keine der Friedenskommission vergleichbare Einrichtung, und es ist auch für die Zukunft nicht mit einer solchen zu rechnen[170]. In Ergänzung der Tätigkeit des Rates der OAS hat sich die Friedenskommission vornehmlich um die Beilegung kleinerer Streitfälle bemüht. Für diese sind aber die Organe der VN nicht zuständig, da in der Regel die Aufrechterhaltung des Weltfriedens und der Welt-

---

168 Resolution XVIII, AJIL 1966, S. 457.

169 Näheres unten unter 4.

170 Die Interamerikanische Friedenskommission mit dem Sicherheitsrat der VN zu vergleichen, wie *Quintanilla* (S. 99) es teilweise tut, erscheint nicht gerechtfertigt. Der Sicherheitsrat ist ein mit höchster Machtfülle ausgestattetes Organ, das sogar verbindliche Zwangsmaßnahmen anordnen kann. Die Friedenskommission dagegen hat keinerlei Druckmittel und ist ganz auf den guten Willen der Parteien angewiesen. *Fuchs*, AFDI 1957, S. 149 sieht die Friedenskommission als Vorbild für eine Ergänzung des Friedenssicherungssystems der VN.

sicherheit nicht gefährdet werden. Aber selbst wenn man wegen der zunehmenden weltweiten Interdependenz die Zuständigkeit der VN auch für kleinere Konflikte annehmen sollte, hätte eine ständige Kommission der VN kaum Aussicht, mit Erfolg bei Streitigkeiten zu vermitteln. Während in der westlichen Hemisphäre bei aller Verschiedenheit doch eine große Anzahl von Gemeinsamkeiten die Staaten verbindet, und die Kommissionsmitglieder mit der Problematik der Streitfälle vertraut sind, kann davon in der Weltorganisation nicht die Rede sein. Hinzu kommt — und das ist vielleicht das gewichtigste Argument —, daß bei der gegenwärtigen Spaltung der Völkerrechtsgemeinschaft[171] kaum mit einheitlichen Entschlüssen einer Kommission gerechnet werden kann, in der die verschiedenen Blöcke anteilmäßig vertreten sein müßten. Die Handlungsunfähigkeit des Sicherheitsrates zeigt das in aller Deutlichkeit. Bis zu einem gewissen Grad nimmt bei den VN der Generalsekretär, von dessen umfassender Tätigkeit schon oben[172] die Rede war, Aufgaben wahr, die mit denen der Interamerikanischen Friedenskommission vergleichbar sind. Gerade bei kleineren, jedoch die Gefahr der Ausweitung in sich tragenden Streitfällen haben sich seine Intervention und seine stille Diplomatie bewährt. Es sei hier nur an den Erfolg Hammarskjölds im Jahre 1955 bei der Befreiung der elf nordamerikanischen Piloten aus chinesischer Kriegsgefangenschaft erinnert.

4. *Verfahren nach der reformierten OAS-Charta*

Auf der 2. Interamerikanischen Sonderkonferenz im November 1965 in Rio de Janeiro erklärten die Außenminister der OAS-Staaten, daß es „unumgänglich sei, dem Interamerikanischen System eine neue Dynamik zu verleihen, die Notwendigkeit bestehe, die Funktionsweise der OAS zu ändern, sowie in der Charta neue Ziele und Normen zur wirtschaftlichen, sozialen und kulturellen Entwicklung der Völker des Kontinents und zur Beschleunigung des Prozesses der wirtschaftlichen Integration festzulegen ...[173]."

Nach eingehenden Beratungen in einem Sonderausschuß zur Satzungsrevision, der im Februar und März 1966 in Panama zusammengetreten war, unterzeichneten die Mitgliedstaaten auf der 3. Interamerikanischen

---

171 *Mahnke*, S. 21.

172 Vgl. oben unter 2. Die Verwirklichung des sowjetischen Troika-Vorschlags, der vorsah, den Generalsekretär durch ein Triumvirat aus je einem Vertreter der kommunistischen, der westlichen und der Staaten der Dritten Welt zu ersetzen, hätte die begrenzte Handlungsfreiheit der Exekutive der VN aufgehoben.

173 AJIL 1966, S. 445 ff. Zur Vorbereitung der Reformen *Somarriba Salazar*, AFDI 1966, S. 110 ff.

Sonderkonferenz am 27. Februar 1967 das sogenannte „Protokoll von Buenos Aires“[174]. Es soll zwischen den Staaten, die es ratifiziert haben, in Kraft treten, sobald zwei Drittel der Unterzeichnerstaaten ihre Ratifikationsurkunden hinterlegt haben[175]. Das ist am 27. Februar 1970 geschehen[176].

Das Protokoll von Buenos Aires enthält eine grundlegende Reform des Aufbaus der OAS mit dem Akzent auf wirtschaftlichem und sozialem Gebiet. Die bereits in der Satzung festgelegte politische Solidarität soll durch eine wirtschaftliche Solidarität ergänzt werden[177]. Eine juristisch bindende Verpflichtung, Wirtschaftshilfe zu leisten, lehnten die Vereinigten Staaten jedoch ab. Die reguläre Interamerikanische Konferenz, die seit 1954 nicht mehr zusammengetreten ist, wird durch eine „Generalversammlung“ ersetzt, die alle Jahre zusammenkommen soll[178]. Die erste Generalversammlung fand vom 25. Juni bis 8. Juli 1970 in Washington statt und faßte Beschlüsse über Maßnahmen gegen politischen Terrorismus und Diplomatenentführungen[179].

Ebenso wie bei der bisher geltenden vermißt man auch bei der revidierten OAS-Satzung ein parlamentarisches Organ. Pläne für die Einführung eines mit der Beratenden Versammlung des Europarates vergleichbaren Gremiums, wie sie wiederholt vom Generalsekretär der OAS entwickelt wurden, fanden auf der 2. Sonderkonferenz in Rio de Janeiro aber keine Mehrheit[180]. Das „Lateinamerikanische Parlament“, das sich nach einer vorbereitenden Zusammenkunft im Dezember 1964 im Juli 1965 konstituiert hat, hängt nicht mit der OAS zusammen,

---

174 Protocolo de Reformas a la Carta de la Organización de los Estados Americanos „Protocolo de Buenos Aires“, 27. Febr. 1967, OEA/Ser.E/XIV. 1. Doc. 11, Rev. 5. Das Protokoll ist abgedruckt in „La Crónica de la OEA“ II, Nr. 5 (April 1967), S. 23 ff. Deutscher Text der durch das Protokoll von Buenos Aires revidierten OAS-Satzung in EA 1968, D 8 ff. Zur 2. und 3. Interamerikanischen Sonderkonferenz vgl. *Kutzner*, S. 130 ff.

175 Art. XXVI Protokoll von Buenos Aires. Durch diese Regelung wird — zumindest vorübergehend — ein Teil der Staaten der revidierten OAS-Satzung, ein anderer Teil aber noch der ursprünglichen Satzung unterworfen sein. Demgegenüber bestimmt z. B. Art. 41 der Satzung des Europarats, daß Satzungsänderungen nach Ratifizierung durch zwei Drittel der Mitgliedstaaten für alle Mitglieder gelten.

176 An diesem Tag haben Bolivien, Honduras, Jamaica, Kolumbien und Peru ihre Ratifikationsurkunden hinterlegt, am 16. März 1970 dann auch Barbados. Davor hatten es schon Argentinien, Brasilien, Costa Rica, die Dominikanische Republik, El Salvador, Guatemala, Mexiko, Nicaragua, Panama, Paraguay, Trinidad und Tobago, Venezuela und die Vereinigten Staaten getan — „Crónica de la OEA“ V, Nr. 1 (Jan.—März 1970), S. 1.

177 Art. 29 ff. neue SOAS.

178 Art. 52—58 neue SOAS.

179 NZZ, 11. Juli 1970, S. 4; Süddeutsche Zeitung, 27./28. Juni 1970, S. 7.

180 Vgl. *Robertson* in ICLQ 1968, S. 355 f.

sondern geht auf die Initiative von Parlamentariern aus zehn lateinamerikanischen Staaten zurück[181].

Bedeutsam bei der Revision der OAS-Charta ist die Schwächung des Rates der OAS, der in Zukunft „Ständiger Rat der Organisation" genannt wird. Seine umfassende Zuständigkeit wurde beschnitten, indem man ihm das Budgetrecht entzog[182] und den „Interamerikanischen Wirtschafts- und Sozialrat" sowie den „Interamerikanischen Rat für Erziehung, Wissenschaft und Kultur"[183], die bisher seine Organe waren, gleichberechtigt neben ihn setzte[184].

Auf dem Gebiet der friedlichen Streitregelung wurde dagegen die Zuständigkeit des Rates erweitert. In Zukunft soll er nicht nur provisorisches Konsultationsorgan des Vertrages von Rio sein, sondern in eigener Zuständigkeit „über die Erhaltung freundschaftlicher Beziehungen zwischen den Mitgliedern wachen und zu diesem Zweck ihnen in wirksamer Weise bei der friedlichen Lösung ihrer Streitigkeiten helfen"[185]. Zu seiner Unterstützung ist dabei eine „Interamerikanische Kommission der Friedlichen Lösungen" vorgesehen[186]. Der oben[187] geschilderten Praxis des Rates bei der friedlichen Streitbeilegung wird damit eine normative Grundlage gegeben mit dem Ziel, die Anwendung des Vertrages von Rio auf die Fälle zu beschränken, für die er konzipiert ist, d. h. schwerwiegende zwischenstaatliche Konflikte, bei denen kollektive Zwangsmaßnahmen notwendig erscheinen.

Nach der reformierten Charta können die Parteien eines Streitfalles gemeinsam den Rat um seine guten Dienste angehen. Dieser ist ihnen entweder selbst bei der friedlichen Lösung behilflich und schlägt ge-

---

181 Nach der 1965 in Lima von Parlamentariern aus 13 Staaten angenommenen Satzung soll das Lateinamerikanische Parlament aus Delegationen regulär gewählter nationaler Parlamente bestehen. Dabei müssen in den einzelnen Delegationen die verschiedenen politischen Strömungen der nationalen Parlamente vertreten sein. Vgl. NZZ, 23. Juni und 20. Juli 1965; *Rasco*, Américas 1965, Nr. 8 (Aug.), S. 12 ff. Soweit ersichtlich, ist das Lateinamerikanische Parlament seit 1965 nicht mehr zusammengetreten. Das dürfte darauf zurückzuführen sein, daß sich in Lateinamerika die Zahl der regulär gewählten und funktionsfähigen Parlamente in den letzten Jahren stark verringert hat; vgl. unten 3. Teil Anm. 28.

182 Es wurde der Generalversammlung übertragen, Art. 54 SOAS, 52 e neue SOAS.

183 Bisher „Interamerikanischer Kulturrat" genannt — Art. 57 c, 73 ff. SOAS, 99—104 neue SOAS.

184 Art. 57 SOAS, 68 neue SOAS. Allgemein zu den neuen Befugnissen des „Ständigen Rates" *Kutzner*, S. 258 ff.

185 Art. 82 neue SOAS. Der Vertrag von Rio bezieht sich demgegenüber auf alle amerikanischen Staaten unabhängig von ihrer Mitgliedschaft — Art. 3, 6, 7.

186 Art. 83 neue SOAS.

187 Unter 1 b.

eignete Beilegungsverfahren vor, oder er verweist auf Wunsch der Parteien den Fall an die Interamerikanische Kommission der Friedlichen Lösungen[188]. Der Ständige Rat hat das Recht, den Streitfall zu untersuchen, allerdings auf dem Hoheitsgebiet einer Partei nur mit deren Zustimmung[189].

Ist kein Verfahren nach Art. 24 neue SOAS[190] anhängig, so kann auch eine Partei allein die Streitigkeit dem Ständigen Rat vorlegen. Dieser übermittelt den Fall der Kommission, die der oder den anderen Parteien ihre guten Dienste anbietet, sofern sie sich für zuständig hält und es für sachdienlich erachtet einzugreifen.

Nehmen die Parteien die guten Dienste an, so stehen der Kommission dieselben Rechte zu wie dem Ständigen Rat. Sie ist bei der Beilegung des Streitfalles behilflich, schlägt geeignete Verfahren vor und kann Untersuchungen durchführen[191]. Weigert sich eine Partei, so versucht die Kommission dennoch, den Frieden zwischen den Parteien und etwa unterbrochene diplomatische Beziehungen wiederherzustellen. Im übrigen beschränkt sie sich darauf, dem Ständigen Rat zu berichten[192]. Dieser kann daraufhin seinerseits Vorschläge für eine Annäherung machen und, wenn notwendig, an die Parteien appellieren, alles zu unterlassen, was die Lage verschlimmert. Besteht eine Partei auf ihrer Weigerung, so berichtet der Ständige Rat der Generalversammlung[193].

Die Kompetenzen des Ständigen Rates und seiner Kommission sind mit denen der Interamerikanischen Friedenskommission nach dem neuen Statut von 1956 vergleichbar[194]. Sie können nur Fälle behandeln, die ihnen von einer Partei vorgelegt werden; weder sie selbst noch dritte OAS-Mitglieder haben ein Initiativrecht. Schlägt eine der Parteien die guten Dienste ab, so können sie sich zwar im Gegensatz zur Interamerikanischen Friedenskommission weiter um eine Beilegung des Konfliktes bemühen, es steht ihnen aber weder ein Empfehlungs- noch ein Untersuchungsrecht zu.

Die Stellung des Ständigen Rates bei der friedlichen Streitbeilegung ist sehr viel schwächer als die des Sicherheitsrates oder der Generalversammlung nach der Satzung der VN. Diese können Streitfälle von

---

188 Art. 84 neue SOAS.

189 Art. 85 neue SOAS. Auch soweit auf dem Territorium nichtbeteiligter Staaten Untersuchungen durchgeführt werden sollen, ist die Zustimmung der betreffenden Regierung erforderlich. Das ergibt sich aus dem allgemeinen Völkerrecht und brauchte nicht ausdrücklich betont zu werden.

190 Er entspricht Art. 21 SOAS und betrifft die Verfahren nach dem Bogotá-Pakt.

191 Art. 86 neue SOAS.

192 Art. 87 neue SOAS.

193 Art. 88 neue SOAS.

194 Oben S. 53.

sich aus aufgreifen oder auf Anregung von beliebigen VN-Mitgliedern sowie beteiligten Nichtmitgliedern. Unabhängig von der Zustimmung der Parteien stehen dem Sicherheitsrat und der Generalversammlung auch Untersuchungs- und Empfehlungsrechte zu[195].

Ob das neue Beilegungsverfahren vor dem Ständigen Rat Erfolg haben wird, bleibt abzuwarten. Es kann nicht von der Hand gewiesen werden, daß, soweit sich der Rat um eine friedliche Beilegung von Streitfällen bemühte, die Parteien ihre Mitwirkung nicht versagt haben. Doch fragt es sich, ob sie sich hierzu nicht nur deshalb bereit fanden, weil sie nach dem Verfahren des Vertrages von Rio ohnehin gegen den Willen der Mehrheit weder die Einleitung eines Verfahrens noch die Untersuchung eines Streitfalles verhindern konnten, und weil auch Appelle und Empfehlungen des Rates nicht ihrer Zustimmung bedurften. Zwar hat die Interamerikanische Friedenskommission bewiesen, daß auch relativ machtlose Organe in der Lage sind, Streitigkeiten erfolgreich beizulegen. Aber gerade die Erfahrungen mit dem Statut von 1956, das Beilegungsverfahren enthält, die denen in der reformierten OAS-Satzung ähneln, sind wenig erfolgversprechend. Da es im übrigen ein offenes Geheimnis ist, daß häufig nur die Drohung kollektiver Sanktionen, die, wie die Praxis gezeigt hat, nicht nur auf dem Papier stehen, die Parteien zum Einlenken bewogen hat, ist das Konsultationsverfahren nach dem Vertrag von Rio nach wie vor die wesentlichste Garantie für die Erhaltung des interamerikanischen Friedens.

B. Inneramerikanische Streitigkeiten vor den Vereinten Nationen

Das prekäre und heiß umstrittene Verhältnis von Regionalismus und Universalismus spiegelt sich besonders deutlich in den Auseinandersetzungen über die Zuständigkeit der OAS und der VN bei den inneramerikanischen Streitigkeiten wider. Schon bei der Ausarbeitung der Satzung der VN hatte es ein heftiges Ringen um die Formulierung der Artikel gegeben, die die Beziehungen zu den Regionalorganisationen regeln sollten. Die Vereinigten Staaten hatten gegen Ende des Zweiten Weltkrieges im Vertrauen auf eine Zusammenarbeit mit den übrigen Großmächten in den Vorschlägen von Dumbarton Oaks dem Universalismus klaren Vorrang eingeräumt. Zwar wurde die Nützlichkeit von Regionalorganisationen grundsätzlich anerkannt, diese sollten jedoch ganz der Kontrolle des Sicherheitsrates unterstehen[196]. Nach starkem Widerstand, besonders der lateinamerikanischen Staaten, die zu Recht die Autonomie des Interamerikanischen Systems bedroht sahen, einigte

[195] Kap. VI SVN.

[196] Entwurf von Dumbarton Oaks Kap. VIII, Sektion C — Text AJIL 1945, S. 42 ff., 53 f.

man sich schließlich auf die heutige Fassung der Satzung[197]. Neben dem Recht auf kollektive Selbstverteidigung, das unten näher behandelt werden soll[198], ist darin in Art. 52 Abs. 2 für die friedliche Regelung von Streitfällen den regionalen Verfahren Priorität eingeräumt worden. Es heißt dort:

„Die Mitglieder der Vereinten Nationen, die solche Abkommen abschließen oder solche Organe schaffen, sollen alle Anstrengungen machen, um örtliche Streitfälle durch solche regionale Abkommen oder durch solche regionale Organe friedlich zu regeln, bevor sie diese dem Sicherheitsrat vorlegen."

Unbestrittenermaßen gilt diese Priorität aber nicht, soweit bei Friedensbedrohungen und Angriffshandlungen Empfehlungen oder Maßnahmen nach Kap. VII SVN zur Diskussion stehen[199]. Rechtlich wird dabei eine Unterscheidung zu der friedlichen Regelung von Streitigkeiten nach Kap. VI SVN — von der hier allein die Rede sein soll — häufig nicht getroffen werden können, denn was eine Partei als einfache Streitigkeit bezeichnet, kann von der anderen Aggression genannt werden[200]. Im Grundsatz mit Art. 52 Abs. 2 SVN übereinstimmende Regelungen, die den Vorrang der regionalen Streitschlichtung jedoch noch klarer ausdrücken, enthalten die interamerikanischen Verträge.

Art. 20 SOAS lautet:

„Alle internationalen Streitigkeiten zwischen Amerikanischen Staaten werden den in dieser Satzung vorgesehenen Verfahren unterworfen, bevor der Sicherheitsrat der Vereinten Nationen damit befaßt wird."

Ähnlich heißt es in Art. 2 des Vertrages von Rio:

„Auf Grund des im vorstehenden Artikel dargelegten Grundsatzes verpflichten sich die hohen vertragschließenden Parteien, jeden Streitfall, der sich zwischen ihnen ergeben könnte, einem Verfahren friedlichen Ausgleichs zu unterwerfen und sich zu bemühen, solche Streitfälle durch die im Interamerikanischen System anerkannten Verfahren untereinander beizulegen, bevor sie der Generalversammlung oder dem Sicherheitsrat der Vereinten Nationen unterbreitet werden."

---

197 Als Reaktion auf die Vorschläge von Dumbarton Oaks war für Februar/März 1945 die Konferenz von Chapultepec einberufen worden. Hier wurden die Grundlagen für die OAS gelegt. Wie später auf der Konferenz von San Francisco bekräftigten die lateinamerikanischen Staaten ihre Ansicht, daß das traditionsreiche Interamerikanische System nicht vollständig der zu gründenden Weltorganisation untergeordnet werden dürfe, sondern eine gewisse Autonomie behalten müsse. Vgl. Näheres bei: *Claude*, S. 3 ff.; *Fernández-Shaw*, S. 198 f.; *Gómez*, Seguridad Colectiva, S. 49 ff.; *Lleras* — in San Francisco der Vorsitzende des Ausschusses III/4, der über den Dumbarton-Oaks-Entwurf Kap. VIII, Sektion C „regional arrangements" beriet —, Annals 1949, S. 10 ff., 1950, S. 6 ff.; *Mecham*, S. 246 ff.; *Schatzschneider*, S. 15 ff.; *Thomas*, OAS, S. 30 ff.; UNCIO Vol. XII, S. 680 ff.

198 Unten 2. Teil.

199 *Jiménez*, Rec. 1964 I, S. 435 f.

200 *Connell-Smith*, S. 217.

Am stärksten betont der Pakt von Bogotá den Vorrang der OAS. Art. II Abs. 1 lautet:

„Die hohen vertragschließenden Parteien erkennen die Verpflichtung an, internationale Streitigkeiten durch die friedlichen regionalen Verfahren zu lösen, bevor man sie dem Sicherheitsrat der Vereinten Nationen vorlegt."

Der Wortlaut dieser letzten Bestimmung muß freilich einschränkend ausgelegt werden, denn er ist absurd und kann nur auf einem Redaktionsfehler beruhen. Wären die Parteien des Paktes tatsächlich verpflichtet, eine Streitigkeit erst zu „lösen", bevor der Sicherheitsrat angerufen wird, so bliebe für diesen kein Konflikt übrig. Das „lösen" des Vertragstextes wird man daher im Sinne von „versuchen zu lösen" interpretieren müssen, was auch dem Sinn der Art. 20 SOAS und 2 des Vertrages von Rio entspricht[201].

Diese, wie es scheint, klare Regelung einer erstinstanzlichen Zuständigkeit der OAS steht jedoch in einem gewissen Widerspruch zu anderen Vorschriften der Satzung der VN. So nennt Art. 33 Abs. 1 die regionale Schlichtung nur gleichberechtigt neben „anderen friedlichen Mitteln eigener Wahl". Vor allem aber bestimmt Art. 52 Abs. 4, daß die Art. 34 und 35 in keiner Weise beeinträchtigt werden. Hier wird jedoch gerade ohne Rücksicht auf den Vorrang einer Regionalorganisation dem Sicherheitsrat ein umfassendes Untersuchungsrecht eingeräumt und den Mitgliedern ein uneingeschränktes Vorlagerecht sowohl für den Sicherheitsrat wie für die Generalversammlung zugebilligt[202].

Die unklare Regelung in der Satzung der VN und ihr Verhältnis zu den zitierten Vorschriften der interamerikanischen Verträge hat zwei Fragen aufgeworfen:

(1) Haben die Mitglieder der OAS bei inneramerikanischen Streitigkeiten unmittelbaren Zugang zu den Organen der VN?

(2) Müssen die Organe der VN inneramerikanische Streitigkeiten an die OAS verweisen?

Zunächst muß festgestellt werden, daß für die rechtliche Lösung dieser Fragen in erster Linie die Satzung der VN maßgebend ist. Nach übereinstimmenden Vorschriften in der Satzung der VN (Art. 103) und in den interamerikanischen Verträgen (Art. 102 SOAS, Präambel und Art. 10 Rio-Vertrag) gehen bei Widersprüchen die Bestimmungen der

---

201 *Jiménez*, Derecho Constitucional, S. 354 f.; *Mecham*, S. 310.

202 Zu den Widersprüchen in der Satzung der VN *Kelsen*, UN, S. 435 ff.

Satzung der VN vor[203]. Es gilt der Satz: Universalrecht bricht Regionalrecht.

I. Vor dem Sicherheitsrat

1. Unmittelbarer Zugang

Nach Art. 52 Abs. 2 SVN sollen die Mitgliedstaaten einer Regionalorganisation alle Anstrengungen machen, örtliche Streitigkeiten, d. h. solche untereinander, durch die regionale Organisation zu regeln, ehe sie dem Sicherheitsrat vorgelegt werden. Aus dieser Vorschrift und den oben zitierten Art. 20 SOAS, 2 Rio-Vertrag und II Pakt von Bogotá ist gefolgert worden:

Die Mitglieder der OAS sind verpflichtet, jede Streitigkeit zunächst den regionalen Organen vorzulegen; der Sicherheitsrat muß den absoluten Vorrang der OAS beachten, er darf nicht in eine sachliche Diskussion einer unmittelbar vorgelegten Frage eintreten[204].

Dieses Prinzip, in Anlehnung an eine Äußerung von *Cabot Lodge* „Try-OAS-First" genannt[205], war zeitweise der offizielle Standpunkt der Vereinigten Staaten. Die nach dem Zweiten Weltkrieg entstandene Rivalität zur Sowjetunion hatte zu einer Kehrtwendung der Politik geführt. Der vor allem von Staatssekretär *Hull* propagierte Universalismus war verdrängt worden durch die klassischen Gedanken der Monroe-Doktrin. Diese hat auf der einen Seite defensiv-isolationistischen Charakter, d. h. sie richtet sich gegen die Einmischung außerkontinentaler Mächte in inneramerikanische Fragen. Auf der anderen Seite trägt sie imperialistische Züge, indem sie die Hegemonie der Vereinigten Staaten auf dem Kontinent zu sichern versucht. Ist diese Politik auch unmittelbar nur gegen den internationalen Kommunismus gerichtet, so betrifft sie doch die VN insoweit, als die Sowjetunion durch ihren ständigen Vertreter im Sicherheitsrat hier eine Schlüsselstellung einnimmt. Wie *Schatzschneider*[206] zutreffend ausführt, besteht „die Ablehnung der sowjetischen Partizipation bei der Regelung amerikanischer Angelegenheiten ... im Effekt also in einer Ablehnung der Beteiligung

---

[203] *Castañeda*, FI 1965/66, S. 304 ff.; *Jiménez*, Rec. 1964 I, S. 435; ders., Derecho Constitucional, S. 355; *Lleras*, Annals 1949, S. 28; a. A. *Inter-American Institute*, S. 3, wo, ohne die rechtliche Frage zu erörtern, der absolute Vorrang der Satzung der VN abgelehnt wird, weil andernfalls „der natürliche Entwicklungs- und Stärkungsprozeß der regionalen Gemeinschaften paralysiert würde". Eine Stellungnahme zu dieser nur auf Zweckmäßigkeitserwägungen gegründeten Ansicht erübrigt sich.

[204] Caicedo Castilla und Amadeo auf dem IV. *Congreso* Hispano-Luso-Americano de Derecho Internacional 1962, Anuario Hispano-Luso-Americano de Derecho Internacional 1963, S. 387 f.

[205] *Claude*, S. 26; SCOR 9th year, 676th mtg. (25. Juni 1954), S. 30.

[206] S. 78.

der Vereinten Nationen ...". Die Vereinigten Staaten wollen damit der Gefahr begegnen, „daß die Vereinten Nationen als Vehikel einer kommunistischen, politisch-aggressiven Einmischung benutzt werden könnten".

1954, im Fall Guatemala, wurde diese „neue Phase der Monroe-Doktrin"[207] mit Erfolg zum ersten Male angewandt. Es gelang den Vereinigten Staaten mit Unterstützung von Brasilien, Kolumbien, National-China und der Türkei durchzusetzen, daß der Konflikt nicht in die Tagesordnung aufgenommen wurde[208].

Das „Try-OAS-First"-Prinzip ist juristisch nicht haltbar und aus folgenden Gründen mit Recht angegriffen worden:

— Art. 52 Abs. 4 i. V. m. 34 und 35 schränken Art. 52 Abs. 2 SVN ein[209].

— Art. 52 Abs. 3 SVN besagt, daß der Sicherheitsrat die friedliche Beilegung örtlicher Streitigkeiten durch regionale Organe fördert, entweder auf Initiative der beteiligten Staaten oder durch Überweisung. Diese Regelung setzt voraus, daß der Sicherheitsrat unmittelbar und nicht erst nach dem Scheitern regionaler Verfahren mit einer Streitfrage befaßt werden kann, anderenfalls hätte die Empfehlung des Art. 52 Abs. 2 SVN wenig Sinn[210].

— Es kann nicht richtig sein, daß irgendein beliebiges Mitglied der VN, das nicht der OAS angehört, den Sicherheitsrat wegen einer inneramerikanischen Streitigkeit anrufen kann, die Mitglieder der OAS jedoch dieses Recht nicht haben sollen[211].

— Schließlich ist die sofortige Behandlung einer Streitigkeit vor dem Sicherheitsrat schon deshalb notwendig, damit dem klagenden Staat Gehör gewährt und festgestellt wird, ob eine Bedrohung des Friedens, ein Friedensbruch oder eine Angriffshandlung im Sinne

---

207 Titel der Schrift von *Schatzschneider:* „Die neue Phase der Monroe-Doktrin ...".

208 SCOR 676th mtg. (25. Juni 1954), S. 34. Kritisch hierzu: der Generalsekretär der VN im IX. Jahresbericht an die Generalversammlung, Suppl. No 1 (A 2663), S. XI; *Claude,* S. 28 ff.; *Schatzschneider,* S. 69 f.; *Thomas,* OAS, S. 308; *Jiménez,* Derecho Constitucional, S. 361 f. spricht hier zu Recht von Rechtsverweigerung. Das Verhalten der Vereinigten Staaten war insofern nicht folgerichtig, als mit ihrer Unterstützung wenige Tage vorher eine Resolution zum Guatemala-Konflikt verabschiedet worden war, in der der Sicherheitsrat die Beteiligten aufforderte, alles zu unterlassen, was zu weiterem Blutvergießen führen könnte — SCOR 675th mtg. par. 200 (20. Juni 1954). Damit hatten sie die Zuständigkeit des Sicherheitsrates grundsätzlich anerkannt. Näheres zum Guatemala-Konflikt: *Claude,* S. 21 ff.; *Fawcett,* S. 372 ff.; *Jiménez,* Derecho Constitucional, S. 360 ff.; *Mecham,* S. 440 ff.; *Ruda,* S. 49 ff.; *Schatzschneider,* S. 25 ff., 64 ff.; *Thomas,* OAS, S. 302 ff.

209 *Boutros-Ghali,* S. 180.

210 *Ruda,* S. 40.

211 *Castañeda,* FI 1965/66, S. 309 f.; *Ruda,* S. 39.

des Art. 39 SVN gegeben ist. Denn wie oben erwähnt, gilt in diesem Falle der Vorrang der regionalen Streitschlichtung nicht[212].

Hatten die Vereinigten Staaten 1954 die Behandlung des Guatemala-Konfliktes vor dem Sicherheitsrat noch verhindern können, so gelang ihnen das 1960 bei der Beschwerde Kubas nicht mehr. Trotz der Unterstützung Frankreichs und Großbritanniens für die Vereinigten Staaten verabschiedete der Sicherheitsrat am 19. Juli 1960 eine von Argentinien und Ecuador vorgelegte Resolution. In ihr wurde die Behandlung der Frage vertagt, die OAS aufgefordert, sich für eine friedliche Lösung einzusetzen, und alle Staaten ersucht, sich jeder Handlung zu enthalten, die die Spannungen zwischen den Vereinigten Staaten und Kuba verstärken könnte. Damit war zwar die Behandlung der Frage der OAS überlassen, grundsätzlich jedoch das Recht des unmittelbaren Zugangs zum Sicherheitsrat bei regionalen Streitigkeiten anerkannt worden[213].

Bei den Anträgen Haitis (1963) und Panamas (1964) wurde dieses Recht nicht mehr ernsthaft bestritten. Auch die Vereinigten Staaten brachten keine Einwendungen gegen eine Diskussion im Sicherheitsrat und die Beibehaltung der Fragen auf der Tagesordnung vor, solange gewährleistet war, daß die eigentliche Beilegung der Streitfälle der OAS überlassen wurde. Das bot in keinem der Fälle Schwierigkeiten, weil die Antragsteller mit einer Verweisung an die OAS einverstanden waren. Beide legten jedoch Wert darauf, daß die Frage auf der Tagesordnung des Sicherheitsrates blieb[214]. Die grundsätzliche Zuständigkeit der VN wurde durch weitere Beschwerden Haitis bestätigt. Denn auch nach der Verweisung der Streitigkeit an die OAS befaßte es den Sicherheitsrat und die Generalversammlung der VN mit demselben Konflikt. Schon am 14. Mai 1963, wenige Tage nach der Verweisung, beschwerte sich Haiti nochmals beim Sicherheitsrat, am 19. August 1963 wies es den Generalsekretär der VN auf die steigenden Spannungen hin und bat ihn um seine guten Dienste, am 30. August 1963 beantragte es eine dringende Sitzung des Sicherheitsrates, zog das Gesuch aber wenig später zurück, am 23. September 1963 informierte es den Sicherheitsrat über die Verletzung seiner Grenze durch bewaffnete Banden und am 4. Juli 1964 schließlich beschwerte es sich über weitere Aggressionsakte

---

[212] Das Recht auf Gehör hob der Generalsekretär in seinem Jahresbericht (zitiert oben Anm. 208) besonders hervor; ebenso *Jiménez*, Derecho Constitucional, S. 361.

[213] Näheres zum Fall Kuba bei: *Claude*, S. 34 ff.; *Dupuy*, AFDI 1960, S. 215 ff.; *Ruda*, S. 54 ff.; *von Siegler*, S. 77 ff.

[214] *Castañeda*, FI 1965/66, S. 308; *Claude*, S. 43 ff.; *Inter-American Institute*, S. 186 ff.

der Dominikanischen Republik, ohne jedoch konkrete Maßnahmen zu beantragen[215].

Wenn auch jedes OAS-Mitglied in Erfüllung der interamerikanischen Verträge gehalten ist, einen Streitfall zunächst den regionalen Organen vorzulegen, ist doch das Recht des unmittelbaren Zugangs zum Sicherheitsrat heute ganz überwiegend anerkannt[216].

2. *Behandlung der Streitigkeiten*

Ist dem Sicherheitsrat eine inneramerikanische Streitigkeit unmittelbar vorgelegt worden, so untersucht er, ob sie geeignet ist, die Aufrechterhaltung des Weltfriedens und der internationalen Sicherheit zu gefährden[217]. Zur friedlichen Lösung muß er die Konflikte aber grundsätzlich zunächst der Regionalorganisation überlassen. Das kann nach Art. 52 Abs. 3 SVN entweder auf Veranlassung der beteiligten Staaten oder auf Grund einer Überweisung durch den Sicherheitsrat selbst geschehen. Die Verweisung ist nicht spezifiziert, d. h. die Auswahl des jeweils für die Lösung geeignet erscheinenden Mittels bleibt der Regionalorganisation überlassen. Das ergibt sich aus der Formulierung des Art. 52 und aus Art. 33 SVN, der die Anrufung regionaler Organisationen anderen Beilegungsverfahren gleichsetzt[218]. Dadurch wird, wie *Scelle*[219] erklärt, die friedliche Streitbeilegung dezentralisiert. Scheitert die Beilegung im regionalen Rahmen, so kann der Sicherheitsrat versuchen, durch Empfehlungen nach Art. 36 und 37 SVN eine Lösung herbeizuführen.

Heftig umstritten ist die Frage, ob der Sicherheitsrat solche Empfehlungen auch aussprechen darf, wenn die OAS mit dem Streitfall noch nicht befaßt worden ist. Die sogenannten Regionalisten[220] sprechen

---

215 *Inter-American* Institute, S. 186 f. mit Nachweisen. Auch bei seiner letzten Beschwerde (22. Mai 1968) wandte sich Haiti direkt an den Sicherheitsrat und erklärte sich mit einer Verweisung an die OAS einverstanden — NZZ, 23., 24. und 29. Mai 1968.

216 *Castañeda*, FI 1965/66, S. 305 ff.; *Claude*, S. 45, 61; *Connell-Smith*, S. 313 f.; *Dreier*, Hemisphere Crisis, S. 57; *Jiménez*, Derecho Constitucional, S. 356; ders., Rec. 1964 I, S. 433 ff.; *Lehmann*, S. 142; *Mecham*, S. 275; *Ruda*, S. 39 f. Ebenso mit Nachdruck der Vertreter Chiles im Special Committee on Principles of International Law, S. 104, UN Doc. A/6230 (zitiert oben Anm. 5). Bei der Behandlung der dominikanischen Krise vor dem Sicherheitsrat tauchte das Problem des unmittelbaren Zugangs von Mitgliedstaaten der OAS nicht auf, da die Sowjetunion die Einberufung des Sicherheitsrates verlangt hatte — UN Doc. S/6316 vom 1. Mai 1965.

217 Art. 34 SVN.

218 *Jiménez*, Derecho Constitucional, S. 357.

219 S. 785.

220 So z. B. *Accioly*, AJIA 1952/54, S. 7 ff.; *Boutros-Ghali*, S. 173 f.; Caicedo Castilla und Amadeo auf dem IV. *Congreso* Hispano-Luso-Americano (zitiert oben Anm. 204); *Yepes*, Rec. 1947 II, S. 279 — kritisch dazu *Jiménez*, Rec. 1954 I, S. 81 ff.

dem Sicherheitsrat dieses Recht ab. Sie verweisen dabei auf Art. 52 Abs. 3, vor allem aber auf Abs. 4, der zwar bestimmt, daß die Art. 34 und 35 SVN nicht durch Art. 52 beeinträchtigt werden, der jedoch nicht Art. 36 und 37 nennt. Dem kann nicht zugestimmt werden. Zwar ist es richtig, daß die interamerikanischen Verfahren Vorrang haben, und der Sicherheitsrat deshalb den Konflikt grundsätzlich an die OAS abgeben muß. Dies gilt aber nur, solange Aussicht besteht, daß die OAS in der Lage ist, die Streitigkeit mit friedlichen Mitteln zu lösen. Ist das aber nach Ansicht des Sicherheitsrates von vornherein nicht der Fall, so ist er nicht an Art. 52 Abs. 3 SVN gebunden. Er kann den Parteien ein möglicherweise besser geeignetes Verfahren zur Beilegung empfehlen (Art. 36 SVN) oder gemäß Art. 37 Vorschläge zur Sache machen[221]. Es wäre nicht nur wenig sinnvoll, sondern würde der Stellung des Sicherheitsrates als Hauptverantwortlichem für die Aufrechterhaltung des Weltfriedens (Art. 24 SVN) nicht gerecht, wenn man ihm hier das Recht versagte, Empfehlungen auszusprechen. Art. 52 Abs. 4 SVN steht dem nicht entgegen. Diese Bestimmung will nur sicherstellen, daß der Zugang zu den VN nicht durch Berufung auf Art. 52 Abs. 2 SVN beschränkt wird.

Die Praxis des Sicherheitsrates zeigt, daß inneramerikanische Streitigkeiten auf die Tagesordnung gesetzt und diskutiert, die Beilegung des Konflikts jedoch der OAS überlassen wurde. Dabei blieb die Frage auf der Tagesordnung, so daß man sie jederzeit wieder aufgreifen konnte. In den bisher behandelten Streitigkeiten waren die Parteien stets mit einer Verweisung an die OAS einverstanden[222]. Daher bleibt unentschieden, was zu geschehen hätte, wenn eine Seite sich dagegen sträubte. Der Wortlaut des Art. 52 Abs. 3 SVN könnte dazu verleiten, eine Verweisung auch gegen den Willen der Parteien zuzulassen. Das widerspräche aber dem Grundgedanken des Kap. VI der Satzung der VN, das eine friedliche Regelung von Streitigkeiten nur auf der Basis freiwilliger Mitarbeit der Parteien vorsieht und demgemäß den Beschlüssen des Sicherheitsrates nur Empfehlungscharakter beimißt. Daher muß die Zustimmung der Parteien als notwendige Voraussetzung für eine wirksame Übertragung der Streitigkeit an die OAS angesehen werden[223].

---

221 *Jiménez*, Derecho Constitucional, S. 358 f.; *Mecham*, S. 275; *Scelle*, S. 786. Anders *Ruda*, S. 41, der es in das freie Ermessen des Sicherheitsrates stellt, ob er eine Frage an die OAS verweist oder nicht; ähnlich *Castañeda*, FI 1965/66, S. 305 ff.

222 Auch Kuba hatte 1960, als seine Beschwerde gegen die Vereinigten Staaten vor dem Sicherheitsrat behandelt wurde, eine Verweisung an die OAS nicht abgelehnt. Deshalb legte die Sowjetunion wohl auch kein Veto gegen die Verweisung ein. Kuba wollte nur bestätigt haben, daß grundsätzlich neben der OAS auch die VN zuständig sind — *Dupuy*, AFDI 1960, S. 215 f.

223 *Castañeda*, FI 1965/66, S. 308; *Jiménez*, Rec. 1964 I, S. 442 f.; a. A. *Goodrich-Hambro*, S. 314 f. und *Thomas*, OAS, S. 53.

Ist eine außeramerikanische Macht unmittelbar an einer Streitigkeit auf dem amerikanischen Kontinent beteiligt, so ist die OAS nicht das richtige Forum für eine friedliche Beilegung. Das hätte nicht eindringlicher bewiesen werden können als durch die Kuba-Krise im Oktober 1962. Die Bereinigung dieses dramatischen Weltkonfliktes erfolgte durch unmittelbare Fühlungnahme der beiden Großmächte auf Vermittlung des Generalsekretärs der VN.

Die letzte und bisher ausführlichste Debatte vor dem Sicherheitsrat über eine inneramerikanische Streitigkeit war die anläßlich der Dominikanischen Krise 1965[224]. Die Ansichten der Vereinigten Staaten, die für eine Verweisung an die OAS eintraten, und der Sowjetunion, die auf einer Verurteilung der Vereinigten Staaten bestand, prallten hart aufeinander. Am 14. Mai 1965 einigte man sich dennoch einstimmig auf eine Resolution, die eine sofortige Feuereinstellung forderte und den Generalsekretär der VN ersuchte, unverzüglich einen Vertreter in die Dominikanische Republik zu beordern, um dem Sicherheitsrat Bericht zu erstatten[225]. Generalsekretär *U Thant* ernannte den Venezolaner *José Antonio Mayobre*, der sich in der Folgezeit um eine Feuereinstellung bemühte und dabei trotz seiner beschränkten Befugnisse zum Teil erfolgreich war[226].

In einer zweiten Resolution forderte der Sicherheitsrat am 22. Mai 1965 einen dauerhaften Waffenstillstand und forderte den Generalsekretär auf, über die Durchführung der Resolution zu berichten[227]. Die Annahme erfolgte einstimmig, diesmal jedoch bei Stimmenthaltung der Vereinigten Staaten, die die Verletzung der Alleinzuständigkeit der OAS rügten. Da die Vereinigten Staaten aber nach diesem Abstimmungsergebnis für ihren regionalistischen Standpunkt keine Erfolgschancen sahen, zogen sie ihren eigenen Resolutionsantrag zurück, der im wesentlichen eine Verweisung an die OAS vorgesehen hatte. Der sowjetische Vorschlag, die bewaffnete Intervention in die inneren Angelegenheiten der Dominikanischen Republik als grobe Verletzung

[224] UN Monthly Chronicle 1965, June, S. 3 ff., July, S. 3 ff., Aug./Sept., S. 10 ff.; *Leichter*, „Vereinte Nationen“ 1965, S. 113 ff.

[225] UN Doc. S/Res/203 (1965) — deutsche Übersetzung, „Vereinte Nationen“ 1965, S. 144.

[226] Einer erfolgreichen Vermittlung Mayobres ist es zu verdanken, daß die heftigen Kämpfe, bei denen die Interamerikanische Friedensstreitmacht weit in das Gebiet der Konstitutionalisten, der Anhänger des ehemaligen Präsidenten Bosch, eingedrungen war, beendet wurden. Sogar der Vertreter der Vereinigten Staaten im Sicherheitsrat, der sich sonst gegen jede Einmischung der Weltorganisation in „inneramerikanische“ Angelegenheiten gewandt hatte, äußerte sich anerkennend über die Vermittlung Mayobres. SCOR 1225th mtg. (16. Juni 1965) par. 38, 45; FAZ, 17. Juni 1965 und NZZ, 17. und 18. Juni 1965.

[227] UN Doc. S/Res/205 (1965) — deutsche Übersetzung, „Vereinte Nationen“ 1965, S. 144.

der Satzung der VN zu verurteilen und den unverzüglichen Abzug der Streitkräfte der Vereinigten Staaten zu fordern, war schon vorher mit großer Mehrheit abgelehnt worden. Auch ein Antrag Uruguays fand nicht die nötige Stimmenzahl. Die Vereinigten Staaten mißbilligten die darin enthaltene indirekte Kritik an der Intervention. Sie wandten sich auch gegen die in dem Antrag vorgesehene Erweiterung der Vollmachten des Generalsekretärs, da die verstärkte Einschaltung der VN nach ihrer Ansicht eine unzulässige Einmischung in regionale Streitigkeiten bedeutete und der Vorrang der OAS nicht beachtet würde. Mit den Vereinigten Staaten enthielten sich Bolivien, National-China, Großbritannien und die Niederlande der Stimme. Aus entgegengesetzten Gründen stimmte die Sowjetunion gegen den Antrag. Er war ihr zu gemäßigt, und sie bestand auf Verurteilung der Vereinigten Staaten. Spätere Versuche, die Befugnisse Mayobres durch einen Beschluß des Sicherheitsrates zu erweitern, scheiterten am Widerstand der Vereinigten Staaten. Den Vorschlag Frankreichs und der Sowjetunion, der Generalsekretär möge durch eigene Anweisungen die Vollmachten seines Vertreters erweitern, lehnte der Generalsekretär ab. Damit blieb der OAS ihre entscheidende Rolle bei der Befriedung der Dominikanischen Republik erhalten.

Den Bemühungen der Vermittlungskommission der OAS war es zu verdanken, daß die Parteien der Einsetzung einer provisorischen Regierung zustimmten. Die Interamerikanische Menschenrechtskommission sorgte für die Befreiung unrechtmäßig gefangengehaltener Personen und für die Beendigung von Mißhandlungen[228]. Schon etwas über ein Jahr nach Ausbruch der Krise konnten endlich unter der Aufsicht der OAS am 1. Juni 1966 freie Wahlen stattfinden. Aus ihnen ging *Joaquín Balaguer* siegreich hervor[229].

---

[228] Die Interamerikanische Menschenrechtskommission war vom 1. Juni 1965 bis zum Amtsantritt der endgültigen Regierung am 1. Juli 1966 ständig in der Dominikanischen Republik tätig und kümmerte sich besonders um die politischen Gefangenen. Die Kommission war in Art. 51 des Grundgesetzes der provisorischen Regierung ausdrücklich erwähnt. Über die Tätigkeit der Menschenrechtskommission vgl. *Inter-American Institute*, S. 43 ff.; *Tomuschat*, *ZAÖRVR* 1968, S. 531 ff.; *Schreiber*, IO 1968, S. 508 ff. und unten 5. Teil Anm. 75.

[229] Balaguer erzielte 57 %, der ehemalige Präsident Bosch 40 % der Stimmen. Die Beurteilung der Regierung Balaguer ist sehr unterschiedlich. Zum Teil findet sie als Regime der Mitte Anerkennung („Die Dominikanische Republik unter Präsident Balaguer“, NZZ, 23. Juli 1967), zum Teil wird die Regierung Balaguer, der unter Trujillo Vizepräsident war, als restaurativ abgelehnt und ihr die Begünstigung ehemaliger Anhänger des Diktators vorgeworfen (von Münchhausen FAZ, 25. April 1967). Unstreitig ist, daß die Regierung Balaguer unmittelbar von den Vereinigten Staaten abhängig ist und wohl bis auf weiteres bleiben wird. 1961 hatten die Vereinigten Staaten Balaguer, der auch nach der Ermordung Trujillos Präsident gewesen war, noch feindlich gegenüber gestanden; *Slater*, IO 1964, S. 274 f.

Das Einschreiten des Sicherheitsrates in der Dominikanischen Krise ist in der Literatur heftig angegriffen und als Verletzung der Satzung der VN und Rechtsmißbrauch bezeichnet worden[230]. Kritisch hat sich auch die von der 10. Konsultationsversammlung der Amerikanischen Außenminister eingesetzte Vermittlungskommission geäußert. In ihrem zweiten Bericht hat sie ihr Bedauern über den Wortlaut der Resolution des Sicherheitsrates ausgedrückt und darauf hingewiesen, daß es dadurch zum ersten Male zu einer Störung des Verhältnisses zwischen der Weltorganisation und der OAS gekommen sei, gerade zu einem Zeitpunkt, als man im Begriff gewesen sei, der Lösung des Konflikts einen entscheidenden Schritt näherzukommen[231].

Ob das Eingreifen des Sicherheitsrates der raschen Beilegung des Konflikts förderlich war, kann in der Tat bezweifelt werden. Die gleichzeitigen, aber nicht aufeinander abgestimmten Vermittlungsversuche der OAS und der VN verführten die Parteien dazu, die Organisationen gegeneinander auszuspielen. Rechtliche Bedenken gegen das Eingreifen der VN bestehen jedoch nicht. Ein Verstoß gegen Art. 2 Abs. 7 SVN scheidet aus, da nach dem Eingreifen der Vereinigten Staaten und der OAS der Konflikt nicht mehr rein innerstaatlich war. Aber auch der Grundsatz des Vorrangs regionaler Streitschlichtung ist nicht verletzt. Zwar handelte es sich um eine inneramerikanische Streitigkeit, denn auch die von den Vereinigten Staaten immer wieder behauptete kommunistische Intervention führte, im Gegensatz zur Kuba-Krise 1962, nicht zu einer unmittelbaren Verwicklung der Sowjetunion. Die bewaffnete Intervention der Vereinigten Staaten, auf die unten[232] näher eingegangen wird, rechtfertigt jedoch eine Behandlung der Streitigkeit nach Kap. VII SVN, für die der Vorrang der regionalen Zuständigkeit nicht gilt. Das Einschreiten des Sicherheitsrates war um so mehr begründet, als auch Zweifel bestehen konnten, ob das Eingreifen der Interamerikanischen Friedensstreitmacht zulässig, und ob die OAS für die friedliche Beilegung geeignet war. Denn beide Bürgerkriegsparteien protestierten vor dem Sicherheitsrat gegen die Anwesenheit der OAS-Truppen und forderten ihren sofortigen Abzug[233]. Es klang auch wenig glaubwürdig, wenn die Vereinigten Staaten, und damit die entscheidende Macht der OAS, ihre Unparteilichkeit versicherten,

---

230 So *García Amador*, „Américas", Aug. 1965, S. 3; ders., Proc. ASIL 1966, S. 73; *Inter-American Institute*, S. 207 f.

231 Bericht vom 19. Mai 1965, UN Doc. S/6370 Annex III A; ähnlich die Haltung Panamas — UN Doc. S/6370 Add. 1, par. 1.

232 5. Teil, II, 1.

233 UN Monthly Chronicle, Aug./Sept. 1965, S. 10 ff.

gleichzeitig aber die sogenannten Konstitutionalisten beschuldigten, kommunistisch beherrscht zu sein[234].

Betrachtet man die Entwicklung der Behandlung inneramerikanischer Streitigkeiten vor dem Sicherheitsrat, so muß festgestellt werden, daß es den Anhängern des Regionalismus, an ihrer Spitze den Vereinigten Staaten, immer weniger gelungen ist, den absoluten Vorrang der OAS aufrechtzuerhalten und die VN auszuschalten. Ist der Guatemala-Konflikt nicht einmal auf die Tagesordnung gesetzt worden, so hat der Sicherheitsrat in der Dominikanischen Krise durch Entsendung eines Vertreters des Generalsekretärs schon eine aktive, wenn auch im Verhältnis zur OAS bescheidene Vermittlerrolle gespielt.

Nicht zu übersehen ist, daß die Vertreter Lateinamerikas zwar im allgemeinen bereit sind, Konflikte untereinander der OAS vorzubehalten, daß jedoch eine zunehmende Neigung besteht, diejenigen Streitigkeiten, an denen die Vereinigten Staaten beteiligt sind, vor den VN zu behandeln. Das zeigte sich auch zuletzt bei der 12. Konsultationsversammlung der Außenminister. Hier wurde den Mitgliedern unter Berufung auf die Resolution 2131 (XX) der Generalversammlung der VN[235] sowie unter ausdrücklicher Bezugnahme auf die Art. 34, 35 SVN empfohlen, die Vorwürfe gegen Kuba den zuständigen Organen der VN vorzulegen[236].

Gegen diesen von Chile, Kolumbien und Venezuela eingebrachten Antrag hatten die Vereinigten Staaten, ihrem regionalistischen Standpunkt gemäß, Bedenken vorgebracht. Rechtlich erscheinen diese jedoch nicht begründet. Wenn Kuba auf dieser Konferenz ebenso wie auf vorhergehenden wiederholte Intervention und Aggression vorgeworfen wurde, und man Sanktionen empfahl, so ergibt sich die Zuständigkeit des Sicherheitsrates schon unmittelbar aus Kap. VII SVN. Hier besteht kein Vorrang der OAS. Es kommt hinzu, daß der Konflikt mit Kuba wohl überhaupt nicht mehr als örtliche Streitigkeit im Sinne des Art. 52 SVN, d. h. als Konflikt unter Mitgliedern einer Regionalorganisation bezeichnet werden kann. Denn die kubanische Regierung ist seit der Konferenz von Punta del Este im Januar 1962 von der Mitwirkung im Interamerikanischen System ausgeschlossen[237], und Ministerpräsident

---

[234] Kritisch gegenüber „Zwangsaktionen“ der OAS äußerte sich Generalsekretär U Thant in einer Rede vor der Jahresversammlung der Nichtstaatlichen Organisationen am 27. Mai 1965 — UN Monthly Chronicle, June 1965, S. 68 f.; vgl. auch Introduction to the Annual Report 1964/65 — UN Doc. A/6001/Add. 1, S. 7, 11 f.

[235] In ihr werden alle Arten von Interventionen, besonders die Subversion, verurteilt.

[236] Res. IV — „La Crónica de la OEA“ III, Nr. 2 (Okt. 1967), S. 22 f.; vgl. auch NZZ, 26. und 27. Sept. 1967.

[237] Res. VI, Ziffer 3 der 8. Konsultationsversammlung der Amerikanischen Außenminister, Applications II, S. 76.

Castro fühlt sich schon länger nicht mehr an die interamerikanischen Verträge gebunden[238]. Der Vorrang der regionalen Streitschlichtung dürfte aber kaum für einen Fall gelten, an dem ein Staat beteiligt ist, der de facto nicht mehr Mitglied der Regionalorganisation ist. Selbst wenn man aber einen Vorrang der OAS annehmen wollte, ist sie nicht gehindert, ihren Mitgliedern die Vorlage an die VN zu empfehlen.

Bedenkt man, daß in der OAS bisher der Standpunkt vorgeherrscht hat, die Behandlung inneramerikanischer Streitigkeiten müsse der OAS vorbehalten bleiben, so könnte die Empfehlung der 12. Außenministerkonferenz als Anzeichen für einen Wandel im Verhältnis OAS - VN angesehen werden. Die Gründe dafür, daß die lateinamerikanischen Staaten neben der OAS die VN stärker ins Spiel bringen, liegen auf der Hand. Macht und Einfluß, vor allem in Mittelamerika, sichern den Vereinigten Staaten in der OAS jederzeit eine Anzahl von Stimmen, die ausreichend ist, wenn schon nicht, um jeden Antrag durchzusetzen, so doch, um ungelegene Vorschläge zu blockieren. Von dem Weltforum der VN erhoffen sich viele lateinamerikanische Staaten eine für ihren Standpunkt günstigere Behandlung der Streitfälle und einen mäßigenden Einfluß auf die Machtpolitik der Vereinigten Staaten innerhalb des amerikanischen Kontinents. Gegen die Vereinigten Staaten werden sie wegen des Vetorechtes freilich auch im Sicherheitsrat nichts durchsetzen können. Es wird wesentlich von der Politik der Vereinigten Staaten innerhalb der OAS abhängen, inwieweit die übrigen Mitglieder in Zukunft die Notwendigkeit sehen, den Sicherheitsrat in inneramerikanische Fragen einzuschalten.

II. Vor der Generalversammlung

Die Generalversammlung unterliegt im Gegensatz zum Sicherheitsrat nicht den Beschränkungen des Art. 52 SVN. Zwar gilt auch für sie der Grundsatz, daß die VN für die friedliche Beilegung von Streitigkeiten nur subsidiär zuständig sind[239]. Jedoch wird dadurch weder das Recht des unmittelbaren Zugangs für Mitglieder der OAS eingeschränkt, noch die Befugnisse der Generalversammlung, die vorgelegte Frage zu erörtern und gegebenenfalls Empfehlungen zu verabschieden[240].

Diesem Gedanken wird auch in den interamerikanischen Verträgen Rechnung getragen. Nach Art. 20 SOAS und II Bogotá-Pakt sind die

[238] So schon 1960 ausdrücklich in einer Erklärung zum Vertrag von Rio, DSB 1960 I, S. 645, Anm. 7; vgl. auch das Telegramm der kubanischen Regierung vom 3. Februar 1964 an die Untersuchungskommission der OAS — Applications II, S. 210. Hier erklärte die kubanische Regierung, daß sie die Zuständigkeit der OAS nicht anerkenne.

[239] Art. 33 SVN.

[240] Art. 11 Abs. 2, Art. 14 SVN.

Mitglieder nur vor Anrufung des Sicherheitsrates verpflichtet, die regionalen Schlichtungsinstanzen anzurufen. Soweit Art. 2 des Rio-Vertrages den Vorrang auch gegenüber der Generalversammlung anordnet, kann er als durch Art. 20 SOAS und II Pakt von Bogotá revidiert angesehen werden[241].

Zu Differenzen über die Behandlung von inneramerikanischen Streitigkeiten vor der Generalversammlung kam es 1960/61 anläßlich der kubanischen Beschwerde, die Vereinigten Staaten bereiteten eine Intervention in Kuba vor. Trotz einiger Bedenken billigten die Vereinigten Staaten die Aufnahme in die Tagesordnung, sie setzten aber durch, daß die Frage zunächst an den Politischen Ausschuß verwiesen wurde, und zwar entgegen dem kubanischen Wunsch, die Angelegenheit wegen ihrer Dringlichkeit sofort vor das Plenum zu bringen.

Es entbehrt nicht einer gewissen Ironie, daß im April 1961, noch während der Politische Ausschuß und anschließend das Plenum die Klage über die drohende Invasion behandelten, Exilkubaner mit Unterstützung der Vereinigten Staaten eine Invasion Kubas unternahmen, die allerdings dann in der „Schweinebucht" scheiterte[242]. Während sieben lateinamerikanische Staaten, vor der Invasion waren es noch zwölf gewesen, für die Verweisung der Frage an die OAS eintraten, ohne freilich die Zuständigkeit der Generalversammlung zu bestreiten, forderte Mexiko, unterstützt durch die kommunistischen Staaten, eine Verurteilung der Intervention. Nach langer Debatte verabschiedete man schließlich zwei Entwürfe, in denen beide Ansichten zum Ausdruck kamen. In dem ersten wurde die Beilegung der Streitigkeit den Mitgliedern der OAS überlassen. Der zweite enthielt, wenn auch ohne Namen zu nennen, eine unzweideutige Kritik an der Intervention der Vereinigten Staaten. Im Plenum fand dieser Entwurf, zur Genugtuung der Vereinigten Staaten, nicht die notwendige Zweidrittelmehrheit. Ebensowenig konnte sich jedoch der nordamerikanische Standpunkt durchsetzen, daß die Angelegenheit der OAS zu überlassen sei. In der endgültigen Resolution wurde nur noch im einleitenden Teil auf die OAS Bezug genommen, und zwar durch Hinweis auf den Beschluß des Sicherheitsrates vom 19. Juli 1960 und auf die Erklärung der amerikanischen Außenministerkonferenz in San José de Costa Rica 1960. Die eigentliche Entschließung räumte der OAS keine Sonderstellung mehr ein. Im Gegensatz zu dem Entwurf wurden hier nicht

---

241 *Cardón*, S. 51; *Ruda*, S. 47; wohl auch *Fernández-Shaw*, S. 319; a. A. *Lleras*, Annals 1949, S. 28 ff.

242 In einer Fernsehansprache am 4. Februar 1968 übernahm der scheidende Verteidigungsminister McNamara die Verantwortung für die Beteiligung an der Invasion Kubas in der Schweinebucht 1961 — NZZ, 6. Febr. 1968.

mehr nur die OAS-Staaten, sondern alle Mitglieder der VN aufgefordert, sich für eine friedliche Lösung der Streitigkeit einzusetzen[243].

Als Ergebnis ist festzuhalten, daß die Generalversammlung, im Gegensatz zum Sicherheitsrat, bei der Behandlung inneramerikanischer Streitigkeiten keinen besonderen Beschränkungen unterliegt[244].

---

243 Ausführlich zur kubanischen Beschwerde *Claude*, S. 38 ff.; vgl. auch *Thomas*, OAS, S. 323 f.

244 *Castañeda*, FI 1965/66, S. 308; *Mecham*, S. 276; *Ruda*, S. 45 f. Ebenso die Empfehlung des IV. *Congreso* Hispano-Luso-Americano de Derecho Internacional, Bogotá 1962 in Anuario Hispano-Luso-Americano 1963, S. 435. Während im Entwurf (Ziffer 2) noch die unmittelbare Vorlage einer Streitigkeit vor die Weltorganisation allgemein als Verstoß gegen Art. 20 SOAS und 52 Abs. 2 SVN bezeichnet wurde (a.a.O., S. 388 f.), ersetzte man in der endgültigen Fassung das Wort ‚Weltorganisation' durch ‚Sicherheitsrat'. Dadurch sollte klargestellt werden, daß die Befugnisse der Generalversammlung, Streitfälle zu behandeln, durch die interamerikanischen Verträge nicht beeinträchtigt werden. Die Regelung des Art. 12 Abs. 1 SVN, daß die Generalversammlung keine Empfehlung zu einer Streitigkeit verabschieden darf, solange sich der Sicherheitsrat mit der Frage befaßt, bleibt davon unberührt.

Auf die Frage, ob nach dem Scheitern einer Streitbeilegung durch die OAS nur der Sicherheitsrat oder auch die Generalversammlung angerufen werden kann, soll hier nicht näher eingegangen werden. Die Ansicht von *Ruda* (S. 46), der auf Art. 37 Abs. 1 SVN gestützt nur die Anrufung des Sicherheitsrates für zulässig hält, erscheint wegen der umfassenden Zuständigkeit der Generalversammlung zweifelhaft.

Zweiter Teil

Das Selbstverteidigungsrecht

Durch das allgemeine Gewaltverbot einerseits und die Wirkungslosigkeit des kollektiven Sicherheitssystems der VN andererseits hat das Recht der individuellen und kollektiven Selbstverteidigung in Art. 51 SVN zentrale Bedeutung erlangt. Nach einer Gegenüberstellung der Regelung des Selbstverteidigungsrechtes in der Satzung der VN und derjenigen in den interamerikanischen Verträgen soll die Erweiterung des Rechts auf Selbstverteidigung über Art. 51 SVN hinaus am Beispiel von Resolutionen der OAS dargestellt werden.

A. Das Recht der Selbstverteidigung nach der Satzung der Vereinten Nationen und die Beistandspflicht nach dem Vertrag von Rio

Der Selbstverteidigung sind als Ausnahme vom allgemeinen Gewaltverbot in der Satzung der VN enge Grenzen gesetzt. Sie ist nach dem Wortlaut des Art. 51 nur zulässig zur Abwehr eines bewaffneten Angriffs und nur solange, bis der Sicherheitsrat die zur Aufrechterhaltung des Weltfriedens und der internationalen Sicherheit erforderlichen Maßnahmen ergriffen hat. Als Akt der Notwehr muß die Verteidigung den Grundsatz der Verhältnismäßigkeit wahren und darf nicht in einen verschleierten Angriff ausarten[1]. Die Satzung unterscheidet zwischen individueller Selbstverteidigung, d. h. der Notwehr des angegriffenen Staates selbst, und kollektiver Selbstverteidigung, d. h. der gemeinsamen Abwehr eines Angriffs durch verschiedene Staaten, die — soweit sie nicht selbst angegriffen sind — Nothilfe leisten[2].

Das Recht der kollektiven Selbstverteidigung ist die Grundlage für zahlreiche Bündnisse, wie etwa NATO und Warschauer Pakt, die eine

---

1 *Dahm* II, S. 417; *Scheuner*, WVR II, S. 240. Für eine Verteidigung über die Grenzen der Notwehr hinaus *Kunz*, AJIL 1947, S. 876 f.

2 Bei der kollektiven Selbstverteidigung brauchen nicht alle Staaten von dem Angriff betroffen zu sein, so die ganz herrschende Ansicht: *Dahm* II, S. 411 f.; *Kelsen*, UN, S. 792; *Kunz*, AJIL 1947, S. 874 f.; *Scheuner*, Die kollektive Sicherung, S. 10; *Stone*, Legal Controls, S. 245; *Verdross*, VR, S. 554; a. A. *Bowett*, Self-defence, S. 206 f.; ähnlich auch *Oppenheim-Lauterpacht* II, S. 155 f., der nur den Staaten das Recht kollektiver Selbstverteidigung zubilligt, die durch einen Angriff in ihren vitalen Interessen betroffen werden. Zur Problematik des Begriffs ‚kollektive Selbstverteidigung' *Dahm*, a.a.O.; *Kelsen*, a.a.O.; *Thomas*, OAS, S. 255 f.

Art Ersatz für das unter den gegenwärtigen Umständen funktionsunfähige Sicherheitssystem der VN bilden.

In der Satzung der OAS ist die Selbstverteidigung in Kap. V nur allgemein geregelt. Für die Einzelheiten wird auf das „Interamerikanische Beistandsabkommen" von Rio de Janeiro verwiesen. Es besteht in der Literatur Uneinigkeit darüber, ob der Vertrag von Rio mehr ein Pakt kollektiver Selbstverteidigung ist[3] oder mehr ein Regionalabkommen im Sinne von Kap. VIII SVN zur Aufrechterhaltung des Friedens unter den Mitgliedern[4]. Darüber zu streiten, erscheint jedoch müßig, denn beide Elemente sind in ihm enthalten[5], ohne daß, wie in der Satzung der VN, scharf zwischen Selbstverteidigung und kollektiver Sicherheit unterschieden wird[6]. Beim Abschluß des Vertrages, der ja eine Weiterentwicklung der Akte von Chapultepec[7] ist, mag der Gesichtspunkt der kollektiven Selbstverteidigung im Vordergrund gestanden haben. Dahin weisen der Titel „Beistandsabkommen" und die Präambel, in der von „gegenseitiger Unterstützung bei bewaffneten Angriffen gegen irgendeinen amerikanischen Staat ..." die Rede ist. In der Praxis ist der Vertrag von Rio bisher jedoch, mit Ausnahme der Kuba-Krise im Oktober 1962, ausschließlich zur friedlichen Streitbeilegung oder zur Aufrechterhaltung und Wiederherstellung der kollektiven Sicherheit unter den Mitgliedern angewandt worden.

Die Selbstverteidigung ist in Art. 3 des Vertrages von Rio geregelt. Zweck dieser Bestimmung ist es, das *Recht* der kollektiven Selbstverteidigung in eine *Pflicht* zu verwandeln[8]. So heißt es in Art. 3 Abs. 1:

„Die hohen vertragschließenden Parteien sind übereingekommen, daß der bewaffnete Angriff irgendeines Staates gegen einen amerikanischen Staat als Angriff gegen alle amerikanischen Staaten angesehen werden soll, und daß daher jede der vertragschließenden Parteien zum Beistand verpflichtet ist, indem sie in Ausübung des in Artikel 51 der Charta der Vereinten Nationen anerkannten Rechtes zur individuellen oder kollektiven Selbstverteidigung dem Angriff entgegentritt[9]."

---

[3] So z. B. *Kunz*, WVR III, S. 130; ders., AJIL 1948, S. 120 und AJIL 1960, S. 335; *Stone*, Legal Controls, S. 259; *Fraenkel*, S. 51, 54.

[4] So z. B. *Bebr*, AJIL 1955, S. 177; *Kelsen*, UN, S. 793 Anm. 8; *Krezdorn*, S. 135 f.; *Scheuner*, WVR II, S. 241.

[5] Vgl. Art. 5 Rio-Vertrag, der die Vertragspartner verpflichtet, den Sicherheitsrat gemäß Art. 51 und 54 SVN zu informieren. So auch *Fernández-Shaw*, S. 203; *Menzel*, WVR III, S. 92; *Thomas*, OAS, S. 249.

[6] Auch die Satzung der OAS unterscheidet nicht deutlich zwischen kollektiver Sicherheit und Selbstverteidigung, vgl. unten unter B, II, 1.

[7] Vgl. Abs. 2 und 4 der Präambel des Rio-Vertrages, die sich auf Resolution VIII der Interamerikanischen Konferenz über Probleme des Krieges und des Friedens (Akte von Chapultepec) beziehen.

[8] *Yakemtchouk*, S. 189, 191.

[9] Ähnlich lautet Art. 24 SOAS.

Die Besonderheit dieser Beistandspflicht ist, daß sie nicht nur, wie bei der NATO, dem Warschauer Pakt oder früher im Interamerikanischen System, für Angriffe von dritter Seite gelten soll, sondern auch für solche von Mitgliedern untereinander[10]. Damit ist die regionale Solidarität, wie *Lleras* es ausdrückt, zu einer „Solidarität gegen das Verbrechen"[11] geworden.

Voraussetzung für die Beistandspflicht ist ein bewaffneter Angriff. Eine Definition dieses Begriffes enthält der Vertrag von Rio ebensowenig wie die Satzung der VN. Immerhin ist in Art. 9 Rio-Vertrag versucht worden, einige Fälle von Aggression näher zu umschreiben:

„Abgesehen von anderen Handlungen, die das Beratungsorgan als Aggression kennzeichnen mag, werden als Aggression betrachtet:

A. Ein unprovozierter bewaffneter Angriff seitens eines Staates gegen das Gebiet, die Bevölkerung oder die Land-, See- oder Luftstreitkräfte eines anderen Staates.

B. Eine Invasion durch die bewaffneten Streitkräfte eines Staates in das Gebiet eines amerikanischen Staates durch Überschreitung der Grenzen, die in Übereinstimmung mit einem Vertrag, einer richterlichen Entscheidung oder einem Schiedsspruch festgelegt sind, oder, falls in dieser Weise festgelegte Grenzen nicht bestehen, eine Invasion in ein Gebiet, das der Hoheitsgewalt eines anderen Staates untersteht."

Es bestehen keine Bedenken, die in den Absätzen A und B umschriebenen Tatbestände nicht nur als Aggression, sondern auch als bewaffnete Angriffe zu bezeichnen. Damit ist aber wenig gewonnen, denn für die umstrittenen Fragen, etwa, ob die Entsendung oder Ausrüstung von Guerillas, die Verletzung von Leib, Leben oder Eigentum von Staatsangehörigen im Ausland bewaffnete Angriffe sind, kann der ausdrücklich nur beispielhaften Aufzählung des Art. 9 nichts entnommen werden. Diese Bestimmung, die aus Gründen der Klarstellung aufgenommen wurde, bewirkt eher das Gegenteil. Dadurch, daß sie Aggression mit der Aufzählung von Fällen bewaffneter Angriffe definiert, ist sie geeignet, die scharfe terminologische Unterscheidung des Vertrages von Rio zwischen bewaffnetem Angriff (Art. 3) und Aggression, die kein bewaffneter Angriff ist (Art. 6), zu verwischen. Hinzu kommt der mißverständliche Gebrauch des Wortes „unprovoziert". Er könnte dazu verleiten, die Anwendung von Waffengewalt als

[10] Noch die Resolution XV über „gegenseitigen Beistand und Zusammenarbeit bei der Verteidigung der Amerikanischen Nationen" der 2. Konsultationsversammlung der Außenminister in Havanna 1940 richtete sich nur gegen Angriffe von nichtamerikanischen Staaten. Das änderte sich erstmals in der Akte von Chapultepec.

[11] Zitiert nach *Gómez*, Seguridad Colectiva, S. 120.

Reaktion auf eine Provokation für zulässig zu halten[12]. Das widerspräche aber dem allgemeinen Gewaltverbot, das für den Fall der Provokation keine Ausnahme kennt. Auch ein provozierter Staat darf nur im Falle der Selbstverteidigung Gewalt anwenden[13].

Art. 3 Abs. 2 Rio-Vertrag enthält die nähere Definition der Beistandspflicht:

„Auf Ersuchen des Staates oder der Staaten, die dem Angriff unmittelbar ausgesetzt sind, und bis zur Entscheidung des Beratungsorgans des Interamerikanischen Systems kann jede der vertragschließenden Mächte die Sofortmaßnahmen ergreifen, die sie in Erfüllung ihrer im vorhergehenden Abschnitt enthaltenen Verpflichtungen und in Übereinstimmung mit dem Grundsatz der kontinentalen Solidarität für richtig hält. Das Beratungsorgan tritt unverzüglich zur Prüfung dieser Maßnahmen und zum Beschluß über die zu ergreifenden kollektiven Maßnahmen zusammen."

Bei der Reaktion auf einen bewaffneten Angriff sind demnach zwei Phasen zu unterscheiden. Zunächst muß jeder Mitgliedstaat selbständig alle Maßnahmen ergreifen, die er zur Verteidigung des Angegriffenen für geeignet hält, immer vorausgesetzt, daß dieser um Hilfe nachsucht.

Vereinzelt wird der Standpunkt vertreten, daß in diesem Stadium jeder Mitgliedstaat nicht nur in der Wahl seiner Mittel frei sei, sondern auch das Recht habe zu entscheiden, ob er überhaupt eingreift[14]. Diese Ansicht ist aber abzulehnen. Sie widerspricht Art. 3 Abs. 1 Rio-Vertrag, der es den Mitgliedern gerade nicht freistellen will, ob sie eingreifen, sondern eine automatische Beistandspflicht enthält[15]. Abs. 2, der sich auf diese Pflicht ausdrücklich bezieht, stellt lediglich die Art der Verteidigungsmaßnahmen in das pflichtgemäße Ermessen der Mitglieder[16]. Die Beistandspflicht des Einzelstaates gilt bis zur zweiten Phase, in der das Konsultationsorgan, das unverzüglich vom Vorsitzenden einberufen werden muß[17], zusammentritt und entscheidet, ob ein Fall der Selbstverteidigung vorliegt, und ob kollektive Maßnahmen ergriffen werden müssen. Diese können in der Anwendung von Waffengewalt

---

[12] So *Gómez*, Seguridad Colectiva, S. 100 f., 117 f. 120, der auch das Selbstverteidigungsrecht nach Art. 51 SVN nur für unprovozierte Angriffe anerkennt. Álvaro — Memorandum on the Question of Defining Aggression, ILC 1951 II, S. 26 (UN Doc. A/CN.4/L.8, par. 26) — kritisiert den Gebrauch des Wortes ‚unprovoziert', da das ein unsicheres Element bei der Definition von ‚Angriff' abgebe.

[13] *Dahm* II, S. 414; *Thomas*, OAS, S. 257.

[14] *Gómez*, Seguridad Colectiva, S. 122 f.

[15] *Kunz*, AJIL 1948, S. 115. Die Beistandspflicht ist vergleichbar mit Art. 4 WEU (Text EA 1948, S. 1263 f.).

[16] So die ganz überwiegende Meinung: *Dupuy*, Panamericanisme, S. 232; *Mahnke*, S. 170; *Mecham*, S. 282 f.; *Meyer-Lindenberg*, ZAÖRVR 1956/57, S. 557; *Thomas*, OAS, S. 206, 254, 259; *Yakemtchouk*, S. 191.

[17] Art. 3 Abs. 2 Rio-Vertrag, 43, 52 SOAS. Die absolute Pflicht des Vorsitzenden des OAS-Rates, den Rat einzuberufen, ist im spanischen Text des Art. 43 SOAS mit „deberá" deutlicher ausgedrückt als mit dem englischen „shall".

bestehen, brauchen es aber nicht, wie die Aufzählung der zur Auswahl stehenden Maßnahmen in Art. 8 Rio-Vertrag zeigt[18]. Handelt es sich um einen Konflikt zwischen amerikanischen Staaten, so versucht das Konsultationsorgan zunächst, den Streit friedlich beizulegen[19]. Die Entscheidungen des Konsultationsorgans werden mit Zweidrittelmehrheit gefällt (Art. 17 Rio-Vertrag) und sind für alle Mitglieder bindend mit der Einschränkung, daß kein Staat gegen seinen Willen Waffengewalt anzuwenden braucht (Art. 20 Rio-Vertrag). Sanktionen für den Fall, daß ein Mitglied die Mehrheitsentscheidung mißachtet, enthält der Vertrag nicht. Neben den Aktionen des Konsultationsorgans steht es den einzelnen Staaten frei, ihre getroffenen Maßnahmen aufrechtzuerhalten oder neue zu ergreifen. Verpflichtet sind sie hierzu aber nach dem Beschluß des Konsultationsorgans nicht mehr[20]. Über sämtliche Verteidigungsmaßnahmen muß dem Sicherheitsrat sofort berichtet werden[21].

Der räumliche Geltungsbereich des Vertrages von Rio ist in Art. 3 Abs. 3 in Verbindung mit Art. 4 geregelt. Danach tritt der *casus foederis* für den Fall eines Angriffs in der in Art. 4 näher bezeichneten Sicherheitszone oder innerhalb des Gebietes eines amerikanischen Staates ein[22]. Nicht die Mitgliedschaft des angegriffenen Staates, sondern seine geographische Lage entscheidet. Zweifelhaft bleibt, ob die über den Kreis der Mitglieder hinausgehende Beistandspflicht nur zugunsten amerikanischer Staaten, z. B. Kanada, gilt oder auch für Gebiete der Sicherheitszone, die nicht zu einem amerikanischen Staat gehören, wie etwa Grönland oder eine der kolonialen Besitzungen Frankreichs, Großbritanniens oder der Niederlande. Art. 3 enthält hier widersprüchliche Regelungen. Während Abs. 1 die Mitglieder nur bei Angriffen auf amerikanische Staaten zum Beistand verpflichtet, bezieht sich Abs. 3 auf alle Angriffe innerhalb der Sicherheitszone[23]. Weder das allgemeine

---

[18] Daß Selbstverteidigung nicht notwendig in der Anwendung von Waffengewalt bestehen muß, betont besonders *Thomas*, OAS, S. 256; vgl. auch *Dahm* II, S. 424.

[19] Art. 7 Rio-Vertrag, vgl. oben 1. Teil, A, II, 1 b.

[20] *Thomas*, OAS, S. 254 f., 259

[21] Art. 5 Rio-Vertrag, 51 Satz 2 SVN.

[22] Zum Gebiet eines amerikanischen Staates außerhalb der Sicherheitszone gehören die Hawaii-Inseln (Vereinigte Staaten) und die Oster-Inseln (Chile). Die äußersten Grenzen der von Argentinien und Chile beanspruchten Sektoren der Antarktis, die sich gegenseitig teilweise überschneiden, decken sich mit den Grenzen der Sicherheitszone. Irrtümlich nennt *Mahnke* (S. 169) als Voraussetzung für die Beistandspflicht einen bewaffneten Angriff auf einen amerikanischen Staat innerhalb der Sicherheitszone.

[23] Eingehend zu dieser Frage *Thomas*, OAS, S. 261 ff. *Dupuy*, Panamericanisme, S. 232 meint, die Beistandspflicht gelte auch zugunsten nichtamerikanischer Staaten.

Ein Angriff auf die Streitkräfte eines amerikanischen Staates löst die Beistandspflicht nur aus, wenn er innerhalb der Sicherheitszone stattfindet — US-Report, S. 19.

Völkerrecht noch die Satzung der VN stehen dieser Einbeziehung der Nichtmitglieder durch den Vertrag von Rio entgegen, solange sich die Beistandspflicht nur zu deren Gunsten auswirkt und keine neuen Pflichten für sie begründet werden[24].

Wenn der Vertrag von Rio unausgesprochen alle Staaten verpflichtet, bewaffnete Angriffe auf die genannten Gebiete zu unterlassen, so wiederholt er damit nur für einen beschränkten Bereich das allgemeine Gewaltverbot der Satzung der VN, begründet aber keine neuen Pflichten.

Bedenken könnten aber bestehen, ob nicht durch Art. 3 amerikanischen Staaten, die nicht Mitglied des Rio-Vertrages sind, gegen ihren Willen Hilfe aufgedrängt wird. Für die Sofortmaßnahmen der Einzelstaaten bestimmt Art. 3 Abs. 2 Satz 1 ausdrücklich, daß sie nur auf Ersuchen des angegriffenen Staates erfolgen dürfen. Obwohl diese Einschränkung für Maßnahmen des Konsultationsorgans fehlt, muß man Art. 3 Abs. 2 Satz 2 dahingehend ergänzen, daß auch kollektive Maßnahmen zur Verteidigung von Nichtmitgliedern nur mit deren Billigung ergriffen werden dürfen. Eine Verteidigung wider Willen wäre durch Art. 51 SVN nicht gedeckt, denn nach allgemeiner Ansicht ist kollektive Selbstverteidigung nur mit Zustimmung des angegriffenen Staates zulässig[25]. Ein Staat hat das Recht, aber nicht die Pflicht, sich gegen Angriffe zu verteidigen[26]. Gerade angesichts der besonderen Gefahren atomarer Massenvernichtungsmittel kann ein Staat es vorziehen, kampflos zu kapitulieren als Gefahr zu laufen, vollständig zerstört zu werden[27]. Es wäre ein unzulässiger Eingriff in die Souveränität dritter Staaten, wollte man ihre Entscheidungsfreiheit in dieser lebenswichtigen Frage dadurch beeinträchtigen, daß man sie gegen ihren Willen verteidigte.

Fraglich ist, ob dieser Grundsatz auch für Paktmitglieder gilt, oder ob der Rio-Vertrag davon ausgeht, daß der Angriff auf einen Mitgliedstaat eine derartige Gefährdung der gesamten Hemisphäre bedeutet und alle Mitglieder, einschließlich des angegriffenen Staates selbst, zur Verteidigung verpflichtet[28]. Die Annahme einer Verteidigungspflicht steht scheinbar im Gegensatz zu Abs. 2 Satz 1, der für die sofortige Nothilfe der Paktmitglieder das Ersuchen des Angegriffenen ausdrücklich voraussetzt. Eine solche Regelung fehlt jedoch für die von dem

---

[24] *Jiménez*, AJIL 1956, S. 355 f.

[25] *Dahm* II, S. 412. Ein ausdrückliches Hilfeverlangen wird man dabei nicht für notwendig halten müssen; so aber *Wright*, AJIL 1959, S. 118 f.

[26] *Kunz*, AJIL 1948, S. 115.

[27] So sind wohl auch die Bemerkungen von *Fawcett*, Rec. 1961 II, S. 385 zum Warschauer Pakt zu verstehen.

[28] US-Report, S. 21; vgl. auch *Thomas*, OAS, S. 484 Anm. 22.

Konsultationsorgan beschlossenen Maßnahmen. Es liegt deshalb nahe, im Wege des Umkehrschlusses bei diesen Verteidigungsmaßnahmen die Zustimmung des Angegriffenen nicht für notwendig zu halten. Das hieße, daß der Angegriffene verpflichtet ist, im allgemeinen Interesse bei der gemeinsamen Verteidigung mitzuwirken. Dieses Ergebnis wird bestätigt, wenn man sich nach dem Sinn des in Art. 3 Abs. 2 Satz 1 enthaltenen Zustimmungserfordernisses fragt. Es soll nur verhindert werden, daß unter dem Vorwand der Nothilfe von einzelnen Mitgliedern Aggressionen gegen einen amerikanischen Staat begangen werden. Da diese Gefahr bei den kollektiven Maßnahmen der amerikanischen Staaten, die ja mit Zweidrittelmehrheit beschlossen werden müssen, nicht besteht[29], ist hier die Zustimmung des Angegriffenen entbehrlich. Der Pflicht der Vertragsstaaten, dem Angegriffenen zu helfen, entspricht demnach eine Pflicht des Angegriffenen, auf seinem Gebiet kollektive Verteidigungsmaßnahmen zuzulassen, da nur so eine wirksame Bekämpfung des Angriffs möglich ist[30].

Eingeschränkt wird diese Verteidigungspflicht aber dadurch, daß es allein dem betroffenen Staat zusteht zu entscheiden, ob ein Angriff gegen ihn vorliegt. Das Konsultationsorgan hat nicht das Recht, diese Entscheidung zu mißachten, denn die kollektive Selbstverteidigung ist ein Ausfluß der individuellen[31], und ob die Voraussetzungen für diese vorliegen, entscheidet allein der angegriffene Staat. Wie die Regierung eines Staates auf Grund der Souveränität das Recht hat, einen anderen Staat um Intervention zu ersuchen oder eine solche Intervention zu billigen, so kann es auch nur ihr allein zustehen, das Verhalten eines anderen Staates als Angriff anzusehen oder nicht[32]. Maßgeblich ist dabei der Wille der Regierung, die vor dem vom Konsultationsorgan als Angriff gewerteten Verhalten an der Macht war. Führt ein Angriff auf einen Mitgliedstaat zum Sturz der bisherigen Regierung, und billigt die neue, vom Aggressor eingesetzte Regierung, die Aggression, so ist diese Billigung für die Beurteilung der Frage,

---

[29] Das Eingreifen der Interamerikanischen Friedensstreitmacht in der Dominikanischen Republik widerspricht dem nicht, denn es war keine Aggression — vgl. unten 5. Teil, II, 2.

[30] Die Befolgung der Pflicht darf aber nicht gewaltsam erzwungen werden. Das verstieße gegen das Gewaltverbot. In diesem Sinne auch *Blesinger*, S. 166 ff.

[31] *Kunz*, AJIL 1947, S. 875; *Scheuner*, Die kollektive Sicherung, S. 10 Anm. 22.

[32] a. A. *Blesinger*, S. 168 ff. Er stützt sich darauf, daß subversive Aggressionen „zur Beherrschung oder gar Beseitigung der legalen Regierung führen (können), ehe diese in der Lage ist, in Freiheit über das Vorliegen eines Angriffs zu entscheiden und sich um Hilfe an die Verbündeten zu wenden" (S. 170).

ob die Voraussetzungen der kollektiven Selbstverteidigung vorliegen, nicht von Bedeutung[33].

Art. 3 Abs. 4 Rio-Vertrag stellt noch einmal ausdrücklich klar, daß die in den vorangegangenen Absätzen vorgesehenen Maßnahmen solche der Selbstverteidigung sind. In wörtlicher Übereinstimmung mit Art. 51 SVN begrenzt er ihre Dauer, „bis der Sicherheitsrat der Vereinten Nationen die notwendigen Maßnahmen zur Erhaltung des internationalen Friedens und der Sicherheit ergriffen hat". Wie bei Art. 51 SVN stellt sich die für die Selbständigkeit der OAS wichtige Frage, wer darüber zu befinden hat, ob der Sicherheitsrat die notwendigen Maßnahmen ergriffen hat.

Es wird vertreten, daß diese Frage von dem angegriffenen Staat selbst bzw. dem Konsultationsorgan der OAS zu entscheiden sei[34]. Zum Teil beruft man sich dabei auf den Naturrechtscharakter des Selbstverteidigungsrechtes, das seinem Wesen nach nicht durch Beschlüsse des Sicherheitsrates beschränkt werden könne. *Gómez*[35] fügt dem ein rechtspolitisches Argument hinzu. Für die lateinamerikanischen Staaten sei die Entscheidungsbefugnis lebenswichtig, denn anderenfalls könnten die Vereinigten Staaten als ständiges Mitglied des Sicherheitsrates praktisch allein über die Dauer der regionalen Verteidigungsaktion entscheiden[36].

Dieser Ansicht kann nicht zugestimmt werden. Es muß vielmehr allein dem Sicherheitsrat vorbehalten bleiben zu entscheiden, welche Maßnahmen er für erforderlich hält[37]. Denn es wäre mit seiner Hauptverantwortlichkeit für die Aufrechterhaltung des internationalen Friedens (Art. 24 Abs. 1 SVN) unvereinbar, wollte man einem Staat oder einer Staatengruppe das Recht einräumen, sich nach eigenem Gutdünken über diese Entscheidung hinwegzusetzen. Faßt der Sicherheitsrat einen Beschluß, so entscheidet er damit auch, welche Maßnah-

---

33 Damit entfällt das Argument, mit dem *Blesinger*, a.a.O., seine gegenteilige Ansicht begründet.

34 So: *Gómez*, Seguridad Colectiva, S. 106, 124 ff. für offensichtlich ungeeignete Maßnahmen; British Commentary on the Charter, No 9, zitiert nach *Kelsen*, UN, S. 803 Anm. 4; *Yakemtchouk*, S. 128.

35 Seguridad Colectiva, S. 127.

36 Dieser Gedanke spielte auch auf der Konferenz von San Francisco eine Rolle. Durch die Einführung des Art. 51 SVN wollten die lateinamerikanischen Staaten nicht nur den Einfluß außeramerikanischer Mächte mindern, sondern auch verhindern, daß die Vereinigten Staaten durch ihr Vetorecht als einziger amerikanischer Staat in der Lage sein sollten, über die Behandlung inneramerikanischer Konflikte zu entscheiden. Das wäre als Rückkehr in die „dunkelsten Zeiten der Monroe-Doktrin" angesehen worden. So *Lleras*, Annals 1950, S. 8.

37 *Castañeda*, FI 1965/66, S. 311; *Jiménez*, La legítima defensa, S. 334 f.; *Kelsen*, UN, S. 802 f.; *Thomas*, OAS, S. 260.

men notwendig sind. Alle die darüber hinausgehen, sei es eine Fortsetzung des Angriffs oder ein Exzess der Verteidigung, sind rechtswidrig. Kann sich der Sicherheitsrat freilich nicht auf einen Beschluß einigen, z. B. wegen eines eingelegten Vetos, so bedeutet das nicht etwa, daß kein bewaffneter Angriff vorliegt, denn dazu bedürfte es seinerseits einer besonderen Entschließung, sondern dann bleibt die Handlungsfreiheit der Einzelstaaten und der Regionalorganisation erhalten[38]. Die Befürchtung von Gómez[39], damit räume man den Vereinigten Staaten die Befugnisse ein, über die Dauer der Regionalaktionen zu entscheiden, ist vom regionalistischen Standpunkt aus, den Gómez hier vertritt, unbegründet. Denn durch das Vetorecht sind die Vereinigten Staaten zwar in der Lage, einen Beschluß des Sicherheitsrates zu verhindern und damit die regionale Aktion zu verlängern, sie können jedoch nicht umgekehrt die Regionalaktion verkürzen, denn hierzu bedarf es der Zustimmung von neun der fünfzehn Mitglieder des Sicherheitsrates (Art. 27 Abs. 3 SVN). Die Ausübung des Vetos kann sich daher nur zugunsten der Regionalorganisation auswirken.

B. Ausweitung des Selbstverteidigungsrechtes

I. Erweiterte Auslegung des Art. 51 SVN

Da heute allein das Selbstverteidigungsrecht Gewaltanwendung unabhängig vom Sicherheitsrat gestattet, wird mit seiner Hilfe versucht, alle militärischen Maßnahmen zu rechtfertigen. Es besteht daher die starke Neigung, den engen Wortlaut des Art. 51 SVN, der die Selbstverteidigung nur als Reaktion auf einen bewaffneten Angriff anerkennt, extensiv auszulegen. So wird vertreten, daß ein bewaffneter Angriff nicht nur bei offenen kriegerischen Handlungen vorliegen könne, sondern auch bei subversivem Verhalten einer Regierung, z. B. Förderung von Partisanenbewegungen in einem anderen Staat durch Waffenlieferungen[40].

Zahlreiche Autoren lösen das Selbstverteidigungsrecht von den im Wortlaut des Art. 51 enthaltenen Beschränkungen. Gestützt auf die

---

[38] *Bebr*, AJIL 1955, S. 174; *Castañeda*, a.a.O.; *Kelsen*, a.a.O., S. 803 f. Die Handlungsfreiheit der Regionalorganisation wird grundsätzlich auch nicht durch eine Empfehlung der Generalversammlung geschmälert. Handelt aber die Regionalorganisation im Widerspruch zu einer solchen Empfehlung, so spricht eine große Wahrscheinlichkeit dafür, daß ein Verstoß gegen das Völkerrecht vorliegt. Zu dieser Problematik *Higgins*, S. 5.

[39] Seguridad Colectiva, S. 127.

[40] So die Haltung der Vereinigten Staaten und Griechenlands bei den VN während der Erörterung des griechischen Bürgerkrieges, vgl. *Kelsen*, UN, S. 798 f. Anm. 1. *Kipp* (S. 412 f.) will Selbstverteidigung gegen einen Staat schon dann zulassen, wenn dieser die Bandenbildung und -betätigung passiv duldet.

Formulierung des Satzes 1 am Anfang sowie auf den Gebrauch des Wortes „Naturrecht“[41] berufen sie sich darauf, daß das Selbstverteidigungsrecht nicht durch die Charta verliehen, sondern als bestehend vorausgesetzt worden sei. Grundsätzlich gelte daher auch nach Erlaß der Satzung der VN der herkömmliche Begriff des Selbstverteidigungsrechtes weiter, und es sei nicht auf die Abwehr von Angriffen beschränkt. So erklärt *Waldock* ausdrücklich, man verkenne den Sinn des Art. 51, wenn man ihn dahingehend auslege, daß er die Selbstverteidigung als Reaktion auf illegale Gewaltmaßnahmen, die keine bewaffneten Angriffe darstellten, verbiete[42]. Zum Teil wird Selbstverteidigung nicht erst als zweiter Schlag gegen einen bereits erfolgten Angriff für zulässig gehalten, sondern schon dann, wenn ein Angriff unmittelbar bevorsteht[43].

Mit Hilfe einer erweiterten Auffassung des Selbstverteidigungsrechtes werden auch die, vor allem wegen ihres Mißbrauchs, so umstrittenen militärischen Schutzaktionen der Großmächte zugunsten ihrer Staatsangehörigen gerechtfertigt, und zwar zum Teil auch in Fällen, in denen Verletzungen von Leib, Leben oder Eigentum der Staatsangehörigen nur befürchtet werden. In Einzelheiten weichen die Auffassungen voneinander ab. So werden Eingriffe teilweise nur bei Gefährdung von Leib oder Leben der Staatsangehörigen für zulässig gehalten, nicht aber allein zum Schutze von Eigentum[44].

---

[41] „inherent right“, „derecho inmanente“; *Schmidt*, S. 92 spricht von „angeborenem Recht“.

[42] Rec. 1952 II, S. 496 ff.; vgl. auch: *Bowett*, Self-defence, S. 184 ff.; *Franzke*, S. 132 ff.; *Green*, AVR 1956/57, S. 432 f.; *Scheuner*, WVR I, S. 571; ders., Die kollektive Sicherung, S. 9; *Stone*, Aggression, S. 43 f., 97 f. im Gegensatz zu früher, Legal Controls, S. 244, 871 — kritisch dazu *Kunz*, AJIL 1960, S. 338 ff.; *Wengler*, Gewaltverbot, S. 14 f. will gewaltsame Maßnahmen gegen verbotene Gewalt, die aber noch kein bewaffneter Angriff ist, zulassen, soweit die Abwehr nicht ihrerseits den Charakter eines bewaffneten Angriffs annimmt. Dabei entstehen schwierige Abgrenzungsfragen. *Kipp*, S. 413 ff. faßt auch Maßnahmen, wie etwa die Ableitung von lebensnotwendigem Wasser noch unter einen erweiterten Begriff des ‚bewaffneten Angriffs‘.

[43] *Bowett*, a.a.O., S. 187 ff.; *Franzke*, S. 99; *Scheuner*, WVR II, S. 240 zweifelt, ob ein solches Vorgehen auf Art. 51 SVN gestützt werden kann, er will es aber jedenfalls nach allgemeinem Recht zulassen. Als Beispiel für vorweggenommene Selbstverteidigung wird meist der Fall Caroline angeführt — vgl. dazu WVR I, S. 267.

Die Vereinigten Staaten nehmen unter Berufung auf die Monroe-Doktrin ein über Art. 51 hinausgehendes Selbstverteidigungsrecht in Anspruch — vgl. Nachweise bei *Krakau*, S. 167 ff. Zu Recht betont *Kelsen*, UN, S. 798 Anm. 9, daß dieser Standpunkt rechtlich nicht haltbar ist; ebenso: *Dahm* II, S. 295; *Goodrich-Hambro*, S. 302 ff.; *Kunz*, AJIL 1947, S. 878.

[44] Ausführlich zu Schutzaktionen zugunsten Staatsangehöriger mit zahlreichen Beispielen die Dissertation von *Franzke;* vgl. auch *Bowett*, Self-defence, S. 87 ff.; *Fenwick*, AJIL 1966, S. 64; *Kipp*, S. 427 f.

Die Ausweitung des Selbstverteidigungsrechtes über den Wortlaut des Art. 51 SVN hinaus ist in der Literatur auf zahlreichen Widerspruch gestoßen[45] und hat sich auch in der Praxis nicht durchsetzen können. Die Mehrheit der Mitglieder der VN, vor allem die Vertreter der „Dritten Welt", verwahren sich strikt dagegen. Sie wollen den Großmächten keine rechtliche Handhabe für Interventionen geben, da diese ihre Unabhängigkeit gefährden. Dagegen ziehen sie, unterstützt von den kommunistischen Staaten, Art. 51 zur Rechtfertigung kolonialer Befreiungskriege heran, deren Bekämpfung durch die Kolonialherren als Aggression gewertet wird. Diese Ansicht hat in verschiedenen Resolutionen der VN ihren Niederschlag gefunden[46].

Ebenso wie man sich in den VN trotz zahlreicher Versuche bisher nicht auf eine gemeinsame Definition von „Aggression" einigen konnte[47], fehlt es an einer allgemein anerkannten Begriffsbestimmung der Selbstverteidigung. Die herrschende Uneinigkeit zeigen deutlich die Resolutionsvorschläge und Diskussionen auf der Tagung des „Special Committee on Principles of International Law concerning Friendly Relations

---

[45] Für eine enge Auslegung des Art. 51 SVN treten u. a. ein: *Brownlie*, S. 278; *Castañeda*, FI 1965/66, S. 312; *Dahm* II, S. 413 Anm. 10; ders. in Festschrift für Laun, S. 51 ff., 55; *Jessup*, S. 166 f.; *Jiménez*, La legítima defensa, S. 332; ders., Derecho Constitucional, S. 402 ff.; *Kelsen*, UN, S. 791 ff.; *Kelsen - Tucker*, S. 67; *Kunz*, AJIL 1947, S. 878 und AJIL 1960, S. 333; *Meier*, S. 144 f.; *Oppenheim - Lauterpacht* II, S. 156; *Seidl - Hohenveldern*, VR, Rdz. 1296; *Verdross*, VR, S. 554; *Wehberg*, Rec. 1951 I, S. 71; *Wengler*, VR I, S. 529 ff., 535 f.; *Wright*, AJIL 1956, S. 529, AJIL 1959, S. 124, AJIL 1963, S. 560.

[46] Die Legitimität der Befreiungskriege wird in Resolution Nr. 2105 (XX) der Generalversammlung vom 20. Dez. 1965 betont. Zu den Resolutionen der Generalversammlung und des Sicherheitsrates, in denen Portugal wegen seines Kolonialkrieges in Angola verurteilt wird — vgl. unten 4. Teil Anm. 8. Zum sowjetischen Standpunkt *Lewin-Kaljushnaja*. Dort wird einerseits die Ansicht vertreten, daß koloniale Befreiungskriege durch Art. 51 SVN gerechtfertigt und die Bestrebungen der Kolonialherren zur Unterdrückung des friedlichen oder bewaffneten nationalen Befreiungskampfes dem völkerrechtlichen Gewaltverbot unterworfen seien (S. 146). Andererseits heißt es auf S. 424: „Was die Befreiungskriege anbetrifft, so sind sie keine Kriege zwischen Staaten. Diese Kriege werden innerhalb von Staaten oder innerhalb von Kolonialreichen geführt. Sie sind keine Aggression und stellen keinen Bruch des Völkerrechts dar." Zu dieser Frage auch *Mahnke*, S. 79 f.

[47] Einen Überblick über die Versuche der VN, den Begriff ‚Aggression' zu definieren in „Vereinte Nationen" 1968, S. 20 ff. und 199 ff.; vgl. auch *Klein*, S. 163 ff. und *Wright*, AJIL 1956, S. 519 ff.

Um die Besetzung der CSSR im August 1968 und erforderlichenfalls weitere bewaffnete Interventionen in Osteuropa rechtfertigen zu können, vertritt die Sowjetunion in letzter Zeit die Theorie von der beschränkten Souveränität sozialistischer Staaten (Breschnjew-Doktrin). Damit werden auch die bisherigen Definitionen von ‚Aggression' revidiert — NZZ, 29. Sept. 1968 unter Hinweis auf einen grundlegenden Artikel in der „Prawda" vom 26. Sept. 1968; vgl. zuletzt NZZ, 15. Dez. 1968. Der britische VN-Delegierte Darwin wies am 20. Nov. 1968 im Rechtsausschuß der Generalversammlung nach, daß die Invasion der CSSR unter die von der Sowjetunion 1956 selbst vorgeschlagene Definition von Aggression fällt — NZZ, 22. Nov. 1968.

and Cooperation among States“ (1966)[48] und die Erörterungen während der 22. Sitzungsperiode im Plenum, im Juristischen Ausschuß und im neu eingesetzten Sonderausschuß zur Definition von Aggression[49].

II. Erweiterte Auslegung bei der OAS

1. Die Interamerikanischen Verträge

Die Selbstverteidigung im Interamerikanischen System ist, wie oben[50] dargestellt, in Art. 3 Rio-Vertrag geregelt. Sie soll in Übereinstimmung mit Art. 51 SVN nur für den Fall eines bewaffneten Angriffs zulässig sein. Obwohl alles dafür spricht, daß diese Regelung abschließend sein sollte, ergeben sich aus Art. 6 und 8 Rio-Vertrag Ansätze für eine Erweiterung des Selbstverteidigungsrechtes. Sind die kollektiven Maßnahmen des Kap. VII SVN ausschließlich zur Aufrechterhaltung oder Wiederherstellung des Weltfriedens und der internationalen Sicherheit bestimmt, so enthält Art. 6 Rio-Vertrag zugleich Elemente der kollektiven Selbstverteidigung[51]. Wörtlich heißt es:

„... so tritt das Beratungsorgan unverzüglich zusammen, um eine Einigung über Maßnahmen herbeizuführen, die im Fall einer Aggression *zur Unterstützung des Opfers* ergriffen werden müssen oder, in jedem Falle, über Maßnahmen, die *zur gemeinsamen Verteidigung* und zur Aufrechterhaltung von Friede und Sicherheit auf dem Kontinent ratsam sind[52].“

In Abweichung von Art. 3 Rio-Vertrag wird dem Konsultationsorgan hier ausdrücklich auch für Fälle einer Aggression, die keinen bewaffneten Angriff darstellt, sowie für bestimmte andere Konflikte, die den Frieden Amerikas gefährden könnten, das Recht eingeräumt, Zwangsmaßnahmen zu ergreifen, einschließlich der Anwendung von Waffengewalt. Das aber widerspricht dem allgemeinen Gewaltverbot der Satzung der VN und könnte nur mit einer über den Wortlaut des Art. 51 hinausgehenden Auslegung des Selbstverteidigungsrechtes gerechtfertigt werden[53].

Anhaltspunkte für ein erweitertes Selbstverteidigungsrecht enthält auch die Satzung der OAS. So bestimmt Art. 25, daß bei bewaffneten oder unbewaffneten Angriffen sowie sonstigen in Anlehnung an Art. 6 Rio-Vertrag umschriebenen Konflikten

---

48 „Report of ...“, S. 58 ff., zitiert oben 1. Teil Anm. 5; vgl. auch *Houben*, AJIL 1967, S. 708 f.

49 „Vereinte Nationen“ 1968, S. 20 ff.

50 2. Teil, A.

51 So auch *Bowett*, Self-defence, S. 230 f.

52 Hervorhebungen durch den Verfasser.

53 *Thomas*, OAS, S. 258 f., 265.

„die amerikanischen Staaten im Einklang mit den Grundsätzen kontinentaler Solidarität oder kollektiver Selbstverteidigung die Maßnahmen und Verfahren anwenden, die für diesen Fall in besonderen Verträgen festgelegt sind."

Wenngleich der Schluß, daß Selbstverteidigung auch gegen unbewaffnete Angriffe zulässig sein soll, nicht zwingend ist, so *kann* diese Vorschrift doch so ausgelegt werden[54], was für die spätere Entwicklung von Bedeutung ist. Das gleiche gilt für Art. 5 f und 24 SOAS, die erklären, der Angriff auf einen amerikanischen Staat sei als Angriff gegen alle amerikanischen Staaten anzusehen.

Auch für die Rechtfertigung einer präventiven Selbstverteidigung können Grundlagen in den interamerikanischen Verträgen gefunden werden. Zwar spricht nur die Präambel ausdrücklich davon, daß die Bestimmungen des Vertrages von Rio auch dazu dienen sollen, Angriffsdrohungen wirksam zu begegnen. Eine solche Drohung könnte aber als Beeinträchtigung der politischen Unabhängigkeit eines amerikanischen Staates und als Gefährdung des Friedens Amerikas angesehen werden, womit die Voraussetzungen für ein Vorgehen nach Art. 6 Rio-Vertrag gegeben wären. Daß an diese Auslegung schon bei der Abfassung des Vertrages gedacht wurde, beweist der Bericht des 2. Komitees der Konferenz von Rio de Janeiro[55].

2. *Schutzaktionen für Staatsangehörige*

Heftig umstritten sind im Interamerikanischen System die Schutzaktionen für Staatsangehörige im Ausland. Die lateinamerikanischen Staaten sind der Ansicht, daß ein Staat seine internationale Pflicht erfülle, wenn er In- und Ausländer gleich behandele. Ausländer hätten keinen Anspruch auf einen besonderen Schutz, und ihr Heimatstaat sei nicht berechtigt, in irgendeiner Form zu intervenieren oder auch nur diplomatische Vorstellungen zu erheben[56].

Demgegenüber beharren die Vereinigten Staaten auf dem im allgemeinen Völkerrecht anerkannten Gesetz des „Mindeststandards". Auch dieses geht grundsätzlich von der Gleichstellung von In- und Ausländern aus. Der Aufenthaltsstaat soll jedoch verpflichtet sein, was den Schutz von Leib, Leben, Freiheit und Eigentum von Ausländern anbetrifft, einen gewissen internationalen Standard einzuhalten. Werden diese Mindestvoraussetzungen nicht erfüllt, und ist der innerstaatliche

---

54 *Inter-American Institute*, S. 109. Das gilt erst recht, wenn man in Art. 25 SOAS statt des ‚oder' bei „kontinentaler Solidarität oder kollektiver Selbstverteidigung" ein ‚und' setzt, wie *Lleras* es vorschlägt. Er weist darauf hin, daß keine Alternative zwischen dem *Prinzip* der kontinentalen Solidarität und dem *Recht* der kollektiven Selbstverteidigung bestehen könne — Annals 1949, S. 31.

55 *Inter-American Institute*, S. 109 f.

56 *Roth*, S. 62 ff.; *Thomas*, OAS, S. 171, 175, 286.

Rechtsweg erschöpft, so soll der Heimatstaat berechtigt sein, sich zum Schutze seiner Staatsangehörigen einzuschalten[57].

Der Standpunkt der lateinamerikanischen Staaten hat in Art. VII des Paktes von Bogotá seinen Niederschlag gefunden. Soweit OAS-Staaten diesen ratifiziert haben, kann der Heimatstaat daher auf keinen Fall, unter Berufung auf das Selbstverteidigungsrecht, zugunsten seiner Staatsangehörigen intervenieren. Gerade das Land aber, das auch in jüngster Zeit noch bewaffnete Interventionen unternommen hat, die Vereinigten Staaten, hat schon bei der Unterzeichnung des Bogotá-Paktes Vorbehalte gegen Art. VII ausgedrückt. Den Vereinigten Staaten gegenüber gilt daher weiter die allgemeine Regel des Mindeststandards[58]. Aber auch dann fragt es sich, ob gewaltsame Aktionen zum Schutze eigener Staatsangehöriger gerechtfertigt sind. Im Rahmen der VN wird das unter Berufung auf das Selbstverteidigungsrecht zum Teil bejaht[59]. Das gleiche, so wird vertreten, gelte auch innerhalb der OAS. Zwar enthielten die Art. 15 bis 17 SOAS ein sehr weitgehendes Interventionsverbot, das nicht nur militärischen, sondern auch wirtschaftlichen und politischen Druck untersage. Art. 18 SOAS erkenne jedoch, ebenso wie Art. 51 SVN, für die Selbstverteidigung ausdrücklich eine Ausnahme an[60].

Dieser Ansicht zu folgen, erscheint nicht unbedenklich, denn durch das in der amerikanischen Staatenwelt so heiß umkämpfte und schließlich auch von den Vereinigten Staaten anerkannte Prinzip der Nichtintervention könnten alle gewaltsamen Schutzaktionen zugunsten von Staatsangehörigen im Ausland untersagt sein. Zur Auslegung des Grundsatzes der Nichtintervention muß auf seine geschichtliche Entwicklung zurückgegriffen werden[61].

Zunächst stand bei den amerikanischen Staaten die Abwehr von gewaltsamen Eingriffen europäischer Kolonialmächte im Vordergrund. Die Proklamierung der Monroe-Doktrin ist Ausdruck dieser defensiven Haltung. Von der Jahrhundertwende an, mit Beginn des imperialistischen Expansionsstrebens der Vereinigten Staaten, sahen die lateinamerikanischen Staaten aber ihre Unabhängigkeit immer stärker von dieser Seite bedroht[62]. Die Vereinigten Staaten machten keinen Hehl

---

[57] *Roth*, S. 81 ff.; *Thomas*, OAS, S. 170 f., 286.

[58] *García Amador* ist der Ansicht, durch den allgemeinen Schutz der Menschenrechte gelte der Mindeststandard heute auch für Inländer, so daß kein Unterschied mehr zwischen den beiden Auffassungen bestehe — ILC 1956 II, S. 203 (UN Doc. A/CN 4/96, par. 156 ff.).

[59] Vgl. oben B, I.

[60] *Franzke*, S. 150; so im Ergebnis auch *Fenwick*, AJIL 1966, S. 64.

[61] *Thomas*, OAS, S. 15 ff., 157 ff.; *Thomas*, Non-Intervention, S. 55 ff.

[62] Zur Geschichte der Interventionen der Vereinigten Staaten in Lateinamerika *Merino Brito*, S. 23 ff.

daraus, daß sie sich als Herrscher über den gesamten amerikanischen Kontinent betrachteten. So erklärte *Theodore Roosevelt* in seiner Botschaft vom 6. Dezember 1904, daß unstabile Verhältnisse in Amerika zu einer außeramerikanischen Intervention führen könnten, und daß die Vereinigten Staaten daher moralisch verpflichtet seien, eine internationale Polizeigewalt auszuüben[63]. Die folgenden Jahrzehnte sind gekennzeichnet durch das Ringen der lateinamerikanischen Staaten um Anerkennung eines absoluten Interventionsverbotes durch die Vereinigten Staaten, die meist unter dem „klassischen"[64] Vorwand, ihre Staatsangehörigen oder auch nur allgemein ihre Interessen zu schützen, gewaltsam in die Innenpolitik mittelamerikanischer Staaten eingriffen. In den 30er Jahren schließlich, der Ära der „Good Neighbour Policy", waren die Bemühungen erfolgreich. Die Vereinigten Staaten zogen sich mit wenigen Ausnahmen aus ihren mittelamerikanischen „Protektoraten" zurück und erkannten das Prinzip der Nichtintervention an, das heute in etwas veränderter Form in Art. 15 bis 17 SOAS niedergelegt ist. Wesentlich für die Beurteilung der Frage, ob auch Schutzaktionen zugunsten Staatsangehöriger unter das Interventionsverbot fallen, erscheint der Wandel der nordamerikanischen Haltung zwischen der 6. Internationalen Konferenz Amerikanischer Staaten 1928 in Havanna und der Interamerikanischen Konferenz zur Festigung des Friedens 1936 in Buenos Aires. 1928 noch lehnten die Vereinigten Staaten es nicht nur ab, das Prinzip der Nichtintervention anzuerkennen, sondern Staatssekretär *Charles Evans Hughes* rechtfertigte sogar ausdrücklich ein Einschreiten zum Schutz von Leben und Eigentum eigener Staatsangehöriger[65]. Auf der 7. Internationalen Konferenz 1933 in Montevideo erkannten die Vereinigten Staaten das Interventionsverbot dann unter Vorbehalten an. Auf Drängen der lateinamerikanischen Staaten, die gerade und immer wieder die gewaltsamen Interventionen unter dem Vorwand des Schutzes Staatsangehöriger verurteilten, gaben die Vereinigten Staaten schließlich 1936 in einem Zusatzprotokoll[66] auch die Vorbehalte auf und unterzeichneten die „Konvention für die Aufrechterhaltung, Festigung und Wiederherstellung des Friedens", die für den Fall einer Friedensbedrohung ein Konsultationsverfahren vorsah[67]. Zur Förderung der interamerikanischen Solidarität verzichteten damit die Vereinigten Staaten auf das Recht einseitiger, gewaltsamer Interventionen, mochten diese auch nach dem allgemeinen Völkerrecht zulässig sein. An ihre Stelle sollte die interamerikanische Kooperation treten[68].

---

63 *Schatzschneider*, S. 8 f.; *Thomas*, OAS, S. 16.
64 *D' Estéfano Pisani*, S. 51.
65 *Berner*, S. 71; *Dreier*, Hemisphere Crisis, S. 21; *Thomas*, OAS, S. 21.
66 Vgl. oben Einleitung Anm. 22.
67 AJIL 1937, Off. Doc. S. 53 ff.
68 *Dreier*, Hemisphere Crisis, S. 21 ff.; *Dupuy*, Panamericanisme, S. 190.

Interpretiert man das Interventionsverbot der Satzung der OAS aus seiner geschichtlichen Entwicklung heraus, so umfaßt es auch die gewaltsamen Schutzaktionen zugunsten von Staatsangehörigen. Daher ist die Berufung auf das Selbstverteidigungsrecht im Interamerikanischen System insoweit unzulässig[69]. Daß rechtliche Bindungen aber letztlich eine Großmacht nicht hindern, auf Grund einer politischen Entscheidung militärisch einzugreifen, zeigt das Vorgehen der Vereinigten Staaten in der Dominikanischen Krise 1965. Wie fast 40 Jahre vorher, beim Eingreifen in Nicaragua[70], diente, jedenfalls zunächst, der Schutz von Staatsangehörigen als Rechtfertigung, wobei im Unterschied zu damals in der Dominikanischen Republik bis zum Einschreiten der nordamerikanischen Truppen noch kein Ausländer getötet worden war[71].

3. *Resolutionen der OAS*

Die erweiterte Auslegung des Selbstverteidigungsrechtes, die im Ansatz schon in den interamerikanischen Verträgen enthalten ist, wird vollends offensichtlich, wenn man die Resolutionen der OAS daraufhin untersucht.

Bereits in der Resolution XXXIV der 9. Internationalen Konferenz Amerikanischer Staaten in Bogotá (1948)[72] und später dann in der Resolution III der 4. Konsultationsversammlung der Außenminister in Washington (1951)[73] wurde das Recht der kollektiven Selbstverteidigung nicht nur gegen bewaffnete Angriffe, sondern allgemein gegen Aggressionen anerkannt. Deutlicher noch wird die Ausdehnung des Selbstverteidigungsrechtes auf der 8. Konsultationsversammlung in Punta del Este (1962), die auch den heftig umstrittenen Ausschluß der kubanischen Regierung beschloß. In der Resolution II, durch die eine „Sonderkommission zur Beratung über Sicherheit gegen subversive Tätigkeit des internationalen Kommunismus“ eingesetzt wurde, heißt es am Schluß unter Ziffer 3:

"To urge the member States to take those steps that they may consider appropriate for their *individual or collective selfdefense*, and to cooperate, as may be necessary or desirable, to strengthen their capacity to counteract

---

[69] So auch *Bohan*, AJIL 1966, S. 809 f.; *Dupuy*, Panamericanisme, S. 190, 203; *Thomas*, Non-Intervention, S. 326 f., 343 f.; wohl ebenso *Dreier*, Hemisphere Crisis, S. 23 ff., 32; zweifelnd *Thomas*, OAS, S. 174. Vgl. im übrigen die Autoren, die für eine enge Auslegung des Selbstverteidigungsrechtes eintreten — oben Anm. 45.

[70] *Franzke*, S. 43 f.

[71] Vgl. unten 5. Teil Anm. 31.

[72] Ninth International Conference of American States, Colombia — Bogotá, March 30 — May 2, 1948, Report of the Delegation of the United States of America, Department of State Publication No 3263, S. 270.

[73] Fourth Meeting of Consultation of Ministers of Foreign Affairs, Proceedings — Including the final act —, Pan American Union, Washington D. C., S. 239 f.

threats or *acts of aggression, subversion,* or *other dangers to peace and security* resulting from the continued intervention in this hemisphere of Sino-Soviet powers in accordance with the obligations established in treaties and agreements such as the Charter of the Organization of American States and the Inter-American Treaty of Reciprocal Assistance[74]."

Nach Ansicht der Mitgliedstaaten soll individuelle und kollektive Selbstverteidigung demnach nicht nur, wie Art. 3 Rio-Vertrag es vorsieht, gegen bewaffnete Angriffe, sondern ganz allgemein gegen Aggression, Subversion und andere Gefahren für den Frieden und die Sicherheit, die durch die ständige Intervention der chino-sowjetischen Mächte entstehen, zulässig sein, ja sogar schon gegen Aggressionsdrohungen. Offengelassen ist allerdings die Frage, ob die Staaten Waffengewalt anwenden dürfen. Der unbeschränkte Gebrauch des Begriffes Selbstverteidigung deutet darauf hin. Andererseits relativiert der Schlußteil die vorhergehenden Aussagen, denn das Vorgehen soll nur in Übereinstimmung mit den interamerikanischen Verträgen unternommen werden. Über bewaffnete Selbstverteidigung gegen unbewaffnete Aggressionshandlungen ist hier aber keine eindeutige Regelung enthalten[75].

Noch im selben Jahr, am 2. und 3. Oktober 1962, unmittelbar vor dem Ausbruch der Kuba-Krise, kamen die amerikanischen Außenminister außerhalb des Rahmens der OAS zu einem inoffiziellen Treffen in Washington zusammen. Hier wurde die eben genannte Resolution noch einmal ausdrücklich bestätigt[76].

Die weiteste, allerdings auch umstrittenste Fassung des Selbstverteidigungsrechtes, enthält die Resolution I der 9. Interamerikanischen Konsultationsversammlung der Außenminister[77]. Nachdem in Ziffer 3 beschlossen wird, auf der Grundlage von Art. 6 und 8 Rio-Vertrag gewisse Sanktionen zu verhängen, heißt es unter Ziffer 5:

"To warn the Government of Cuba that if it should persist in carrying out *acts* that possess characteristics *of aggression and intervention* against one ore more of the member states of the Organization, the member states shall preserve their essential rights as sovereign states by the use of *self-defense* in either individual or collective form, which could go so far as resort to *armed force,* until such time as the Organ of Consultation takes measures to guarantee the peace and security of the hemisphere[78]."

Hier wird deutlich, was in der von der 8. Konsultationsversammlung verabschiedeten Resolution noch unklar war. Die Staaten der OAS

---

[74] Applications II, S. 72, Hervorhebungen vom Verfasser.

[75] Kritisch zu Resolution II Ziffer 3 *Castañeda,* FI 1965/66, S. 312. Er bezeichnet die Resolution als Aufforderung, unter Verletzung der Satzung der VN Gewalt anzuwenden.

[76] DSB 1962 II, S. 598 ff.

[77] 21. bis 26. Juli 1964 in Washington.

[78] Applications II, S. 186.

nehmen ein individuelles und kollektives Selbstverteidigungsrecht für sich in Anspruch gegen alle Akte, die den Charakter einer Aggression und Intervention tragen. Was darunter zu verstehen ist, ergibt sich aus einem einleitenden Teil der Resolution und aus dem Bericht der Untersuchungskommission[79], auf den Ziffer 1 verweist: Systematische feindliche Propaganda gegen eine Regierung — hier die von Venezuela —, Aufwiegelung zu und Unterstützung von kommunistischer Untergrundtätigkeit, Ausbildung und materielle Unterstützung von Saboteuren, Waffenliferung an Guerilla- und Terroristengruppen und ähnliches. Die Beispiele zeigen, daß hier zum Teil Interventionsakte mit Aggression identifiziert werden. Von Aggression im eigentlichen Sinne kann jedoch nur bei Anwendung oder unmittelbarer Förderung bewaffneter Gewalt gesprochen werden, nicht z. B. schon bei propagandistischer Unterstützung[80]. Die Verwischung der Begriffe Intervention und Aggression ist aber in der OAS nicht neu[81]. Die Ursache ist u. a. in Art. 9 Rio-Vertrag zu suchen. Dort wird dem Konsultationsorgan das Recht eingeräumt, außer bewaffneten Angriffen und Invasionen auch andere Akte als Aggression zu bezeichnen, die Maßnahmen nach Art. 6 auslösen. Daß auch bei den VN nicht immer zwischen Intervention und Aggression unterschieden wird, beweist die Resolution der Generalversammlung Nr. 2131 (XX) vom 21. Dezember 1965[82].

Im Gegensatz zu den früheren Resolutionen wird auf der 9. Außenministerkonferenz bewaffnete Gewalt ausdrücklich als mögliches Mittel der Selbstverteidigung genannt und die Beschränkung fallengelassen, daß Selbstverteidigung nur in Übereinstimmung mit den Bestimmungen der Satzung der OAS und des Vertrages von Rio ausgeübt werden könne. Daraus kann geschlossen werden, daß sich die Mitgliedstaaten in dieser Hinsicht durch etwaige Beschränkungen des Selbstverteidigungrechtes in den interamerikanischen Verträgen nicht gebunden fühlen. Begrenzt wird die Selbstverteidigung lediglich in zeitlicher

---

79 Applications II, S. 189 ff. (201 ff.). Zum Teil ist der Kommission auf Grund ihrer Zusammensetzung Parteilichkeit vorgeworfen worden — *Aniceto*, S. 549. Von den fünf Mitgliedern der Kommission vertraten drei solche Staaten, die sowohl für die Suspendierung der kubanischen Regierung von der Mitwirkung in der OAS gestimmt als auch die diplomatischen Beziehungen zu Kuba abgebrochen hatten. Die beiden übrigen Mitglieder stammten aus Staaten, die entweder das eine oder das andere getan hatten. Die Aufforderung der Kommission, zu den Vorwürfen Stellung zu nehmen, hatte die kubanische Regierung abgelehnt — Applications II, S. 207, 210.

80 *Pompe*, S. 110 f. Zur Unterscheidung von gewaltsamer und gewaltloser Verbreitung einer Ideologie *Wright*, AJIL 1956, S. 526 und AJIL 1960, S. 529 f. Daß die Abgrenzung einer Aggression von einer bloßen Intervention tatsächlich oft große Schwierigkeiten bereitet, ist kein Grund, ganz darauf zu verzichten.

81 Weitere Beispiele für die Identifizierung von Intervention mit Aggression in der OAS bei *Thomas*, OAS, S. 268.

82 AJIL 1966, S. 662 ff.

Hinsicht. Sie soll in Anlehnung an Art. 3 Abs. 2 Rio-Vertrag nur solange dauern, bis das Konsultationsorgan Maßnahmen zur Wiederherstellung des Friedens und der Sicherheit ergriffen hat.

Wenn in Ziffer 7 der Resolution eine Unterrichtung des Sicherheitsrates gemäß Art. 54 und nicht auch gemäß Art. 51 SVN beschlossen wurde, so ist das nicht zu beanstanden, denn die Meldepflicht des Art. 51 betrifft nur bereits ergriffene Maßnahmen der Selbstverteidigung, Ziffer 5 der Resolution enthält aber ausdrücklich nur eine Warnung. Gestützt auf diese Resolution könnten nicht nur Maßnahmen der OAS, sondern auch ein einseitiges Eingreifen der Vereinigten Staaten in Kuba ohne Schwierigkeiten gerechtfertigt werden[83].

Bestehen im Hinblick auf die ausdrückliche Regelung des Art. 3 Rio-Vertrag schon Bedenken, ob sich die fast grenzenlose Erweiterung des Selbstverteidigungsrechtes, wie sie in Resolution I Ziffer 5 der 9. Außenministerversammlung enthalten ist, mit den interamerikanischen Verträgen vereinbaren läßt, so widerspricht sie jedenfalls dem Gewaltverbot der Satzung der VN. Die amerikanischen Staaten sind nicht befugt, für ihren Bereich die engen Grenzen des Selbstverteidigungsrechtes nach Art. 51 SVN zu mißachten. Selbst die Vertreter einer erweiterten Auslegung des Art. 51 gehen nicht so weit wie Resolution I Ziffer 5.

Demgegenüber vertritt *Mahnke*[84] die Ansicht, daß das allgemeine Gewaltverbot des Art. 2 Abs. 4 SVN gegenüber Mitgliedern der Regionalorganisation nicht gelte und Art. 51 modifiziert sei. Denn Art. 25 SOAS und Art. 6 Rio-Vertrag hätten als regionales Völkerrecht Vorrang. Durch vorherige Einwilligung hätten die Mitglieder der OAS ein Interventionsrecht auch für Fälle eingeräumt, in denen kein bewaffneter

---

[83] Das war wohl auch der politische Zweck der Resolution. Der Ansicht *Wenglers* — Gewaltverbot, S. 47 Anm. 74 —, „daß die Vereinigten Staaten weder einen gewaltsamen Sturz des Castro-Regimes in Kuba durch Kubaner, noch durch die Unterstützung eines solchen Unternehmens durch andere amerikanische Staaten als eine konsequente Durchführung der Haltung der Organisation Amerikanischer Staaten gegenüber dem Kommunismus angesehen haben", kann nicht zugestimmt werden. 1961 haben die Vereinigten Staaten den Angriff von Exilkubanern auf Kuba massiv unterstützt. Wenn bisher keine großangelegte Invasion durch die Vereinigten Staaten erfolgte, so besagt das lediglich, daß sie es für politisch nicht opportun hielten, wohl nicht zuletzt mit Rücksicht auf die Sowjetunion und die öffentliche Meinung in Lateinamerika. Daß die Vereinigten Staaten es nicht nur als Recht, sondern sogar als Pflicht der OAS ansehen, gegen den Kommunismus vorzugehen, beweist die dominikanische Krise 1965. Hier nahmen sie das Recht in Anspruch, eigenmächtig, aber sozusagen stellvertretend für die OAS, militärisch einzugreifen. Diese Haltung wurde durch die Entschließung des Repräsentantenhauses vom 20. Sept. 1965 über die Berechtigung einseitiger militärischer Interventionen zur Verhinderung einer kommunistischen Machtergreifung in der westlichen Hemisphäre noch unterstrichen. Die Entschließung nimmt ausdrücklich Bezug auf die Resolution I Ziffer 5 der 9. Außenministerversammlung der OAS. Vgl. unten 5. Teil Anm. 37.

[84] S. 208.

Angriff vorliege. Das sei zulässig, da es den Mitgliedern der Regionalorganisation freistehe, unter sich den Aggressionsbegriff nach Belieben zu erweitern[85]. Es gelte der Satz: *volenti non fit iniuria.*

Dem kann nicht gefolgt werden. Zunächst wird der in den interamerikanischen Verträgen und in Art. 103 SVN niedergelegte absolute Vorrang der Vorschriften der Satzung der VN nicht berücksichtigt[86]. Dieser Vorrang ist in Art. 102 SOAS und Art. 10 Rio-Vertrag ausdrücklich anerkannt. Dort heißt es, keine Bestimmung der Verträge dürfe so ausgelegt werden, daß Rechte und Pflichten der Mitglieder nach der Satzung der VN beeinträchtigt würden. Das bedeutet, daß die amerikanischen Staaten auch in ihrem Bereich nicht befugt sind, die engen Grenzen des Selbstverteidigungsrechtes des Art. 51 SVN zu mißachten. Aber selbst wenn derartige Vorschriften nicht bestünden, wäre eine Aufhebung oder auch nur Einschränkung des Verbotes der Gewaltanwendung durch die Regionalorganisation unzulässig. Das allgemeine Gewaltverbot ist weniger zum Schutze der Staaten, als im Interesse der Erhaltung des weltweiten Friedens erlassen worden. Es beruht auf der Erkenntnis, daß bei der engen Verflechtung der internationalen Staatengemeinschaft jede Gewaltanwendung zu einer Gefährdung des Weltfriedens führen kann. Deshalb wird das allgemeine Gewaltverbot auch nicht dadurch beseitigt, daß eine Regierung für zukünftige Fälle in die Anwendung von Gewalt gegen sich einwilligt[87]. Der Regierung fehlt insoweit die Verfügungsbefugnis. Im Interesse des Friedens steht auch dritten Staaten ein Anspruch auf Befolgung des allgemeinen Gewaltverbots zu[88].

Diese Unvereinbarkeit mit der Satzung der VN ist es auch, die von den Staaten ins Feld geführt wird, die gegen eine derartige Erweiterung des Selbstverteidigungsrechtes eintreten. Während bei der unklar gehaltenen Resolution II der 8. Konsultationsversammlung — abgesehen von der Stimmenthaltung Boliviens, für die besondere geschichtliche Gründe ausschlaggebend waren[89] — außer Kuba alle Mitgliedstaaten

---

[85] Kritisch dazu *Wengler*, Gewaltverbot, S. 53 Anm. 79.

[86] Vgl. 1. Teil Anm. 203.

[87] Stimmt die amtierende Regierung einer gegenwärtigen Intervention im eigenen Staat zu, so liegt keine Gewaltanwendung vor. Vgl. oben S. 82.

[88] *Wengler*, Gewaltverbot, S. 51 ff. Ein „Duell" (*Verdross*, VR, S. 436) von Staaten ist unzulässig.

[89] Das „Special Consultative Committee on Security against subversive action of international communism", das durch die Resolution II eingesetzt wurde, ähnelt dem „Emergency Advisory Committee for Political Defense" — dazu ausführlich *Dupuy*, Panamericanisme, S. 211 ff —, mit dem Bolivien während des 2. Weltkrieges schlechte Erfahrungen gemacht hatte. Nach einem Umsturz in Bolivien, hinter dem zum Teil achsenfreundliche Mächte vermutet wurden, hatte das Komitee auf Druck der Vereinigten Staaten den amerikanischen Staaten empfohlen, die neue Regierung Boliviens nicht anzuerkennen. Außer von Argentinien war diese Empfehlung allgemein befolgt worden.

zustimmten, opponierten bei der 9. Konferenz Bolivien, Chile, Mexiko und Uruguay, d. h. außer Bolivien die drei Staaten Lateinamerikas mit der reifsten demokratischen Tradition. Chile und Mexiko distanzierten sich in ausdrücklichen Vorbehalten[90]. Chile äußerte Zweifel an der Rechtmäßigkeit der Verwendung des Begriffes Aggression für die Beschreibung der von Kuba unternommenen Akte und hielt Ziffer 5 für unvereinbar mit Art. 51 SVN und 3 Rio-Vertrag. Selbstverteidigung soll seiner Ansicht nach, getreu dem Wortlaut des Art. 51, nur als Reaktion auf einen bewaffneten Angriff zulässig sein[91]. Ähnliche Bedenken äußerte Mexiko.

Als Ergebnis bleibt festzuhalten, daß die Mehrheit der amerikanischen Staaten, im Widerspruch zur Satzung der VN, ein erweitertes Selbstverteidigungsrecht insoweit für sich in Anspruch nimmt, als es sich gegen alle Arten kommunistischer Einflußnahme richtet, besonders aus Kuba, dem Brückenkopf des internationalen Kommunismus. Das Selbstverteidigungsrecht, die einzige Ausnahme vom allgemeinen Gewaltverbot, dient hier als Rechtfertigung einer antikommunistisch ausgerichteten Monroe-Doktrin, die 1954 in der Solidaritätserklärung von Caracas in aller Deutlichkeit ausgedrückt wurde[92]. Tatsächlich ist von dem erweiterten Selbstverteidigungsrecht noch kein Gebrauch gemacht worden. Bemerkenswerterweise hat man sich auch in der Kuba-Krise 1962, die allerdings zeitlich vor der Verabschiedung der Resolution I der 9. Konsultationsversammlung liegt, offiziell nicht auf Selbstverteidigung berufen, weder von seiten der Vereinigten Staaten noch von seiten der OAS[93].

---

90 Applications II, S. 188 f.

91 Chile vertrat diese Ansicht auch im Special Committee on Principles, Report, S. 25 f., 58 ff. (zitiert oben 1. Teil Anm. 5).

92 Dazu unten 3. Teil, A, I, 1.

93 Die Resolution des Rates während der Kuba-Krise hatte nur Empfehlungscharakter und stützte sich auf Art. 6, 8 Rio-Vertrag — Applications II, S. 112. Zur Kuba-Krise unten 3. Teil, B, IV.

Dritter Teil

Kollektive Sicherheit — Maßnahmen zur Aufrechterhaltung des internationalen Friedens und der Sicherheit

A. Vergleichende Darstellung

Ebenso wie die Satzung der VN enthalten auch die interamerikanischen Verträge Regelungen über ein kollektives Sicherheitssystem, das aber naturgemäß auf die westliche Hemisphäre beschränkt ist. Die Grundlage der Systeme ist gleich: ein allgemeines Gewaltverbot. Während bei der OAS aber alle Arten von Zwangsmaßnahmen, auch wirtschaftliche und politische, ja sogar kulturelle Einmischung in die inneren oder äußeren Angelegenheiten eines anderen Staates untersagt sind (Art. 15, 16 SOAS), bezieht sich Art. 2 Abs. 4 SVN nach herrschender Ansicht nur auf die Anwendung bewaffneter Gewalt[1]. Allerdings wird gerade in neuester Zeit von Vertretern der „Dritten Welt" und kommunistischer Staaten das Verbot auf die Anwendung jeglichen massiven Drucks ausgedehnt[2]. Auf der gleichen Linie liegt die Resolution Nr. 2131 (XX) der Generalversammlung, die ein ähnlich weitgehendes Interventionsverbot ausspricht wie die Satzung der OAS[3].

Bei beiden Organisationen sind alle Mitglieder gemeinsam für die in den Verträgen niedergelegte internationale Ordnung verantwortlich und zur Aufrechterhaltung oder Wiederherstellung des Friedens ermächtigt, Zwangsmaßnahmen zu beschließen, die notfalls auch zur Anwendung militärischer Gewalt führen können. Dem liegt der Gedanke zugrunde, daß die vereinigte Macht der Mitglieder einer Organisation stärker ist als die des Angreifers, und dieser daher notfalls mit Gewalt zur Einhaltung der internationalen Ordnung gezwungen werden kann[4].

Durch das militärische Machtgefälle zwischen den beiden Großmächten Vereinigte Staaten und Sowjetunion einerseits und den übrigen Mächten andererseits ist die Wirksamkeit der kollektiven Sicherheitssysteme

---

[1] *Dahm* II, S. 357 f.; *Kunz*, AJIL 1960, S. 332; *Scheuner*, WVR II, S. 245; *Wengler*, Gewaltverbot, S. 17.

[2] Vgl. die Vorschläge im Special Committee on Principles (zitiert 1. Teil Anm. 5) der Tschechoslowakei (S. 22), von 11 Vertretern der ‚Dritten Welt' (S. 23) und von Chile (S. 25 f.), sowie die Diskussion dieser Vorschläge (S. 38 ff). Vgl. auch *Houben*, AJIL 1967, S. 707 f.

[3] Die Resolution 2131 (XX) wurde am 21. Dezember 1965 mit 109 Stimmen ohne Gegenstimme und bei nur einer Enthaltung angenommen. Text in AJIL 1966, S. 662.

[4] *Dahm* II, S. 387; *Scheuner*, Die kollektive Sicherung, S. 11; *Thomas*, OAS, S. 205.

allerdings weitgehend aufgehoben. Bei den VN sind Zwangsmaßnahmen nur dort möglich, wo kein Interessengegensatz zwischen den beiden Großmächten besteht. Bei der OAS können sie nur mit Unterstützung der Vereinigten Staaten erfolgreich sein.

Die kollektiven Sanktionen dürfen nicht mit Maßnahmen kollektiver Selbstverteidigung verwechselt werden. Die Selbstverteidigung ist ein Akt der Notwehr bzw. Nothilfe, der dem Schutz des Angegriffenen dienen soll und sich immer gegen den Angreifer richtet. Sie hat provisorischen Charakter, d. h. sie darf nur ausgeübt werden, bis der Sicherheitsrat die zur Aufrechterhaltung des internationalen Friedens erforderlichen Maßnahmen ergriffen hat. Ziel der kollektiven Sicherheit ist dagegen die Erhaltung einer Friedensordnung. Dabei können die Maßnahmen nicht nur gegen bewaffnete Angriffe, sondern auch bei anderen, nicht notwendig rechtswidrigen Bedrohungen des Friedens ergriffen werden. Die Entscheidung über die Maßnahmen kollektiver Sicherheit liegt immer bei der internationalen Organisation, für die Mitglieder besteht eine vertraglich definierte Pflicht, die Maßnahmen durchzuführen. Diese beiden letzten Kriterien sind bei der OAS allerdings nur bedingt zur Abgrenzung verwendbar. Während im Rahmen der Weltorganisation die begriffliche Trennung von Maßnahmen kollektiver Sicherheit und kollektiver Selbstverteidigung unproblematisch ist, da die Selbstverteidigung ganz den Einzelstaaten überlassen ist, und Sanktionen des Sicherheitsrates immer Maßnahmen kollektiver Sicherheit sind, kann diese Unterscheidung bei der OAS Schwierigkeiten bereiten. Schon äußerlich ist in den interamerikanischen Verträgen im Gegensatz zur Satzung der VN keine klare Trennung ersichtlich. Vielmehr ist in Kap. V SOAS unter der Überschrift „Kollektive Sicherheit" auch von Selbstverteidigung die Rede, und Art. 6 Rio-Vertrag, der kollektive Zwangsmaßnahmen regelt, spricht auch von „Unterstützung des Opfers" und „gemeinsamer Verteidigung"[5]. Es kommt hinzu, daß Maßnahmen der OAS anders als bei den VN nicht nur solche kollektiver Sicherheit, sondern auch solche kollektiver Selbstverteidigung gemäß Art. 3 Abs. 2 Rio-Vertrag sein können. In den Resolutionen der OAS schließlich, in denen zum Teil auch ohne Vorliegen eines bewaffneten Angriffs ein Selbstverteidigungsrecht in Anspruch genommen wird[6], ist die Grenze zwischen kollektiver Sicherheit und Selbstverteidigung vollends verwischt.

In der Literatur[7] wird vertreten, daß eine zur Abwehr eines rechtswidrigen Angriffs begonnene Maßnahme nur solange als kollektive

---

[5] Oben 2. Teil, B, II, 1.
[6] Oben 2. Teil, B, II, 3.
[7] *Mahnke*, S. 205.

Selbstverteidigung anzusehen sei, als mit einer wirksamen Friedenssicherung durch die VN gerechnet werden könne. Versage die Weltorganisation, so verwandele sich der fortgesetzte Verteidigungskrieg in eine autonome Maßnahme der Regionalorganisation zur Durchsetzung des völkerrechtlichen Angriffsverbotes. Auf Grund des Versagens der VN bei der Aufrechterhaltung des Friedens trete die partielle Sicherheitsorganisation an ihre Stelle.

Dieser Ansicht kann nicht zugestimmt werden. Sie findet in der Satzung der VN nicht nur keine Stütze, sondern widerspricht ihr. Art. 53 Abs. 1 SVN bestimmt, daß eine Regionalorganisation Zwangsmaßnahmen, und darunter fallen jedenfalls militärische Aktionen[8], nur mit Zustimmung des Sicherheitsrates durchführen darf. Kann sich der Sicherheitsrat auf keine Entscheidung einigen, so liegt keine Zustimmung vor[9], und die Regionalorganisation ist zu einem zwangsweisen Vorgehen nicht ermächtigt. Auch wenn der Sicherheitsrat wegen der Meinungsverschiedenheit seiner ständigen Mitglieder bei der Aufrechterhaltung des Weltfriedens die ihm zugedachte Rolle nicht ausfüllen kann, besteht kein Recht, das in Kap. VIII geregelte Verhältnis von universaler zu regionaler Organisation außer Kraft zu setzen. Die Regionalorganisation ist aber nicht gehindert, bis zur vollständigen Beseitigung der Gefahr Selbstverteidigungsmaßnahmen durchzuführen.

I. Voraussetzungen für kollektive Maßnahmen — Art. 6 Rio-Vertrag

Vergleicht man die Voraussetzungen für kollektive Maßnahmen, so fällt auf, daß in Art. 39 SVN bewußt sehr weite Formulierungen gebraucht werden — Friedensbruch, Bedrohung des Friedens, Angriffshandlung —, und damit dem Sicherheitsrat ein sehr großer Spielraum für eigene Entscheidungen gelassen wird[10]. In Art. 6 Rio-Vertrag dagegen ist versucht worden, die tatbestandlichen Voraussetzungen näher zu umschreiben. Es muß eine Beeinträchtigung der Unverletzlichkeit oder Unantastbarkeit des Gebietes, der Souveränität oder der politischen Unabhängigkeit eines amerikanischen Staates vorliegen. Diese Beeinträchtigung muß erfolgt sein durch eine Aggression, die keinen bewaffneten Angriff darstellt, durch einen Konflikt inner- oder außerhalb des Kontinents oder durch irgendeine andere Tatsache oder Situation, die den Frieden Amerikas gefährden könnte.

---

[8] Ob auch wirtschaftliche und politische Druckmittel der Zustimmung des Sicherheitsrates bedürfen, ist bestritten. Es muß abgelehnt werden, vgl. unten B, I, 2.

[9] Vgl. unten unter II.

[10] Zu Recht betont *Wengler*, Gewaltverbot, S. 23 Anm. 31, aber, daß der Sicherheitsrat bei der Auslegung dieser Begriffe nicht völlige Freiheit hat, sondern nur einen, wenn auch wohl weiten, Ermessensspielraum.

1. Auslegung in der antikommunistischen Solidaritätserklärung von Caracas (1954)

Schon oben[11] bei der Behandlung der friedlichen Streitbeilegung wurde festgestellt, daß der Wortlaut des Art. 6 Rio-Vertrag die Mitglieder nicht gehindert hat, in allen Konflikten, die sie für bedeutsam hielten, Konsultationsverfahren einzuleiten. Das gleiche gilt auch für die kollektiven Zwangsmaßnahmen des Konsultationsorgans. Noch 1947, beim Abschluß des Vertrages von Rio, waren die Mitglieder gegen eine erweiterte Fassung des Art. 6 Rio-Vertrag eingetreten. Nicht nur der Vorschlag Kubas, neben der politischen die wirtschaftliche Unabhängigkeit der amerikanischen Staaten zu schützen, war abgelehnt worden, sondern auch der Guatemalas, der dem Schutz der demokratischen Struktur der amerikanischen Staaten dienen und damit eine ausdrückliche Handhabe gegen „politische Aggressionen" geben sollte[12]. Obwohl damit der Schutz der Demokratie den Einzelstaaten überlassen blieb, wurde schon 1948 auf der 9. Internationalen Konferenz Amerikanischer Staaten in Bogotá[13] und 1951 auf der 4. Konsultationsversammlung der Außenminister[14] deutlich, daß die Mehrheit der lateinamerikanischen Staaten bereit war, Interventionen in innere Angelegenheiten von seiten des internationalen Kommunismus als Aggression zu werten, gegen die Zwangsmaßnahmen ergriffen werden können. 1954 verabschiedeten die Mitglieder dann, wenn auch von seiten der lateinamerikanischen Staaten nur zögernd und nicht ohne Druck der Vereinigten Staaten, auf der 10. Interamerikanischen Konferenz in Caracas mit großer Mehrheit[15] die berühmte „Declaration of Solidarity for the Preservation of the Political Integrity of the American States against the Intervention of International Communism", in der die Tätigkeit der internationalen kommunistischen Bewegung als Intervention in die amerikanischen Angelegenheiten verurteilt und u. a. erklärt wird:

"That the domination or control of the political institutions of any American state by the international Communist movement, extending to this hemisphere the political system of an extra-continental power, would constitute a threat to the sovereignty and political independence of the American states, endangering the peace of America, and would call for a

---

11 Vgl. auch Bericht des Comité Jurídico Interamericano, OEA/Ser.I VI.2/CIJ 86 — Nov. 1966 —, S. 74.

12 Ähnlich wie Kuba und Guatemala der Vorschlag Uruguays — US-Report, S. 24 f. Vgl. auch die Darstellung bei *Penna*, S. 81 ff. und *Gómez*, Seguridad Colectiva, S. 137 f.

13 Resolution XXXII; *Schatzschneider*, S. 33 f. und *Thomas*, OAS, S. 355 mit Nachweisen.

14 *Schatzschneider*, S. 34 ff.; *Thomas*, OAS, S. 355 mit Nachweisen.

15 17 Ja-Stimmen, eine Gegenstimme, zwei Enthaltungen.

consultative meeting to consider the adoption of measures in accordance with existing treaties[16]."

Damit stellte das höchste Organ der OAS allgemein und unabhängig vom Einzelfall fest, daß eine kommunistische Machtübernahme in einem amerikanischen Staat die tatbestandlichen Voraussetzungen des Art. 6 Rio-Vertrag erfülle[17].

Die Resolution wird allerdings durch zwei Umstände relativiert. Einmal wurde, als Konzession an die lateinamerikanischen Staaten, die ihre nationale Souveränität bedroht sahen, die Resolution ausdrücklich nur als „außenpolitische Erklärung" bezeichnet[18] und damit deutlich gemacht, daß sie juristisch neben dem Vertrag von Rio nur sekundären Charakter haben sollte[19]. Zum anderen wurde in der gleichen Resolution[20] und in der „Erklärung von Caracas" das unveräußerliche Recht jedes amerikanischen Staates anerkannt, sein eigenes politisches, wirtschaftliches, soziales und kulturelles System frei zu wählen, ohne Intervention eines anderen Staates oder einer Staatengruppe[21].

Trotz dieser Einschränkungen liegt die Bedeutung der antikommunistischen Solidaritätserklärung darin, daß zum ersten Male eine in die innerstaatliche Zuständigkeit fallende Entscheidung über das politische System als internationale Friedensbedrohung angesehen wird, die kollektive Zwangsmaßnahmen rechtfertigt. Hier wird also eine Ausnahme von dem gerade in Lateinamerika so hoch gehaltenen Prinzip der Nichtintervention gemacht[22]. Weil man davon ausgeht, daß bei einer kommunistischen Machtergreifung das Selbstbestimmungsrecht aufgehoben wird, soll durch kollektive Maßnahmen garantiert werden,

---

16 Resolution XCIII, AJIL 1954, Supplement S. 123 f.; abgedruckt bei *Schatzschneider*, S. 51 f., auszugsweise auch bei *Thomas*, OAS, S. 356.

17 *Thomas*, OAS, S. 358.
Die Erklärung ist von *Schatzschneider* (S. 71) zu Recht als Konkretisierung der neuen, d. h. der interamerikanischen Version der Monroe-Doktrin bezeichnet worden. *Krakau* (S. 79 ff.) weist aber nach, daß für die Vereinigten Staaten die ursprüngliche, einseitige Monroe-Doktrin bis heute Vorrang hat.

18 Teil III.

19 Die Wirksamkeit von Erklärungen einer interamerikanischen Konferenz ist umstritten — *Fenwick*, OAS, S. 155 f., 223. Es ist *Meyer-Lindenberg*, ZAÖRVR 1956/57, S. 551 Anm. 15, zuzustimmen, wenn er sie nicht als unmittelbar verbindliche Befehle eines föderativen Zentralorgans ansieht; so aber *Dupuy*, Panamericanisme, S. 146 ff. und ähnlich *Klinghoffer*, S. 10 Anm. 9.

20 Teil III.

21 Resolution XCV; AJIL 1954, Supplement S. 124 f. Näheres zur 10. Interamerikanischen Konferenz: *Fenwick*, AJIL 1954, S. 451 ff., 464 ff.; *Schatzschneider*, S. 39 ff. Noch weiter als die Solidaritätserklärung von Caracas geht die Entschließung des Repräsentantenhauses der Vereinigten Staaten vom 20. Sept. 1965. Vgl. unten 5. Teil Anm. 37.

22 *Schatzschneider*, S. 57 f. Kritisch dazu *Castañeda*, IO 1956, S. 383 und *Warschaver*, S. 12 f.

daß die Bevölkerung wieder in die Lage versetzt wird, das verlorene Selbstbestimmungsrecht auszuüben[23]. Die Selbstbestimmung wird dabei als absoluter Wert, als unveräußerliches Recht jedes amerikanischen Staates angesehen, über das die Bevölkerung auch nicht durch Mehrheitsentscheid verfügen kann. Kollektive Maßnahmen sollen daher auch ergriffen werden können, wenn eine kommunistische Regierung durch demokratische Wahlen an die Macht gelangt[23a]. Allein aus dem, wenn auch flexiblen Wortlaut des Art. 6 Rio-Vertrag heraus hätte sich ein Eingriffsrecht der OAS entgegen der Ansicht *Dreiers*[24], der in der Resolution sogar eine mögliche Einschränkung des Art. 6 Rio-Vertrag sieht, nicht rechtfertigen lassen, da ein Regierungswechsel eine innerstaatliche Angelegenheit ist, die durch das Prinzip der Nichteinmischung geschützt wird[25].

Ähnlich wie im Grundgesetz der Bundesrepublik Deutschland das Selbstbestimmungsrecht zur Sicherung der freiheitlichen demokratischen Grundordnung eingeschränkt ist, indem die in den Art. 1 bis 20 GG niedergelegten Grundsätze der Entscheidungsbefugnis des Volkes entzogen und Parteien verboten werden können[26], die diese Grundsätze beeinträchtigen oder beseitigen wollen, wird im interamerikanischen Bereich das Prinzip der Nichtintervention und damit die Souveränität der Staaten zum Schutze des Selbstbestimmungsrechtes beschränkt. In beiden Fällen handelt es sich um die Verabsolutierung politischer Wertentscheidungen, die im Gegensatz zu der in diesem Punkte wegen der Verschiedenheit der politischen Systeme der Mitglieder notwendig relativistischen Satzung der VN stehen. Ein entscheidender Unterschied besteht allerdings. Während das Grundgesetz sich gegen jede Form des Totalitarismus wendet, ist die Solidaritätserklärung von Caracas rein antikommunistisch und nimmt nicht nur nicht gegen die zahlreichen

---

[23] *Thomas*, OAS, S. 357 f. Kritisch zu gewaltsamen Interventionen im Interesse eines bestimmten politischen Systems auf der Grundlage von Regionalpakten *Wengler*, Gewaltverbot, S. 51 ff.

[23a] Das ist in Chile mit der Amtsübernahme durch Präsident Allende am 4. Nov. 1970 geschehen. Es scheint jedoch, als ob Allende am Grundsatz freier Wahlen festhalten wollte.

[24] Hemisphere Crisis, S. 52. Er meint, der Umstand, daß in der Resolution XCIII „domination and control of the political institutions" verlangt werde, könne Gegnern kollektiver Aktionen das Argument in die Hand spielen, diese Merkmale seien immer Voraussetzung für ein Einschreiten gegen kommunistische Subversion. Eine derartige Interpretation wäre aber unzulässig, da die Vertragsstaaten durch die Resolution die Rechte der Organisation nicht einschränken wollten.

[25] Irizarry y Puente ("The Doctrins of Recognition and Intervention in Latin America", Tulane Law Review Nr. 28, 1954, S. 313, 341 — zitiert nach *Thomas*, OAS, S. 241, 483 Anm. 115) ist der Ansicht, daß wegen Teil III der Resolution XCIII bei der Machtergreifung eines nationalen Kommunismus' kollektive Aktionen nicht gerechtfertigt seien.

[26] *Dürig*, S. 751 f. spricht von „abwehrbereiter Demokratie".

Militärdiktaturen in Lateinamerika Stellung, sondern schützt diese sogar mittelbar. Totalitäre Herrschaftsformen werden hier mit zweierlei Maß gemessen, und es geht weniger um den Schutz der Selbstbestimmung als um die Bekämpfung des Kommunismus. Eine allgemein antitotalitäre Resolution, die der OAS generell zum Schutze des Selbstbestimmungsrechtes ein Interventionsrecht zuerkannt hätte, hatte aber damals und hat auch heute keine Aussicht auf Erfolg. Zwar ist im Interamerikanischen System immer wieder der Zusammenhang zwischen innerstaatlicher Demokratie und internationalem Frieden betont worden. Zum Teil wurden auch kollektive Interventionen zur Aufrechterhaltung oder Herstellung demokratischer Verhältnisse in den Einzelstaaten gefordert oder zumindest der Ausschluß von Diktaturen aus der OAS[27]. Die große Mehrheit der amerikanischen Staaten hat sich aber insoweit stets für eine absolute Beachtung des Prinzips der Nichtintervention und des Gewaltverbotes ausgesprochen. Häufig geschah das allerdings aus egoistischen Motiven, da ein Großteil der Staaten von Diktaturen beherrscht wird[28].

2. *Auslegung in der Praxis*

Tatsächlich hat sich die OAS bisher dreimal für obligatorische Zwangsmaßnahmen wirtschaftlicher und diplomatischer, nie militärischer Art entschieden, einmal gegen die Dominikanische Republik (1960) und zweimal gegen Kuba (1962 und 1964). 1960 warf man der Dominikanischen Republik und 1964 Kuba jeweils „acts of aggression and intervention" vor. In beiden Fällen hatten die betroffenen Staaten versucht, die demokratische Regierung Venezuelas durch Subversion zu stürzen, 1960 durch *Trujillo*-freundliche Sabotagetrupps, die u. a. einen Anschlag auf das Leben Präsident *Betancourts* verübten, 1964 durch Unterstützung und Lenkung kommunistischer Guerillas und Terroristen[29].

Die Vorwürfe gegen Kuba auf der 8. Konsultationsversammlung der Außenminister in Punta del Este 1962 waren weniger konkret. Am 16. Oktober 1961 hatte Peru einen vergeblichen Versuch gemacht, gestützt auf Art. 6 Rio-Vertrag eine Sitzung des Konsultationsorgans

---

[27] So z. B. 1945 von Larreta, dem Außenminister Uruguays, 1959 in Santiago de Chile von den Vertretern Venezuelas und Kubas und 1961 von Präsident Betancourt; vgl. *Thomas*, OAS, S. 219, 230, 238 und unten unter IV, 2.

[28] Auf der 5. Außenministerkonferenz in Santiago de Chile 1959, die nach dem Sturz zahlreicher Diktatoren in Lateinamerika in einer gewissen Euphorie für die Demokratie stattfand, wurden in der „Deklaration von Santiago" nach einer allgemeinen Verurteilung des Kommunismus' und jeder Form des Totalitarismus' einige Prinzipien zur näheren Umschreibung eines demokratischen Systems aufgezählt (DSB 1959 II, S. 342 f., auszugsweise bei *Thomas*, OAS, S. 231). Inzwischen haben in zahlreichen Staaten wieder Diktaturen die Macht ergriffen, darunter in so wichtigen Staaten wie Argentinien, Brasilien und Peru sowie in Panama (1968) und Bolivien (1969).

[29] Einzelheiten in Applications II, S. 3 ff., 181 ff.

herbeizuführen, damit dieses eine Untersuchungskommission einsetzte, um die Verletzung von Menschenrechten in Kuba und die kommunistische Infiltration Amerikas von Kuba aus festzustellen[30]. Da Uneinigkeit darüber bestand, ob der Vertrag von Rio dem Konsultationsorgan das Recht einräume, auf nur allgemeine Vorwürfe hin eine Untersuchung einzuleiten, übertrug man den Fall der Interamerikanischen Friedenskommission[31]. Knapp einen Monat später, am 14. November 1961, beantragte Kolumbien, wieder auf der Grundlage des Art. 6 Rio-Vertrag, eine Außenministerversammlung einzuberufen,

"... to consider the *threats to the peace* and to the political independence of the American states that *might arise* from the intervention of extra-continental powers directed toward breaking American solidarity, and particularly to:

a) *Point out* the various types of *threats to the peace* or certain acts that, *if they occur*, justify the applications of measures for the maintenance of the peace and security, pursuant to Chapter V of the Charter of the Organization of American States and the provisions of the Inter-American Treaty of Reciprocal Assistance;

b) Determine the measures that it is advisable to take for the maintenance of the peace and security of the hemisphere[32]."

Auch dieses Mal fehlten die genauen Anschuldigungen. Sowohl in dem zitierten Antrag Kolumbiens als auch in der Entschließung des Rates der OAS[33] war nur von möglicherweise eintretenden Friedensbedrohungen die Rede und von Akten, die, „falls sie vorfallen", kollektive Maßnahmen rechtfertigten. Nicht einmal der Name Kubas war genannt. Daher berief sich eine Minderheit, insbesondere Mexiko darauf, daß die Voraussetzungen für eine Konsultationsversammlung nicht vorlägen, denn es seien keine Tatsachen vorgetragen, aus denen sich die Beeinträchtigung der Unverletzlichkeit oder politischen Unabhängigkeit eines amerikanischen Staates ergäben. Ein vorbeugendes Einschreiten sei aber unzulässig. Diese Ansicht entspricht dem Wortlaut des Art. 6 Rio-Vertrag. Denn es genügt nicht, daß der Friede Amerikas gefährdet wird, es ist vielmehr außerdem eine tatsächliche Beeinträchtigung der Souveränität oder der politischen Unabhängigkeit eines amerikanischen Staates erforderlich[34]. Die Mehrheit der Mitglieder[35]

---

[30] Applications II, S. 61 ff.

[31] Vgl. oben S. 54; Applications II, S. 62.

[32] Applications II, S. 67. Hervorhebungen durch den Verfasser.

[33] Applications II, S. 68.

[34] So *Gómez*, FI 1962/63, S. 39 ff., *Kutzner*, S. 171 ff. und *Bernstein*, FI 1961/62, S. 524 f., der auf den Widerspruch von *Caicedo Castilla* hinweist, der in seinem Buch „El Panamericanismo", S. 191, die gleichen Voraussetzungen fordert, als kolumbianischer Außenminister in Punta del Este aber 1962 offenbar für eine erweiterte Auslegung des Art. 6 Rio-Vertrag eingetreten ist. *Thomas*, OAS, S. 326, berücksichtigt diesen Punkt nicht genügend. Vgl. auch oben S. 35.

[35] 14 gegen 2 Stimmen (Kuba und Mexiko) bei 5 Enthaltungen (Argentinien, Bolivien, Brasilien, Chile, Ecuador).

setzte sich jedoch über diese rechtlichen Bedenken hinweg und war auch nicht bereit, dem Vorschlag von Uruguay und El Salvador zuzustimmen, die Konsultation auf der Grundlage von Art. 39, 40 SOAS abzuhalten. Rechtlich wäre eine solche Konsultation unbedenklich gewesen, da dringende Probleme zu behandeln waren. Man hätte aber nicht die Möglichkeit gehabt, Zwangsmaßnahmen zu ergreifen[36]. Es fällt auf, daß sich die Befürworter einer Konsultation nach Art. 6 Rio-Vertrag, besonders die Vereinigten Staaten, nicht ausdrücklich auf die antikommunistische Resolution von Caracas beriefen, die ja gerade für diesen Fall der Beherrschung eines amerikanischen Staates durch den Kommunismus die Einberufung einer Außenministerversammlung und das Eingreifen mit kollektiven Maßnahmen vorsah. Zu Recht wird wohl vermutet, daß die Vereinigten Staaten sich hier bewußt zurückhielten, um bei den übrigen Mitgliedern keine Antipathie zu wecken durch Erinnerung an den massiven Druck, den sie zur Durchsetzung dieser Resolution ausgeübt hatten[37]. Das ändert aber nichts daran, daß die Zwangsmaßnahmen, die im Januar 1962 von der 8. Konsultationsversammlung gegen Kuba beschlossen wurden, nichts anderes sind, als die praktische Anwendung der Resolution von Caracas. Denn der entscheidende Vorwurf, der Kuba gemacht wurde, war, daß seine erklärte Hinwendung zum Marxismus-Leninismus[38] nicht mit den Grundsätzen der OAS vereinbar sei. Die konkreten Vorwürfe über die subversive Tätigkeit Kubas waren zu dieser Zeit noch von vergleichsweise geringer Bedeutung. So wies die Interamerikanische Friedenskommission in ihrem Bericht an die Konferenz zwar auf die systematische kommunistische Propaganda durch Radio und Presse und die Einmischung kubanischer Diplomaten in innere Angelegenheiten der Gastländer hin, die Kommission konnte jedoch weder die Entsendung von Guerillatruppen noch Waffenlieferungen feststellen[39].

Neben diesen drei Fällen obligatorischer Sanktionen hat das Konsultationsorgan — ebenfalls gestützt auf Art. 6 Rio-Vertrag — in einem weiteren Fall den Mitgliedern Zwangsmaßnahmen, diesmal unter Einschluß bewaffneter Gewalt, *empfohlen*, und zwar während der Kuba-Krise im Oktober 1962. Dadurch sollte verhindert werden, daß die

---

[36] *Gómez*, FI 1962/63, S. 45.

[37] *Connell-Smith*, S. 251 f.; *Dreier*, Hemisphere Crisis, S. 52 f. In dem „Background Memorandum on the Convocation of the Meeting" des Department of Legal Affairs der Pan American Union — OEA/Ser.F/II.8/Doc. 2 vom 2. Jan. 1962 — wird die Resolution von Caracas hingegen angeführt.

[38] Vgl. die kurz vor der Konferenz abgegebene Erklärung Präsident Castros vom 1. Dezember 1961, Auszug in DSB 1961 II, S. 1070. Ausführlich zur Totalisierung Kubas und zu seiner Hinwendung zum Ostblock *Krakau*, S. 39 ff., 46 ff.

[39] „Informe de la Comisión Interamericana de Paz" (zitiert oben 1. Teil Anm. 130), S. 39 ff.

Raketen und Bomber auf Kuba zu einer aktiven Bedrohung des Friedens und der Sicherheit des Kontinents würden, und daß die chino-sowjetischen Mächte weiteres offensives Kriegsmaterial lieferten[40]. Angesichts des bedrohlichen Eindringens der Sowjetunion in die amerikanische Hemisphäre wurde die Empfehlung einstimmig gebilligt[41], wobei sich allerdings Bolivien, Brasilien und Mexiko bezüglich der Anwendung von Waffengewalt der Stimme enthielten, da sie den Vereinigten Staaten keinen Freibrief für eine Invasion Kubas nach eigenem Ermessen geben wollten[42]. Diese Resolution diente der Rechtfertigung der Blockade Kubas durch die Vereinigten Staaten, auf deren Problematik bei der Frage der Autonomie der OAS eingegangen wird[43].

Nicht in dieses Kapitel gehört der bisher letzte Fall einer Intervention der OAS, die Dominikanische Krise 1965. Hier handelte es sich zunächst um einen eigenmächtigen Eingriff der Vereinigten Staaten und dann nicht um eine gegen die Dominikanische Republik gerichtete kollektive Zwangsmaßnahme, sondern um eine Art friedenserhaltende Aktion, was unten im 5. Teil näher erläutert werden soll.

Die Praxis zeigt, daß sich die OAS bei der Rechtfertigung kollektiver Maßnahmen nicht streng an Art. 6 Rio-Vertrag gehalten, sondern diesen erweiternd interpretiert hat. So wurden subversive Tätigkeit, mögliche Friedensbedrohung und politische Aggression auch dann als ausreichende Begründung für kollektive Maßnahmen angesehen, wenn weder die Souveränität noch die politische Unabhängigkeit eines amerikanischen Staates beeinträchtigt waren, wie es Art. 6 fordert.

II. Beschlußfassung, Bindungswirkung und Probleme der Neutralität

Das Konsultationsverfahren der OAS wird eingeleitet, sofern der Rat einem entsprechenden Antrag eines Mitgliedstaates mit absoluter Mehrheit zustimmt[44]. Wie oben[45] dargelegt wurde, tritt zunächst der Rat als provisorisches Konsultationsorgan zusammen. Er setzt eine Untersuchungskommission ein und versucht, den Streitfall friedlich beizulegen, bisher in der Mehrzahl der Fälle mit Erfolg. Gelingt ihm das nicht, und gelangt er zu der Ansicht, daß möglicherweise Zwangs-

[40] Applications II, S. 112.

[41] Der Vertreter Uruguays hatte sich wegen mangelnder Instruktionen zunächst der Stimme enthalten, billigte aber am nächsten Tag ausdrücklich die Resolution.

[42] Vgl. unten Anm. 167.

[43] Vgl. unten B, IV, 2.

[44] Art. 13, 16 Rio-Vertrag. An die Stelle des Leitenden Ausschusses der Panamerikanischen Union ist der Rat der OAS getreten. Vgl. oben 1. Teil Anm. 58.

[45] 1. Teil, A, II, 1 b, bb.

maßnahmen zu ergreifen sind, so setzt er Zeit und Ort für die bereits vorher formal anberaumte Außenministerversammlung fest. Diese beschließt dann gemäß Art. 6 und 8 Rio-Vertrag auf der Grundlage des Untersuchungsberichtes über die Maßnahmen, die, liegt eine Aggression vor, zur Unterstützung des Angegriffenen ergriffen werden *müssen*, in den übrigen Fällen über die Maßnahmen, die zur gemeinsamen Verteidigung und zur Aufrechterhaltung von Friede und Sicherheit auf dem Kontinent *ratsam sind*. Der Sicherheitsrat wird gemäß Art. 5 Rio-Vertrag, 54 SVN in Kenntnis gesetzt. Gleichzeitig ermächtigt die Außenministerversammlung den Rat, gegebenenfalls zu untersuchen, ob es ratsam sei, die Maßnahmen zu verschärfen oder sie durch Entscheidung mit Zweidrittelmehrheit zu beenden[46]. Eine gewisse Ausnahme bildet die kubanische Raketenkrise. Hier beschloß, infolge der Dringlichkeit, der Rat selbst die Zwangsmaßnahmen, die aber im Gegensatz zu denen der Außenministerversammlung nicht obligatorisch waren, sondern den Mitgliedern nur empfohlen wurden.

Die Entscheidung des Konsultationsorgans erfolgt durch Zweidrittelmehrheit der Mitgliedstaaten, deren Stimmen alle das gleiche Gewicht haben. Ein Vetorecht, wie Art. 27 SVN es enthält, fehlt in den interamerikanischen Verträgen[47]. Die Erfahrung zeigt jedoch, daß die Vereinigten Staaten durch ihre Hegemoniestellung faktisch in der Lage sind, jede ihnen nicht genehme Entscheidung zu verhindern[48].

Wie dem Sicherheitsrat steht es auch dem Konsultationsorgan der OAS frei, ob es das Ergreifen von Maßnahmen nur empfiehlt[49] oder für alle Mitglieder, auch die nicht zustimmenden, verbindlich anordnet. Bestimmungen über vorläufige Maßnahmen (Art. 40 SVN) fehlen bei der OAS ebenso wie solche, nach denen einzelne Mitglieder von der Mitwirkungspflicht entbunden werden können (Art. 48 SVN).

Eine Ausnahme gilt für die Anwendung von Waffengewalt. Bei der OAS hebt Art. 20 Rio-Vertrag in einer realistischen Einschätzung der mangelnden Bereitschaft souveräner Staaten, gegen ihren Willen

---

[46] Applications II, S. 9, 112, 186. Bei den Sanktionsbeschlüssen der 8. Außenministerkonferenz gegen Kuba fehlt die Bezugnahme auf Art. 6, 8 Rio-Vertrag und die Mitteilung an den Sicherheitsrat. Als Grundlage diente der Bericht der Interamerikanischen Friedenskommission — zitiert oben 1. Teil Anm. 130.

[47] Der Grundsatz der rechtlichen Gleichheit aller Staaten ist in Art. 6 SOAS ausgedrückt. Theoretisch besteht er auch bei den VN, Art. 2 Abs. 1.

[48] *Lerche*, Proc. ASIL 1965, S. 65.

[49] Empfehlungen auf dem Gebiet der kollektiven Sicherheit kann auch die Generalversammlung der VN aussprechen. Das ist nicht ausdrücklich in der Satzung der VN normiert, ergibt sich aber aus der allgemeinen Verantwortung der Generalversammlung für die Aufrechterhaltung des Weltfriedens und ist in der Resolution „Uniting for Peace" niedergelegt. Vgl. *Dahm* II, S. 402 ff.

Waffengewalt anzuwenden, für diesen Fall die Bindungswirkung auf. Diese Regelung war der Preis für die Annahme des Mehrheitsprinzips, das im Vertrag von Rio erstmals die in interamerikanischen Abkommen traditionelle Einstimmigkeitsregel ablöste[50]. Da diese Ausnahme aber ausdrücklich nur für die Anwendung militärischer Gewalt gilt, müssen die Mitglieder im übrigen gemeinsame Aktionen unterstützen, wozu auch die Gewährung von Durchmarsch- und Überfliegungsrechten gehören dürfte. Demgegenüber sind die Mitglieder der VN grundsätzlich verpflichtet, selbst gegen ihren Willen Waffengewalt anzuwenden. Das gilt jedoch nur, wenn die in Art. 43 SVN vorgesehenen Sonderabkommen abgeschlossen werden, was bei der gegenwärtigen politischen Konstellation wenig wahrscheinlich ist[51].

War es im Falle der Selbstverteidigung wegen der mangelnden Beistandspflicht den Mitgliedern der VN im Gegensatz zu denen der OAS noch möglich, in einem Konflikt Neutralität zu wahren, so gilt das nicht mehr, wenn obligatorische Zwangsmaßnahmen beschlossen werden. Der in der Satzung der VN und den interamerikanischen Verträgen enthaltene Grundsatz der kollektiven Sicherheit schließt Neutralität aus, da er die Mitglieder zu einer Parteinahme gegen den Staat zwingt, der von der Mehrheit für schuldig befunden wird, den Frieden gebrochen oder bedroht zu haben[52]. Wenn demgegenüber von einem neutralen Staat, wie z. B. Österreich, offiziell der Standpunkt vertreten wird, die Mitgliedschaft in den VN widerspreche nicht einer ständigen Neutralität, so überzeugt das nicht. Denn solange die VN keinen Neutralitätsvorbehalt annehmen[53], ist es doch recht zweifelhaft, ob die VN verpflichtet sind, die Neutralität Österreichs zu achten[54]. Die Schweiz, die sich aus Tradition und auch als Sitz des Internationalen Roten Kreuzes

---

50 *Fenwick*, AJIL 1948, S. 401

51 Entgegen dem Wortlaut des Art. 43 SVN hält *Dahm* (II, S. 399) die Mitglieder der VN nicht für verpflichtet, derartige Verträge abzuschließen. *Kelsen-Tucker*, S. 44 f. meinen, eine Verpflichtung, einen Vertrag abzuschließen, sei „technically not possible". Für eine solche Pflicht *Seidl-Hohenveldern*, Internationale Organisationen, Rdz. 2017.

52 *Dahm* I, S. 177; *Goodrich-Hambro*, S. 108; Schätzel bei *Scheuner*, Die kollektive Sicherung, S. 26 f.; *Scheuner*, WVR II, S. 593; *Schwarzenberger*, Power Politics, S. 379; *Thomas*, OAS, S. 206; zuletzt *Bindschedler*, ZAÖRVR 1968, S. 2. *Ehni*, S. 29 ff., 32 ff. zeigt, wie neutralitätsfeindlich die Siegermächte, vor allem Frankreich, zur Zeit der Gründung der VN waren, und daß ein ausdrücklicher Ausschluß der Neutralität nur aus Zufall unterblieb.

53 Ein Neutralitätsvorbehalt könnte auf Art. 48 Abs. 1 SVN gestützt werden — *Scheuner*, WVR II, S. 593. U Thant hat in einer Pressekonferenz am 6. Juli 1966 in Genf einen solchen Vorbehalt ausdrücklich abgelehnt — NZZ, 7. Juli 1966.

54 So aber *Verdross*, ZAÖRVR 1958, S. 526 f.; weitere Nachweise bei *Zemanek*, ZAÖRVR 1968, S. 20 Anm. 22. *Zemanek* (S. 21 f.) legt Neutralität eng aus und sieht deshalb keine Kollision mit der Beteiligung an Zwangsmaßnahmen der VN.

besonders der Neutralität verpflichtet fühlt, hat deshalb bisher eine Mitgliedschaft in den VN abgelehnt[55], entgegen einem Großteil der öffentlichen Meinung, die eine Isolierung befürchtet. Die Schweiz hat auch die Aufforderung Generalsekretär *U Thants* zurückgewiesen, sich an den obligatorischen Sanktionen gegen Rhodesien zu beteiligen; in autonomer Weise hat sie jedoch den Rhodesienhandel Beschränkungen unterworfen, um seine Ausweitung und damit die Durchkreuzung der Sanktionspolitik der VN zu verhindern[56].

III. Die Maßnahmen und ihre Durchführung

1. Art der Maßnahmen

a) Art. 8 Rio-Vertrag und Art. 41, 42 SVN

In fast wörtlicher Übereinstimmung mit Art. 41 SVN sieht Art. 8 Rio-Vertrag eine Reihe von nichtmilitärischen Zwangsmaßnahmen vor: Abbruch der diplomatischen und wirtschaftlichen Beziehungen, Unterbrechung von Verkehrs- und Nachrichtenverbindungen. Darüber hinaus enthält er wie Art. 42 SVN die Ermächtigung, bewaffnete Gewalt anzuwenden[57]. Bei Konflikten zwischen amerikanischen Staaten sind beide Arten von Zwangsmaßnahmen aber erst zulässig, wenn die Bemühungen einer friedlichen Beilegung durch das Konsultationsorgan nach Art. 7 Rio-Vertrag gescheitert sind. Eine Art. 42 Satz 1 SVN entsprechende ausdrückliche Vorschrift, daß militärische Zwangsmaßnahmen nur ergriffen werden dürfen, wenn die gewaltlosen nicht ausreichen, fehlt im Vertrag von Rio. Da diese Beschränkungen jedoch Ausdruck des allgemeinen Rechtsgedankens der Verhältnismäßigkeit der Mittel sind, müssen sie auch im interamerikanischen Bereich beachtet werden. Militärische Maßnahmen als unmittelbare Reaktion auf eine unbewaffnete Aggression wären daher schon aus diesem Grunde unzulässig, abgesehen von der Frage des Zustimmungserfordernisses des Sicherheitsrates[58].

---

[55] Schweizer Stellungnahmen zu der Streitfrage über die Vereinbarkeit von Neutralität und Mitgliedschaft finden sich in der Artikelfolge der NZZ vom Jan./Febr. 1966 (9., 15., 18., 22., 28. Jan. und 2., 4. und 10. Febr.). Vgl. auch *Schneeberger*, Rechtliche Überlegungen zur VN-Beitrittsfrage, NZZ, 8. Febr. 1967; Bundesrat *Wahlen*, Die Schweiz und die Blauhelme, NZZ, 9. Febr. 1967; *von Siegler*, S. 33 Anm. 1. In einem umfassenden Bericht über das Verhältnis zu den VN sieht der Schweizer Bundesrat auch im Jahr 1969 davon ab, den Beitritt zu den VN zu empfehlen — NZZ, 1. Juli 1969.

[56] Wortlaut der Noten und Erörterung in NZZ, 24. Dez. 1966 und 15. Febr. 1967.

[57] Bei bewaffneten kollektiven Maßnahmen findet Kriegsrecht Anwendung — *Kunz*, AJIL 1956, S. 319 f.; *Scheuner*, Die kollektive Sicherung, S. 12; *Verdross*, VR, S. 654 f. hinsichtlich des humanitären Kriegsrechts, im übrigen zweifelnd.

[58] Vgl. unten B, II.

b) Nichtanerkennung gewaltsam erlangter Vorteile

Eine Ergänzung dieser Zwangsmaßnahmen bildet die Nichtanerkennung gewaltsam erlangter Vorteile, insbesondere territorialer Eroberungen. In der Satzung der OAS hat dieser Grundsatz an zwei Stellen Ausdruck gefunden. In Art. 5 e heißt es:

„Die Amerikanischen Staaten verurteilen den Angriffskrieg: der Sieg gibt keine Rechte."

und noch konkreter in Art. 17:

„... Territoriale Eroberungen oder besondere Vorteile, die durch Gewalt oder sonstige Zwangsmittel erlangt werden, sollen nicht anerkannt werden."

Die Satzung enthält allerdings keine Bestimmung, in welcher die Entscheidung über die Nichtanerkennung einem gemeinsamen Organ übertragen wird. Es wäre jedoch falsch, daraus zu schließen, daß diese Befugnis damit ganz den einzelnen Mitgliedstaaten überlassen bleibt. Gewaltsame Eroberungen verpflichten das Konsultationsorgan, über gemeinsame Maßnahmen zu entscheiden. Diese können nach Art. 8 Rio-Vertrag von der Abberufung der Leiter diplomatischer Vertretungen und dem Abbruch diplomatischer Beziehungen bis zur Anwendung bewaffneter Gewalt reichen. Ohne diese Vorschrift erweiternd auslegen zu müssen, wird man aber dem Konsultationsorgan auch das Recht einräumen können, weniger einschneidende diplomatische Druckmittel, wie die Nichtanerkennung gewaltsam erlangter Vorteile, mit Bindungswirkung für die Mitglieder zu beschließen[59].

In der Satzung der VN hat das Prinzip der Nichtanerkennung gewaltsam erlangter Vorteile keinen Ausdruck gefunden. Als notwendige Ergänzung des allgemeinen Gewaltverbotes wird es aber theoretisch von den Mitgliedern anerkannt. In der Praxis hat sich die Nichtanerkennung jedoch als Fehlschlag erwiesen. Einmal sind häufig die Meinungen geteilt, wer zuerst zur Gewalt geschritten ist, zum anderen sind die tatsächlichen Verhältnisse, auch wenn sie auf Unrecht beruhten, auf die Dauer doch meist anerkannt und die normative Kraft des Faktischen bestätigt worden. Im Gegensatz zur Völkerbundsversammlung hat die Generalversammlung der VN noch keine allgemeine Resolution über die Nichtanerkennung verabschiedet, obwohl schon zahlreiche Vorschläge gemacht wurden, die zum Teil ausdrücklich auf Art. 17

---

[59] *Thomas*, OAS, S. 187 geht auf die Frage, ob das Konsultationsorgan zu der Entscheidung über die Nichtanerkennung befugt ist, nicht ein. Er schlägt vor, ein Organ ausdrücklich dafür zu bevollmächtigen. Folgt man der hier vertretenen Ansicht, ist das überflüssig.

Die 13. Außenministerversammlung hat in Ziffer 2 ihrer Deklaration (DSB 1969 II, S. 134) in allgemeiner Form den Grundsatz der Nichtanerkennung territorialer Eroberungen bekräftigt. Da El Salvador bereit war, seine Truppen aus Honduras zurückzuziehen, war eine ausdrückliche Erklärung über die Nichtanerkennung der Eroberungen nicht erforderlich.

SOAS Bezug nahmen und wörtlich mit diesem übereinstimmten[60]. In Einzelfällen hat der Grundsatz der Nichtanerkennung aber auch in Resolutionen der VN Eingang gefunden, so in der von Großbritannien vorgelegten Nahost-Resolution, die vom Sicherheitsrat am 22. November 1967 einstimmig angenommen wurde. Dort heißt es u. a.:

„Der Sicherheitsrat ... unterstreicht, daß es nicht angeht, Territorium durch Krieg zu erobern ...[61]."

Ergänzt wird diese Resolution durch die vom 21. Mai 1968, in der die Annexion der Altstadt Jerusalems für nichtig erklärt wird[62]. Ein ausdrückliches Verbot der Anerkennung der Annexion durch die Mitgliedstaaten enthält die Resolution aber nicht, obwohl der Sicherheitsrat zu einem solchen Ausspruch befugt gewesen wäre[63].

Nicht zu den Zwangsmaßnahmen gehören die weder bei der OAS noch bei den VN vorgesehenen, von beiden Organisationen aber tatsächlich durchgeführten friedenserhaltenden Aktionen, die deshalb unten in einem besonderen Abschnitt behandelt werden.

c) Suspendierung und Ausschluß

Neben den Maßnahmen des Art. 41 und 42 sieht die Satzung der VN zwei weitere vor: die Suspendierung der Mitgliedsrechte nach Art. 5 bei Staaten, gegen die Zwangsmaßnahmen ergriffen worden sind, und nach Art. 6 den Ausschluß von Mitgliedern, die die Grundsätze der Charta beharrlich verletzen. Beide Bestimmungen sind bisher nicht angewandt worden, einmal wegen der Uneinigkeit der Mitglieder, zum anderen, weil — sicher nicht zu Unrecht — die Ansicht vertreten wird, daß man die Handlungsweise eines Staates eher beeinflussen könne, wenn er Mitglied der Organisation ist.

Im Gegensatz hierzu und obwohl in den interamerikanischen Verträgen entsprechende Regelungen fehlen, hat die OAS von einem Suspendierungsrecht Gebrauch gemacht. Auf der 8. Konsultationsversammlung der Außenminister 1962 in Punta del Este wurde u. a. festgestellt, daß sich die Regierung Kubas selbst freiwillig außerhalb des Interamerikanischen Systems gestellt habe, und daraufhin beschlossen:

„... 2. daß die gegenwärtige Regierung Kubas, die sich selbst offiziell als Marxistisch-Leninistische Regierung bezeichnet hat, mit den Grundsätzen und Zielen des Interamerikanischen Systems unvereinbar ist;

---

60 Vorschlag Algeriens im Special Committee on Principles 1966 (zitiert oben 1. Teil Anm. 5), S. 50 f. Vgl. auch den Vorschlag Ghanas, Indiens und Jugoslawiens im Special Committee on Principles 1964 — Bericht darüber bei *McWhinney*, AJIL 1966, S. 13.

61 Deutscher Text der Resolution in NZZ, 24. Nov. 1967.

62 NZZ, 25. Mai 1968.

63 Eine Rechtsgrundlage hätte z. B. Art. 40 SVN abgegeben.

3. daß diese Unvereinbarkeit die gegenwärtige Regierung Kubas von der Mitwirkung im Interamerikanischen System ausschließt ...[64]."

Kuba bleibt damit zwar offiziell Mitglied der OAS, seine Rechte ruhen jedoch, bis die kommunistische Regierungsform endet, was einem Ausschluß auf unbegrenzte Zeit gleichkommt.

Diese mit dem Minimum an Stimmen[65] getroffene Entscheidung war heftig umstritten. Wie der Text der Resolution zeigt, hat man es vermieden, von einem Ausschluß Kubas oder allgemein von einer Suspendierung seiner Mitgliedschaft zu sprechen; es ist absichtlich nur von der kubanischen Regierung im Gegensatz zum kubanischen Staat die Rede[66] und es wird so getan, als ob die Regierung sich durch Abkehr von den interamerikanischen Prinzipien selbst — quasi automatisch — ausgeschlossen habe[67]. Ob die Entscheidung der 8. Konsultationsversammlung deklaratorisch oder konstitutiv ist, bleibt unklar.

Zur Begründung der Entscheidung werden verschiedene Meinungen vertreten. *Thomas*[68] ist der Ansicht, Kuba habe sich durch seine Hinwendung zu den „totalitären Prinzipien des russischen Kolonialismus" selbst außerhalb der Gemeinschaft der zivilisierten Staaten und daher außerhalb des universellen und des interamerikanischen Völkerrechtes gestellt. Sein Ausschluß müsse daher nicht nach rechtlichen, sondern nach politischen Gesichtspunkten beurteilt werden.

Fenwick[69] sieht die Suspendierung Kubas als gerechtfertigt an, da die Verletzung eines Vertrages durch eine Partei die übrigen von ihren Vertragspflichten entbinde. Diese Regel gelte nicht nur bei den klassi-

---

64 Applications II, S. 76.

65 14 Ja-Stimmen, 1 Gegenstimme (Kuba) und 6 Enthaltungen (Argentinien, Bolivien, Brasilien, Chile, Ecuador, Mexiko, die zusammen 3/4 der Bevölkerung Lateinamerikas vertreten). Bei diesem Ergebnis ist zu berücksichtigen, daß eine Enthaltung praktisch wie eine Gegenstimme zählt, da für einen Beschluß die *Zustimmung* 2/3 aller Mitglieder erforderlich ist. Vorschläge, die den Abbruch der diplomatischen Beziehungen der Mitgliedstaaten zu Kuba vorsahen, fanden auf dieser Konferenz noch keine Mehrheit, wohl aber später auf der 9. Außenministerversammlung 1964.

66 Eine ähnliche Trennung wurde auf der 9. Außenministerversammlung gemacht. Hier unterschied man zwischen der kubanischen Regierung, gegen die sich die Sanktionen richten sollten, und dem kubanischen Volk, an das eine Freundschaftserklärung verabschiedet wurde — Applications II, S. 185 ff. Diese Unterscheidungen haben aber nur deklaratorischen Charakter. Denn die Regierung vertritt den Staat und, wie *Verdross*, VR (S. 124), zu Recht schreibt, gilt im „Völkerrecht Kollektivhaftung, nicht der Staat als Organisation, sondern das staatlich organisierte Volk (populus) bildet das Haftungsobjekt des Völkerrechts".

67 Der Vertrag von Panama aus dem Jahre 1826 — Tratado de Unión, Liga y Confederación Perpetua — sah in Art. 29 bei grundlegender Wandlung des Regierungssystems eines Mitglieds ein automatisches Ausscheiden vor; *Thomas*, OAS, S. 7.

68 OAS, S. 60, 368 f.

69 AJIL 1962, S. 474.

schen völkerrechtlichen Verträgen, sondern auch bei solchen, die die Verfassung einer Organisation darstellten, immer vorausgesetzt, daß eine grobe Vertragsverletzung vorliege, und die Entscheidung mit großer Mehrheit getroffen werde. Die Zweidrittelmehrheit im Falle Kuba sei ausreichend, da mit ihr auch Vertragsänderungen vorgenommen werden könnten.

Zum Teil wird der Ausschluß Kubas auch als Maßnahme nach Art. 6 Rio-Vertrag angesehen[70], ohne daß freilich eine Erklärung für den Widerspruch zu Art. 8 gegeben wird, der eine Aufzählung der Maßnahmen enthält, die aber sämtlich anderen Charakter haben.

Von denjenigen, die die Entscheidung der 8. Außenministerversammlung kritisieren, wird darauf hingewiesen, daß Ausschlußklauseln bewußt und im Gegensatz zu der Satzung der VN nicht in die interamerikanischen Verträge aufgenommen worden seien[71]. Die Befugnis, einen Staat auszuschließen, müsse der Organisation ausdrücklich zuerkannt sein. Daher könne ein Mitglied, auch wenn es gegen die Vertragsgrundsätze verstoße, nur ausgeschlossen werden, nachdem man eine entsprechende Ergänzung der Satzung nach Art. 111 SOAS vorgenommen habe[72]. Die Befürworter des Ausschlusses weisen diese Ansicht als legalistisch zurück[73].

Ohne näher auf die Streitfrage einzugehen, kann festgestellt werden, daß die Suspendierung Kubas in der Tat rechtlich bedenklich ist[74]. Ein freiwilliger Austritt Kubas, wie er in Art. 112 SOAS vorgesehen ist, kann nicht angenommen werden, denn der Vertrag müßte ausdrücklich schriftlich gekündigt sein. Äußerungen *Castros* wie, er fühle sich nicht

---

70 *Bernstein*, FI 1961/62, S. 534.

71 In Art. 3 des Entwurfes der Panamerikanischen Union für die Satzung der OAS war eine Ausschlußklausel enthalten. Vgl. *Gómez*, FI 1962/63, S. 177 und *Thomas*, OAS, S. 58 f. mit Nachweisen.

72 Diese Ansicht wurde von den 6 Staaten vertreten, die sich der Stimme enthielten (oben Anm. 65). Brasilien, Ecuador und Mexiko fügten den Resolutionen der 8. Außenministerversammlung ausdrücklich abweichende Erklärungen hinzu — Applications II, S. 79 f. Vgl. auch *Fernández-Shaw*, S. 575 f.; *Gómez*, FI 1962/63, S. 176 ff.

73 *Dreier*, IO 1963, S. 38 z. B. beklagt allgemein, daß „juridical disputation is the language of inter-American politics ...“ Bezüglich der Stimmenthaltung bei der Suspendierung Kubas wirft er den 6 Staaten „overriding juridical scruples“ vor (S. 52).

74 Ebenso im Ergebnis *Kutzner*, S. 176. Die politische Argumentation *Thomas*' ist polemisch und unhaltbar. Wenn Kuba sich durch seine Hinwendung zum Kommunismus außerhalb der zivilisierten Staatenwelt und damit außerhalb des Geltungsbereiches des Völkerrechts gestellt haben sollte, müßte das gleiche für alle übrigen kommunistischen Staaten gelten. Das bedeutete aber nichts anderes als eine Negierung aller völkerrechtlichen Beziehungen zu kommunistischen Staaten; vgl. unten Anm. 211.
Meyer-Lindenberg, WVR III, S. 634 schreibt, Kuba sei zum Ausscheiden gezwungen worden. Ob er damit etwas anderes meint als ‚Ausschluß‘, bleibt unklar.

mehr an den Vertrag von Rio gebunden, da ihn die Revolution nicht unterschrieben habe[75], genügen nicht. Zwar wird man einer internationalen Organisation nicht grundsätzlich das Recht verweigern können, vertragsbrüchige Mitglieder auszuschließen[76]. Ist aber die Funktionsweise der Organisation bis in alle Einzelheiten in einer Satzung schriftlich niedergelegt, so erscheint es unzulässig, unter Zugrundelegung von „implied powers“[77] so wichtige Entscheidungen wie den Ausschluß eines Mitgliedes in einem in der Satzung nicht geregelten Verfahren und unter Umgehung des höchsten Organs der Organisation, der Interamerikanischen Konferenz (Art. 33 SOAS), zu treffen. Das gilt besonders, weil bei Satzungsverstößen durch Mitglieder ausdrücklich eine Reihe von Maßnahmen vorgesehen sind, eine Ausschlußklausel aber nicht aufgenommen wurde[78].

2. Rechtliche Qualifizierung

Nach Darstellung der Art und Weise des Eingreifens von OAS und VN stellt sich die Frage nach der rechtlichen Qualifizierung.

Die Maßnahmen des Sicherheitsrates können nicht als echte Sanktionen in dem Sinne verstanden werden, daß sie ein rechtswidriges Verhalten eines Staates ahnden, denn sie sind allein dazu bestimmt, Gefahren für den Frieden zu beseitigen. Begeht ein Staat unter Verstoß gegen die Satzung der VN eine Aggression, so werden zwar in der Regel die kollektiven Maßnahmen gegen ihn ergriffen werden. Ausnahmsweise kann aber auch gegen andere Staaten vorgegangen werden, wenn es zur raschen Wiederherstellung des Friedens notwendig erscheint[79].

---

75 NYT, 28. Aug. 1960.

76 *Seidl-Hohenveldern,* Internationale Organisationen, Rdz. 2002 f., 2030 ff.

77 Wayne Moore, ein Mitglied der Delegation der Vereinigten Staaten in Punta del Este, berief sich vor dem Senat ausdrücklich darauf — Congressional Records, Vol. 108, Nr. 16, S. 1322 ff.

78 a. A. wohl auch für diesen Fall *Seidl-Hohenveldern,* Internationale Organisationen, Rdz. 2002. *Singh* (S. 79 f.) will einer Organisation immer nur dann ein Ausschlußrecht gewähren, wenn es ausdrücklich in der Satzung vorgesehen ist. *Kutzner* gesteht der OAS zwar ein Ausschlußrecht zu (S. 170 f.), jedoch nicht als Maßnahme nach Art. 8 Rio-Vertrag (S. 173 f.).

79 *Castañeda,* FI 1965/66, S. 314 f.; *Dahm* II, S. 391 f.; *Bowett,* Self-defence, S. 254 ff. weist darauf hin, daß bei Konflikten häufig der schuldige Staat nicht so schnell ermittelt werden kann, der Sicherheitsrat aber dennoch Maßnahmen zur Erhaltung des Friedens ergreifen muß. *Kelsen,* UN, S. 735 ff. sieht die Maßnahmen des Kap. VII SVN als echte Sanktionen an, räumt aber ein, daß zur Zeit der Abfassung der Satzung der VN die gegenteilige Meinung vorherrschte. Zweifelnd *Thomas,* OAS, S. 271 f., der dem Wortlaut des Art. 1 Abs. 1 SVN entnehmen will, daß kollektive Aktionen nur in Übereinstimmung mit den Grundsätzen des internationalen Rechts zulässig sein sollen. Das kann aber aus Art. 1 Abs. 1 nicht gefolgert werden, denn entgegen der Ansicht Thomas' bezieht sich das Tatbestandsmerkmal „in Übereinstimmung mit den Grundsätzen der Gerechtigkeit und des internationalen Rechts“ nicht auf kollektive Maßnahmen, sondern auf die Bereinigung internationaler Streitigkeiten durch friedliche Mittel.

Bei der OAS ist die rechtliche Qualifizierung der kollektiven Maßnahmen schwieriger. Thomas ist der Ansicht, daß sie immer echte Sanktionen seien, d. h. Reaktionen auf eine Rechtsverletzung[80]. Dem kann nur insoweit gefolgt werden, als die Maßnahmen als Reaktion auf eine Aggression[81] ergriffen und sie gegen OAS-Mitglieder verhängt werden. Die weitere Voraussetzung einer echten Sanktion, daß sie sich gegen den richtet, der die rechtswidrige Handlung begangen hat, ist für diesen Fall erfüllt. Denn nach Art. 6 Rio-Vertrag muß das Beratungsorgan, im Gegensatz zum Sicherheitsrat, „zur Unterstützung des Opfers“, also gegen den Rechtsbrecher einschreiten.

Nicht immer Sanktionscharakter müssen aber die Maßnahmen haben, die als Reaktion auf die übrigen in Art. 6 Rio-Vertrag näher umschriebenen Friedensgefährdungen ergriffen werden können. Zwar werden auch hier Rechtsverletzungen vorliegen, denn durch die weite Fassung der Art. 15, 16 SOAS ist letztlich jedes Verhalten eines Mitgliedstaates, das den Frieden gefährdet, ein Verstoß gegen diese Vorschriften. Jedoch bestimmt hier allein der Zweck der Maßnahmen, d. h. die gemeinsame Verteidigung und die Aufrechterhaltung von Frieden und Sicherheit, gegen wen sie sich richten. Im Normalfall wird, wie bei den VN, gegen den Staat vorgegangen, der das internationale Recht verletzt hat. Ausnahmsweise kann aber im Interesse des Friedens auch gegen andere Staaten eingeschritten werden.

Zur Begründung seiner gegenteiligen Ansicht beruft sich Thomas[82] auf Art. 2 und Art. 7 Satz 2 Rio-Vertrag. Da die Pflicht bestehe, Streitigkeiten friedlich beizulegen[83], begehe jeder an einem Konflikt beteiligte Mitgliedstaat — auch das Opfer eines rechtswidrigen Verhaltens — eine Rechtsverletzung, wenn er sich nicht um eine friedliche Beilegung bemühe. Lehne ein Beteiligter die friedliche Beilegung ab, so sei das bei der Bestimmung des Angreifers und bei der Anwendung der Maßnahmen zu berücksichtigen.

Thomas übersieht bei seiner Argumentation das Ziel der kollektiven Aktion. Wenn das Beratungsorgan gegen das Opfer eines rechtswidrigen Aktes vorgeht und nicht gegen den rechtswidrig Handelnden selbst, so geschieht das im Interesse einer raschen Wiederherstellung

---

80 OAS, S. 272 ff.; a. A. *Castañeda*, FI 1965/66, S. 315 mit der Begründung, daß Zwangsmaßnahmen der OAS nicht nur bei Verletzung internationalen Rechts ergriffen werden dürften.

81 Die Aggression muß nicht notwendig bewaffneten Charakter haben. Art. 6 Rio-Vertrag i. V. m. Art. 15, 16 SOAS untersagen jede Art von Zwang gegen einen Staat.

82 OAS, S. 273.

83 Vgl. auch Art. 20 SOAS.

von Friede und Sicherheit, nicht aber um das Versäumnis zu ahnden, nämlich das, sich nicht um friedliche Beilegung bemüht zu haben. Abgesehen davon besagt Art. 7 Satz 2 Rio-Vertrag lediglich, ebenso wie der ähnlich lautende Art. 40 Satz 3 SVN, daß die Organisation die Zurückweisung ihrer Bemühungen zu berücksichtigen hat, zwingt sie aber nicht, gegen bestimmte Beteiligte einzuschreiten. Das Beratungsorgan ist daher ebenso wie der Sicherheitsrat nicht gehindert, gegen den am Konflikt unschuldigen Teil vorzugehen, selbst wenn dieser sich um eine friedliche Beilegung bemüht haben sollte, immer vorausgesetzt, daß es zur Aufrechterhaltung des Friedens erforderlich scheint. Das wird allerdings nur in Ausnahmesituationen der Fall sein. In der Regel ist nur ein Vorgehen gegen den Friedensstörer zur Wiederherstellung des Friedens geeignet.

Können schon zwischen den Vertragspartnern nicht alle Zwangsmaßnahmen als echte Sanktionen angesehen werden, so gilt das erst recht für solche, die gegen Nichtmitglieder gerichtet sind. Thomas[84] sieht auch diese Maßnahmen, auf deren grundsätzliche Problematik bei der Behandlung der Autonomie der OAS eingegangen wird, als echte Sanktionen an. Er geht davon aus, daß gemäß Art. 2 Abs. 3 SVN die Mitglieder der VN und damit fast alle Staaten der Erde verpflichtet sind, ihre Streitigkeiten friedlich beizulegen[85], und räumt der OAS das Recht ein, bei einer Verletzung dieser Pflicht in eigener Machtvollkommenheit als Vertreterin der Weltorganisation einzugreifen, sofern die Voraussetzungen des Art. 6 Rio-Vertrag erfüllt sind. Diese Ansicht ist abzulehnen. Denn das Beratungsorgan der OAS ist weder berechtigt zu entscheiden, ob ein Staat die Satzung der VN verletzt hat[86], noch ob deshalb Zwangsmaßnahmen ergriffen werden sollen. Beide Entscheidungen fallen in die alleinige Zuständigkeit der VN. Wenn die Generalversammlung im Falle der Handlungsunfähigkeit des Sicherheitsrates zum Teil dessen Aufgaben wahrnimmt[87], so läßt sich das damit begründen, daß beides Hauptorgane einer Organisation sind, und die Generalversammlung ohnehin eine umfassende Zuständigkeit hat. Daraus kann aber nicht gefolgert werden, daß auch eine Regionalorganisation den Sicherheitsrat vertreten kann. Es würde zu einer

---

84 OAS, S. 274.

85 Bei der Erörterung der Frage, ob die Maßnahmen der VN Sanktionen sind, führt *Thomas* Art. 2 Abs. 3 SVN nicht an — vgl. oben Anm. 79.

86 Ob Art. 2 Abs. 3 SVN eine zwingende Rechtsnorm ist, kann zweifelhaft sein. Die Formulierung könnte auf einen mehr programmatischen Charakter hindeuten. So ausdrücklich *Wengler,* Gewaltverbot, S. 3.

87 Zur Entwicklung des Verhältnisses Sicherheitsrat — Generalversammlung vgl. die Dissertation von *Delbrück.*

Desintegration der Weltorganisation führen, wollte man den Regionalorganisationen das Recht zubilligen, nach eigenem Gutdünken in Vertretung der Weltorganisation darüber zu befinden, ob ein bestimmtes Verhalten die Satzung der VN verletzt[88].

Zusammenfassend kann gesagt werden, daß die Zwangsmaßnahmen der OAS nach Art. 6 Rio-Vertrag gegen Mitgliedstaaten immer echte Sanktionen sind, soweit sie sich gegen die Verletzung des Aggressionsverbotes wenden; soweit sie, ohne daß eine Aggression vorliegt, zur gemeinsamen Verteidigung und zur Aufrechterhaltung von Friede und Sicherheit ergriffen werden, ist das nicht notwendig der Fall. Zwangsmaßnahmen gegen Nichtmitglieder können nie als echte Sanktionen bezeichnet werden.

3. *Durchführung*

Die Durchführung der kollektiven Maßnahmen erfolgt bei der OAS immer durch die einzelnen Mitgliedstaaten, die, mit Ausnahme der Anwendung von Waffengewalt, an die Beschlüsse des Beratungsorgans gebunden sind. Bei den VN werden die Maßnahmen des Art. 41 ebenfalls durch die Einzelstaaten durchgeführt, militärische Aktionen (Art. 42 ff. SVN) aber unter der Leitung des Sicherheitsrates mit Hilfe eines gemeinsamen Generalstabsausschusses. Voraussetzung für ein bewaffnetes Vorgehen der VN ist der Abschluß von Sonderabkommen des Sicherheitsrates mit den Mitgliedern über Zahl und Art der zur Verfügung zu stellenden Streitkräfte (Art. 43). Solange derartige Verträge nicht zustandekommen, können militärische Maßnahmen nur auf Grund des Art. 106 durchgeführt werden. Wegen der divergierenden Interessen der Weltmächte ist aber auch hiermit nicht zu rechnen. Die Aufstellung einer internationalen Streitmacht, die nicht nur aus einem Zusammenwirken nationaler, von den Mitgliedern zur Verfügung gestellter Kontingente besteht — wenn auch unter internationalem Kommando —, ist in keiner der beiden Organisationen vorgesehen[89].

Gemäß Art. 53 Abs. 1 Satz 1 SVN kann der Sicherheitsrat auch Regionalorganisationen wie die OAS heranziehen, um Zwangsmaßnahmen

---

[88] Für eine Stellvertretung der Weltorganisation durch die Regionalorganisation tritt neben Thomas auch *Mahnke* (S. 205 f.) ein, allerdings bezogen auf die Durchsetzung des Angriffsverbotes und nur für den Fall des Versagens der VN — vgl. dazu oben S. 98 f. *Bowett*, Self-defence, S. 182 ff.; *Green*, AVR 1956/57, S. 434 und *Stone*, Aggression, S. 98 ff. versuchen im Hinblick auf die Intervention Frankreichs und Großbritanniens 1956 am Suez-Kanal sogar einseitige Militäraktionen zu rechtfertigen, soweit sie der Durchsetzung internationalen Rechts dienen. Auch diese Ansicht ist abzulehnen.

[89] Ausführlich zur Struktur von Streitkräften internationaler Organisationen *Bothe*, S. 37 ff., 74 ff.

unter seiner Autorität durchzuführen[90]. Diese Bestimmung hat allerdings geringe Bedeutung. Denn die Maßnahmen der OAS werden nicht von der Organisation selbst, sondern von den einzelnen Mitgliedstaaten durchgeführt. Da diese aber ausnahmslos zugleich Mitglieder der VN sind, ergibt sich ihre Mitwirkungspflicht bei den kollektiven Aktionen schon unmittelbar aus ihrer Mitgliedschaft bei der Weltorganisation. Der OAS kann daher allenfalls eine unterstützende Aufgabe zufallen, indem sie ihre Mitglieder dazu anhält, den Anordnungen des Sicherheitsrates Folge zu leisten. Ein Heranziehen der OAS zu militärischen Aktionen der VN würde erst Bedeutung erlangen, wenn der OAS eine interamerikanische Streitmacht zur Verfügung stände. Sollte es einmal zur Bildung einer solchen Streitmacht kommen, so müßten in analoger Anwendung von Art. 43 SVN besondere Vereinbarungen über ihren Einsatz getroffen werden.

Die Praxis hat gezeigt, daß die OAS nicht nur theoretisch in der Lage ist, wirkungsvolle Zwangsmaßnahmen zu ergreifen. Mit Ausnahme Mexikos, das sich entgegen dem Beschluß der 9. Konsultationsversammlung der Außenminister weigert, seine diplomatischen Beziehungen mit Kuba abzubrechen, haben die Mitgliedstaaten die Entscheidungen des Konsultationsorgans der OAS befolgt. Eine andere Frage ist freilich, ob immer der gewünschte Erfolg erzielt worden ist. Bei der Dominikanischen Republik (1960) kann das bejaht werden, im Falle Kuba hat sich aber eher eine Verhärtung der Fronten ergeben.

Der bisher einzige Fall obligatorischer Zwangsmaßnahmen der VN, die Sanktionen gegen Rhodesien, kann nur als halber Erfolg gewertet werden. Zwar befolgen die meisten Staaten die Beschlüsse des Sicherheitsrates. Infolge der Nachbarschaft der Südafrikanischen Republik und Portugals in Moçambique, die sich beide nicht an die Beschlüsse halten, sind die Maßnahmen jedoch wenig wirkungsvoll[91].

---

[90] Die Frage, ob Regionalorganisationen deshalb und wegen der ihnen im Rahmen der friedlichen Streitschlichtung durch Art. 52 SVN zugewiesenen Aufgaben als Organ der VN zu bezeichnen sind, ist bestritten, aber nur begrifflicher Natur. *Kelsen*, UN, S. 145 f. sieht die Regionalorganisationen als Organe der VN an und will damit beweisen, daß die in Art. 7 SVN enthaltene Aufzählung der Organe der VN nicht vollständig ist. *Lleras*, Annals 1949, S. 22 ff. lehnt das ab, weil die friedliche Streitregelung durch die Regionalorganisation, wie Art. 52 Abs. 2 und 3 beweise, gerade *vor* der Behandlung der Frage bei den VN stattfinden solle. Auf Art. 53 Abs. 1 SVN geht Lleras aber nicht ein. Wie Lleras auch *Fernández-Shaw*, S. 296.

Der Generalversammlung räumt *Cuevas Cancino* — AJIA 1952/54, S. 32 — nicht einmal das Recht ein, der Regionalorganisation Maßnahmen zu empfehlen. Das ließe sich zwar mit einem Umkehrschluß aus Art. 53 Abs. 1 Satz 1 SVN begründen. Berücksichtigt man aber die mit der Zeit erweiterten Befugnisse der Generalversammlung, so erscheint diese Auslegung zweifelhaft.

Zu der Streitfrage, ob unter Zwangsmaßnahmen nur militärische Aktionen oder auch solche nach Art. 41 SVN zu verstehen sind vgl. unten unter B, I, 2.

[91] Über die begrenzten Auswirkungen NZZ, 30. Aug. 1968.

Um den Druck der Sanktionen zu erhöhen, sind beide Organisationen bestrebt, auch Nichtmitglieder an ihnen zu beteiligen. Bei den Resolutionen des Sicherheitsrates wird, gestützt auf Art. 2 Abs. 6 SVN, zum Teil eine Bindungswirkung für Nichtmitglieder angenommen, was allerdings bedenklich erscheint[92]. Die OAS hat in Resolutionen des Konsultationsorgans mehrfach an Nichtmitglieder, die sich den gleichen Idealen wie die amerikanischen Staaten verpflichtet fühlen, appelliert, an den Maßnahmen gegen Kuba teilzunehmen, so auf der 9. und 12. Versammlung der Außenminister[93].

4. *Durchsetzung*

Kommt ein Mitglied seiner Pflicht nicht nach, sich an obligatorischen Maßnahmen zu beteiligen, so stellt sich die Frage nach der Durchsetzbarkeit dieser Verpflichtung. In keiner der Organisationen sind für diesen Fall besondere Sanktionen vorgesehen[94]. Wirtschaftliche oder gar militärische Maßnahmen kommen nicht in Betracht, solange die Voraussetzungen der Art. 39 SVN bzw. 6 Rio-Vertrag nicht erfüllt sind. Bei den VN könnte, aber wohl erst bei wiederholter Weigerung, von dem Ausschlußrecht nach Art. 6 SVN wegen beharrlicher Verletzung der Grundsätze der VN Gebrauch gemacht werden. In der OAS fehlt eine vergleichbare Vorschrift. Hier ist man ganz auf die Bereitschaft der

---

[92] *Wengler*, Gewaltverbot, S. 1 meint, die deutsche Bundesregierung gehe von der unmittelbaren Bindungswirkung der Resolutionen des Sicherheitsrates aus und kritisiert das. Ob das tatsächlich der Fall ist, erscheint zweifelhaft. Aus der von Wengler zitierten Bekanntmachung des Auswärtigen Amtes vom 27. Dez. 1966 (Bundesanzeiger Nr. 244, S. 1, 30. Dez. 1966) läßt sich das nicht entnehmen. Dort heißt es unter Bezug auf die Resolution des Sicherheitsrates vom 16. Dez. 1966 nur, „daß die Bundesregierung die erforderlichen Maßnahmen treffen wird". Daß die Bundesregierung eine Bindungswirkung annimmt, könnte allenfalls aus dem Runderlaß Außenwirtschaft Nr. 48/66 vom 21. Dez. 1966 (Bundesanzeiger Nr. 241, S. 2, 24. Dez. 1966) gefolgert werden. Dort heißt es nämlich unter Ziffer 3: „Es wird geprüft, welche weiteren Maßnahmen im Hinblick auf den oben angeführten Beschluß des Sicherheitsrates der Vereinten Nationen (vom 16. Dez. 1966) *zu treffen sind.*"

Der Text der Resolution des Sicherheitsrates (AJIL 1967, S. 654 f.) deutet nicht auf unmittelbare Bindungswirkung für Nichtmitglieder hin. Denn in Ziffer 6, die sich an die Mitglieder wendet, heißt es „call upon", in Ziffer 7, die die Nichtmitglieder anspricht dagegen nur „urge".

Gegen eine Bindungswirkung für Nichtmitglieder auch *Bindschedler*, ZAÖRVR 1968, S. 5; *Scheuner*, Vereinte Nationen und Nichtmitglieder, S. 383.

[93] Resolution I Ziffer 6 der 9. Außenministerversammlung (1964) — Applications II, S. 186; Resolution III Ziffer 2 der 12. Außenministerversammlung (1967) — „La Crónica de la OEA" III, Nr. 2 (Okt. 1967), S. 21.

Großbritannien lehnte es ausdrücklich ab, den Empfehlungen der 12. Außenministerversammlung, sich an wirtschaftlichen Maßnahmen gegen Kuba zu beteiligen, Folge zu leisten. Die britische Regierung wandte sich gegen einen Wirtschaftskrieg, da er Kuba in noch größere Abhängigkeit von der Sowjetunion bringe — NZZ, 28. Sept. 1967.

[94] Zur Problematik internationaler Zwangsmaßnahmen *Oldenhage*, S. 63.

Mitglieder angewiesen, ihre Verpflichtungen einzuhalten, und kann nur indirekt über die öffentliche Meinung[95] oder über die einzelnen Regierungen Druck ausüben. Daß dies aber nicht immer ausreicht, die Befolgung der Resolutionen zu sichern, beweist die Weigerung Mexikos — eines Landes, das mit rechtlichen Argumenten stets besonders nachdrücklich für die genaue Befolgung der Verträge eingetreten ist —, dem Beschluß der 9. Außenministerkonferenz Folge zu leisten und die diplomatischen Beziehungen zu Kuba abzubrechen[96].

IV. Kritik

1. Strafcharakter der Maßnahmen

Der OAS wird vorgeworfen, sich, was den Zweck der kollektiven Maßnahmen anbetrifft, von den ursprünglichen Vorstellungen des Vertrages von Rio gelöst zu haben. Häufig habe nicht die Beseitigung einer Gefahr für Frieden und Sicherheit, sondern der Strafcharakter im Vordergrund gestanden[97].

Der Umstand, daß die Zwangsmaßnahmen nicht selten erst lange Zeit nach bestimmten Aggressionshandlungen ergriffen wurden, scheint das zu bestätigen. So ging man z. B. 1960 gegen die Dominikanische Republik erst zwei Monate nach Aufdeckung des Anschlags auf das Leben Präsident *Betancourts* vor und 1964 gegen Kuba sogar erst neun Monate nach den mißlungenen Waffenlieferungen an Aufständische in Venezuela[98]. Dennoch kann der Kritik nicht zugestimmt werden.

Es ist sicher richtig, daß, wie bei Kap. VII der Satzung der VN, Hauptzweck der Sanktionen des Art. 6 Rio-Vertrag die Beseitigung einer Gefahr für Frieden und Sicherheit sein sollte und weniger die Bestrafung begangener Angriffshandlungen. Diese beiden Zielsetzungen schließen sich aber nicht aus, sondern ergänzen sich gegenseitig. Sieht man von der kubanischen Raketenkrise ab, so hatten die von der OAS bekämpften Aggressionen immer subversiven Charakter und bestanden meist aus vielen einzelnen Terror- und Sabotageakten. Mit Bekanntwerden einzelner Pläne wurden zwar jeweils bestimmte Aggressionshandlungen verhindert, die subversive Tätigkeit insgesamt hörte damit

---

[95] *Vosskamp*, S. 96 ff. spricht von soziologischer Sanktion.

[96] Im Juni 1969 wurde das Gesuch Jamaicas, als 24. Staat in die OAS aufgenommen zu werden, angenommen, obwohl sich Jamaica weigerte, seine konsularischen und wirtschaftlichen Beziehungen zu Kuba abzubrechen; vgl. AdG 1969, S. 14767. Unter seinem neuen Präsidenten Allende hat auch Chile am 12. Nov. 1970 die diplomatischen Beziehungen zu Kuba wieder aufgenommen — NZZ, 14. Nov. 1970.

[97] *Manger*, S. 69.

[98] Kritisch hierzu *Aniceto*, S. 553 f.

aber nicht auf. So waren mit Aufdeckung des Komplotts gegen den venezolanischen Präsidenten und mit Abfangen der Waffenlieferungen aus Kuba zwar diese konkreten Interventionen zunächst einmal abgewehrt. Die ständige Gefahr, daß sich solche oder ähnliche Akte wiederholen könnten, hielt aber an. Verlangte man als Voraussetzung für ein Eingreifen der OAS daher eine ganz bestimmte noch anhaltende Aggressionshandlung, so könnten gegen subversive Akte kaum jemals Sanktionen ergriffen werden, ein Ergebnis, das schwerlich befriedigen kann. Man wird daher bei Berücksichtigung des besonderen Charakters subversiver Tätigkeit nicht jede einzelne Aktion gesondert betrachten dürfen, sondern alle zusammen als einheitliche Aggression werten müssen, die anhält, solange weitere Interventionen zu befürchten sind. Dann aber sind die kollektiven Aktionen der OAS nicht Strafe für bestimmte abgeschlossene Handlungen, sondern Maßnahmen, die der Beseitigung einer Gefahr für Frieden und Sicherheit dienen, indem sie die betroffenen Regierungen veranlassen, ihre umstürzlerischen Tätigkeiten einzustellen. Unter diesem Gesichtspunkt erscheinen sowohl die Maßnahmen gegen die Dominikanische Republik 1960 als auch die gegen Kuba 1964 mit den Zielen des Art. 6 vereinbar.

2. *Verurteilung innenpolitischer Verhältnisse*

Nicht unberechtigt ist dagegen die Kritik, daß bei der OAS im Widerspruch zum Prinzip der Nichtintervention häufig nicht allein das Vorliegen einer Aggressionshandlung, sondern die innenpolitischen Verhältnisse und die öffentliche Meinung mitursächlich für das Ergreifen von Sanktionen waren[99]. Dies ist ein Vorwurf, der auch gegenüber den VN erhoben wird[100]. Schon oben[101] wurde festgestellt, daß man 1959 die Beteiligung der kubanischen Regierung an den Interventionen in Mittelamerika wegen der Popularität der Revolutionsregierung *Castros* bewußt ignorierte. Dagegen nahm man 1960 die Aktion *Trujillos* gegen Venezuela als willkommenen Anlaß, Sanktionen gegen die verhaßte Diktatur zu ergreifen. Der Vorschlag der Vereinigten Staaten, eine Kommission einzusetzen, die freie Wahlen in der Dominikanischen Republik überwachen sollte, wurde allerdings als „Interventionismus" abgelehnt[102]. Hatte man auf der 6. Außenministerversammlung die kollektiven Maßnahmen offiziell nur mit der Einmischung in Venezuela

---

[99] *Manger*, S. 53 f., 69; a. A. *Graber*, YWA 1962, S. 28 f., der für ein generelles Interventionsrecht eintritt und eine Unterscheidung zwischen inneren und äußeren Angelegenheiten wohl überhaupt nicht mehr anerkennen will.

[100] z. B. die kritischen Äußerungen zu den Sanktionen gegen Rhodesien — vgl. unten Anm. 113.

[101] S. 39.

[102] *Fernández-Shaw*, S. 524; *Slater*, IO 1964, S. 272; *Thomas*, OAS, S. 236.

begründet[103], so wurde am 4. Januar 1961 bei der Empfehlung des Rates, die Maßnahmen zu verschärfen, auch nach außen deutlich, daß man hier die Diktatur Trujillo an sich bekämpfte. Die Aufrechterhaltung und Verschärfung der Sanktionen wurden nicht mit weiteren Aggressionsakten begründet, sondern mit der allgemeinen Formel:

"... that there has been no change in the attitude of the Government of the Dominican Republic toward the basic principles of the inter-American system[104]."

Zahlreiche Staaten enthielten sich deshalb der Stimme, wobei Brasilien seine ablehnende Haltung in einer ausführlichen Stellungnahme niederlegte[105].

Bei dem Vorgehen gegen Kuba spielte neben der subversiven Tätigkeit die Hinwendung zum Kommunismus eine entscheidende Rolle. Das gilt besonders für den Ausschluß der kubanischen Regierung von der Mitwirkung im Interamerikanischen System. Es entbehrt nicht der Ironie, daß gerade Kuba, das sich 1959 auf der 5. Außenministerversammlung in Santiago de Chile zusammen mit Venezuela entgegen der Mehrheit der Mitglieder für eine Einschränkung des Prinzips der Nichtintervention und für kollektive Maßnahmen gegen Diktaturen und zum Schutze der Demokratie und der Menschenrechte eingesetzt hatte, zweieinhalb Jahre später ebensolchen Maßnahmen ausgesetzt war[106].

3. Versagen gegenüber den Vereinigten Staaten

Hat das Konsultationsorgan auf der einen Seite in Fällen eingegriffen, die nicht durch den Wortlaut des Art. 6 Rio-Vertrag gedeckt waren, so hat es andererseits, wenn die Vereinigten Staaten aktiv an einem Konflikt beteiligt waren, auch dann versagt, wenn an der Erfüllung der Voraussetzungen des Art. 6 kein Zweifel bestehen konnte. Weder 1954 die massive Intervention zum Sturze der Regierung *Arbenz* in Guatemala[107], noch 1961 die Beteiligung an der Invasion Kubas, die in

---

103 *Thomas*, OAS, S. 236, 318 betont, die Maßnahmen seien nicht wegen des undemokratischen Regimes Trujillo ergriffen worden; a. A. *Manger*, S. 54, 69. Daß die Interventionen Trujillos in Venezuela willkommener Anlaß waren, um gegen die verhaßte Diktatur wegen ihrer Innenpolitik vorzugehen, zeigt u. a. die Vorgeschichte dieser Maßnahmen. Als man 1959 die Interamerikanische Friedenskommission mit Sondervollmachten ausstattete, um zu untersuchen, inwieweit undemokratische Regierungsformen und Verletzung der Menschenrechte den internationalen Frieden bedrohen (oben S. 53 f.), geschah das, um den Weg für Maßnahmen gegen die Dominikanische Republik zu ebnen.

104 Applications II, S. 11; *Thomas*, OAS, S. 319 räumt ein, daß die Zwangsmaßnahmen wegen der Innenpolitik Trujillos verschärft wurden.

105 Applications II, S. 13 f.; *Slater*, IO 1964, S. 273 f.

106 *Fernández-Shaw*, S. 493; *Thomas*, OAS, S. 230, 481 Anm. 73; vgl. oben S. 103.

107 *Claude*, S. 31 f.

der Schweinebucht scheiterte[108], noch das Eingreifen 1965 in der Dominikanischen Republik waren jemals Gegenstand einer Konsultation nach dem Vertrag von Rio[109] oder sind sonst in irgendeiner Weise von der OAS offiziell verurteilt worden, obwohl die letzten beiden Fälle offene militärische Eingriffe darstellten, die juristisch schwerlich gerechtfertigt werden können[110].

Die Praxis zeigt, daß sowohl in der OAS als auch in den VN nicht objektive Umstände, sondern in erster Linie die politische Entscheidung der Mitglieder bestimmt, wann eine Friedensgefährdung vorliegt, die Sanktionen der Organisation erforderlich macht[111]. Können die VN keine Maßnahmen ergreifen, die dem Willen eines ständigen Ratsmitglieds widersprechen, so hängen die der OAS letztlich von der Zustimmung der Vereinigten Staaten ab, die zwar nicht juristisch, aber durch ihre absolute Vorrangstellung faktisch ein Vetorecht haben[112]. Entspricht dagegen ein Eingreifen der VN den Interessen der ständigen Ratsmitglieder, ein Eingreifen der OAS den Interessen der Vereinigten Staaten, so hat sich gezeigt, daß kollektive Maßnahmen auch dann beschlossen werden, wenn es auf Grund der Satzungen bedenklich erscheint. In einer Zeit, die an bedrohlichen militärischen Konflikten nicht arm ist, hatte sich der Sicherheitsrat wegen der divergierenden Interessen der Großmächte bisher nie auf Sanktionen einigen können. Wenn ihm das im Falle Rhodesien erstmals gelang, so waren ausschließlich politische Gründe dafür maßgebend. Juristisch fällt es schwer, die Maßnahmen aus Art. 39 und Art. 41 SVN zu rechtfertigen[113]. Denn auch

---

108 Die Beteiligung ist von den Vereinigten Staaten zunächst bestritten, dann aber zugegeben worden — vgl. die Äußerungen Kennedys, NYT int. 21. April 1961 und McNamaras, oben 1. Teil Anm. 242. Die Rechtswidrigkeit der Beteiligung wird auch von nordamerikanischen Autoren zugegeben, vgl. z. B. *Friedmann*, AJIL 1965, S. 865 Anm. 7. Der Versuch *Fenwicks*, AJIL 1963, S. 590 f., die Aktion zu rechtfertigen, überzeugt nicht. *Graber*, YWA 1962, S. 44 ff. bedauert, daß die Vereinigten Staaten in diesem Fall ihre Führungsrolle in der westlichen Hemisphäre nicht entschlossener spielten.

109 Die Konsultation in der dominikanischen Krise 1965 fand auf Grund Art. 39, 40 SOAS statt. Sie sollte der Wiederherstellung des Friedens und demokratischer Zustände dienen. Da man den größten Teil der Truppen der Vereinigten Staaten dort beließ, sieht es wie eine nachträgliche Billigung der Intervention der Vereinigten Staaten durch die OAS aus. Zur nordamerikanischen Intervention unten 5. Teil, II, 1.

110 Zur Invasion Kubas 1961 *Wilson*, RDI 1965, S. 347, 351 ff.; zur dominikanischen Krise 1965 unten 5. Teil, II, 1.

111 Kritisch dazu Schätzel bei *Scheuner*, Die kollektive Sicherung, S. 27.

112 *Lerche*, Proc. ASIL 1965, S. 65 f.

113 Kritisch zu den Maßnahmen gegen Rhodesien: Dean Acheson am 24. Mai 1968 in einer Rede vor der American Bar Association — NZZ, 27. Mai 1968; *Bindschedler*, ZAÖRVR 1968, S. 10 f.; *Fenwick*, AJIL 1967, S. 573 ff.; *Wengler*, Gewaltverbot, S. 39 f. Portugal hat in einem Schreiben vom 11. Febr. 1967 an das Generalsekretariat der VN die Rechtmäßigkeit der Maßnahmen ebenfalls bestritten — NZZ, 14. Febr. 1967. Für die Rechtmäßigkeit aber *McDougal-Reisman*, AJIL 1968, S. 13 ff.

wenn man die Regierung einer rassischen Minderheit verurteilt, so liegt in dieser primär innenpolitischen Frage weder eine Angriffshandlung noch eine Bedrohung oder ein Bruch des internationalen Friedens, jedenfalls solange man diesen Begriffen nicht eine bewußt „rassenkämpferische" Bedeutung gibt.

B. Autonomie der OAS

Das auf dem Gebiet der kollektiven Sicherheit im Verhältnis Weltorganisation - Regionalorganisation bedeutsamste Problem ist das der Unabhängigkeit der Regionalorganisation bei der Anwendung von Maßnahmen zur Aufrechterhaltung oder Wiederherstellung des internationalen Friedens und der Sicherheit. Hinsichtlich der rechtlichen Grundlage zur Lösung dieser Frage gilt das oben zur Kompetenz der Organisationen bei der friedlichen Lösung von Streitigkeiten Gesagte: nicht die interamerikanischen Verträge, sondern die Satzung der VN ist maßgebend, denn in beiden Organisationen ist der Vorrang der Satzung der VN gegenüber den regionalen Bestimmungen ausdrücklich anerkannt[114].

Die für die Autonomie der OAS entscheidende Stelle ist Art. 53 Abs. 1 Satz 2. Er lautet:

„Ohne Ermächtigung des Sicherheitsrates dürfen Zwangsmaßnahmen auf Grund regionaler Abmachungen oder seitens regionaler Einrichtungen nicht ergriffen werden ..."

Welche Aktionen der OAS der Zustimmung des Sicherheitsrates bedürfen, hängt davon ab, was unter dem Begriff Zwangsmaßnahmen zu verstehen ist[115]. Dabei soll zunächst nur von Aktionen gegen *Mitglieder* der Regionalorganisation die Rede sein.

I. Maßnahmen ohne Anwendung von Waffengewalt

1. Suspendierung oder Ausschluß von der Mitgliedschaft

Ehe auf die in Art. 41 SVN bzw. Art. 8 Rio-Vertrag aufgezählten Maßnahmen eingegangen wird, soll erörtert werden, ob durch die Satzung der VN das Recht der OAS eingeschränkt wird, Mitglieder bei bestimmtem vertragswidrigem Verhalten zu suspendieren oder auszuschließen.

Grundsätzlich ist davon auszugehen, daß es jeder internationalen Organisation freisteht, den Kreis ihrer Mitglieder selbständig festzu-

---

[114] Art. 103 SVN, 102 SOAS, 10 Rio-Vertrag; vgl. oben S. 63 f.

[115] Zu Recht weist *Jiménez,* Rec. 1964 I, S. 461 darauf hin, daß Art. 53 Abs. 1 Satz 2 SVN nur das Ergreifen, nicht aber die Vorbereitung und den Beschluß von Zwangsmaßnahmen unter den Vorbehalt der Zustimmung des Sicherheitsrates stellt.

legen, unabhängig von einer Zustimmung des Sicherheitsrates. Die Einschränkung oder Aufhebung der Mitgliedschaft ist keine Zwangsmaßnahme im Sinne von Art. 53 Abs. 1 Satz 2 SVN. Die einzige Beschränkung, der Regionalorganisationen durch die Satzung der VN unterworfen sind, ist, daß ihre Tätigkeit mit den Zielen und Grundsätzen der VN vereinbar sein muß (Art. 52 Abs. 1 SVN).

Es ist die Ansicht vertreten worden, daß es eine mit Wortlaut und Geist der Satzung der VN unvereinbare Diskriminierung bedeute, wenn bestimmte Staaten aus rassischen oder ideologischen Gründen nicht in eine regionale Organisation aufgenommen oder aus ihr ausgeschlossen würden. Dieses Argument, das schon Israel während der 5. Sitzungsperiode der Generalversammlung vorgebracht hatte, um die Zulassung eines Beobachters der Arabischen Liga zu verhindern[116], benutzte Kuba im Februar 1962, um neben den anderen in Punta del Este beschlossenen Maßnahmen auch die Suspendierung seiner Mitgliedschaft in der OAS durch die Organe der VN für unrechtmäßig erklären zu lassen. Den kubanischen Bemühungen blieb, wie früher schon den israelischen, der Erfolg versagt. Die Generalversammlung beschloß, mit Unterstützung von neunzehn lateinamerikanischen Staaten, zu den Maßnahmen der OAS nicht Stellung zu nehmen. Im Sicherheitsrat wurde die kubanische Beschwerde zunächst überhaupt nicht in die Tagesordnung aufgenommen[117]. Daraufhin legte Kuba im März 1962 erneut einen Antrag vor. In ihm wurde der Sicherheitsrat aufgefordert, gemäß Art. 96 SVN und Art. 65 StIGH beim IGH ein Gutachten u. a. darüber einzuholen:

„... 4. Ob die Charta der Organisation Amerikanischer Staaten irgendein Verfahren für den Ausschluß eines Mitgliedstaates der Organisation vorsieht, insbesondere wegen seiner Gesellschaftsordnung.

...

6. Ob es nicht eines der wesentlichen Prinzipien der Charta der Vereinten Nationen ist, daß Mitglieder der Organisation all die Staaten sein können, die die Voraussetzungen des Artikels 4 der Charta erfüllen, unabhängig von ihrer Gesellschaftsordnung.

7. Ob nach den Antworten auf die vorangegangenen Fragen die in Punta del Este von der 8. Konsultationsversammlung der Amerikanischen Außenminister angenommenen Resolutionen über den Ausschluß eines Mitgliedstaates der Regionalorganisation wegen seiner Gesellschaftsordnung und die ohne Ermächtigung des Sicherheitsrates erfolgte Anwendung von anderen Zwangsmaßnahmen gegen denselben den Vorschriften der Charta der Ver-

[116] 285. Sitzung am 26. Sept. 1950.

[117] Auch das erste Komitee hatte nach ausführlicher Diskussion eine Stellungnahme abgelehnt — Näheres bei *Claude*, S. 54.

einten Nationen, der Charta der Organisation Amerikanischer Staaten und dem Vertrag von Rio entsprechen oder nicht ...[118]."

Dieser Antrag wurde zwar auf die Tagesordnung gesetzt und Kuba zur Teilnahme an den Sitzungen des Sicherheitsrates eingeladen. Nach heftigen Debatten wurde der Antrag jedoch abgelehnt[119].

Unabhängig von der ablehnenden Haltung der Organe der VN ist festzustellen, daß die Suspendierung der Mitgliedschaft Kubas keinen Verstoß gegen die Satzung der VN bedeutet. Die Satzung der VN verlangt nicht, daß die Mitgliedschaft in den Regionalorganisationen allen Staaten einer Region offenstehen muß[120], d. h. sich nach denselben Kriterien richtet wie die Mitgliedschaft in den VN. Eine Partikularorganisation, die sich auf rassische Gemeinsamkeiten stützt wie die Arabische Liga, ist daher ebenso zulässig[121] wie die OAS, deren Grundlage neben der geographischen Zusammengehörigkeit auch das Bekenntnis zu einer gemeinsamen Staatsphilosophie, der repräsentativen Demokratie (Art. 5 d SOAS), bildet. Da die kubanische Regierung den Grundsatz der repräsentativen Demokratie ablehnt und ihn sogar systematisch bekämpft, verstößt es nicht gegen Grundsätze der VN, wenn Kuba von der Mitwirkung in der OAS ausgeschlossen wird[122]. Wie der Vertreter Venezuelas im Sicherheitsrat anläßlich der Behandlung des kubanischen Antrags zu Recht betonte, hieße es praktisch die Existenz von Regionalorganisationen verneinen, nähme man ihnen das Recht, den Kreis ihrer Mitglieder nach gewissen Gemeinsamkeiten selber zu bestimmen[123].

2. *Diplomatische, wirtschaftliche, verkehrs- und nachrichtentechnische Maßnahmen*

Beschließt das Konsultationsorgan der OAS Maßnahmen, die sich gegen die diplomatischen oder wirtschaftlichen Beziehungen, gegen

---

[118] SCOR 17th Session, S/5086 (8. März 1962). Außerdem verlangte Kuba die vorläufige Aufhebung der von der OAS beschlossenen Maßnahmen. Vgl. auch unten unter 2 c.

[119] Die Sowjetunion und Rumänien stimmten dafür, Chile, (National-) China, Frankreich, Großbritannien, Irland, Venezuela und die Vereinigten Staaten dagegen, die VAR übte Stimmenthaltung, der Vertreter Ghanas war abwesend, wohl um seinen Protest gegen die Behandlung des kubanischen Antrags auszudrücken. Vgl. *Claude*, S. 55 mit Nachweisen.

[120] Der Begriff ‚Regionalorganisation' ist weiter als der Wortsinn. Er umfaßt nicht nur Verträge zwischen benachbarten Staaten, sondern auch solche von Staaten mit besonderen gemeinsamen Interessen, wobei das geographische Element in den Hintergrund tritt — *Kelsen*, UN, S. 319 f. Zur Definition von ‚Regionalorganisation' u. a. *Boutros-Ghali*, S. 101 ff.; *Gómez*, Seguridad Colectiva, S. 63 ff.; *Krezdorn*, S. 45 ff.

[121] Bedenken können bei der Arabischen Liga aber wegen ihres offensiven Charakters gegenüber Israel bestehen — *Vellas*, S. 59 f.

[122] *Gómez*, FI 1962/63, S. 192 ff., 196; *Jiménez*, Rec. 1964 I, S. 475 ff.

[123] SCOR 17th Session, 997th mtg. (22. März 1962), Ziffer 15—18.

Verkehrs- und Nachrichtenverbindungen zu einem Mitgliedstaat richten (Art. 8 Rio-Vertrag), so stellt sich die immer noch heftig umstrittene und viel erörterte Frage, ob vor Anwendung dieser Maßnahmen die Zustimmung des Sicherheitsrates erforderlich oder ob die OAS insoweit autonom ist.

a) These vom Zustimmungserfordernis des Sicherheitsrates

Namhafte Autoren[124] sind der Ansicht, auch nichtmilitärische Maßnahmen der OAS seien von der Billigung durch den Sicherheitsrat abhängig. Sie berufen sich dabei zunächst auf den Wortlaut des Art. 53 Abs. 1 Satz 2 SVN. Unter Zwangsmaßnahmen im Sinne dieser Vorschrift seien sowohl die des Art. 42 als auch die in Art. 41 SVN umschriebenen Tatbestände zu verstehen. Das ergäbe sich aus einem Vergleich mit den übrigen Artikeln der Satzung der VN, die ebenfalls den Begriff Zwangsmaßnahmen verwendeten. Wenn Art. 2 Abs. 7 für die in Kap. VII vorgesehenen Zwangsmaßnahmen eine Ausnahme von der Vorschrift mache, daß die VN nicht in den innerstaatlichen Bereich der Mitglieder eingreifen dürften, so seien hier alle Maßnahmen nach Kap. VII gemeint. Diese Auslegung entspreche den Grundsätzen der Satzung der VN, die dem Sicherheitsrat die Hauptverantwortlichkeit für die Erhaltung des Friedens übertrage. Auch in Art. 50 beziehe sich der Begriff Zwangsmaßnahmen mit auf Art. 41 SVN, denn bei diesen Aktionen, z. B. bei der Unterbrechung wirtschaftlicher Beziehungen, könne ein Mitglied mindestens ebenso leicht in wirtschaftliche Schwierigkeiten geraten wie bei einem gewaltsamen Vorgehen, so daß ihm in jedem Fall das Recht zustehen müsse, den Sicherheitsrat anzurufen. Wenn sich aber, so wird gefolgert, der Begriff Zwangsmaßnahmen in diesen Vorschriften und, wie zu ergänzen wäre, auch in Art. 2 Abs. 5 und in Art. 5 SVN sowohl auf Art. 42 als auch Art. 41 beziehe, müsse das auch für Art. 53 Abs. 1 Satz 2 gelten[125].

Einige Autoren[126] berufen sich zur Begründung ihrer Entscheidung mehr auf das allgemeine Verhältnis von Universal- zu Regionalorganisation, wie es aus der Satzung der VN heraus zu verstehen sei. Das Gleichgewicht der Weltmächte im Sicherheitsrat bilde eine Garantie gegen den Mißbrauch von Zwangsmaßnahmen. Räume man der OAS das Recht ein, autonom vorzugehen, so bedeute das eine ständige Gefährdung der Souveränität der lateinamerikanischen Staaten, da für die OAS gerade das Übergewicht einer Großmacht charakteristisch sei. Darüber hinaus müßte dann dieses Recht auch anderen

[124] *Castañeda,* FI 1965/66, S. 317; *Kelsen,* UN, S. 327 f., 724; *Ruda,* S. 59 ff.; *Sepúlveda,* Coordinación, S. 8.

[125] *Kelsen,* a.a.O.; *Ruda,* a.a.O.

[126] *Castañeda,* FI 1965/66, S. 317; in diesem Sinne auch *Sepúlveda,* Coordinación, S. 8.

Regionalorganisationen wie der Organisation für die Einheit Afrikas oder der Arabischen Liga eingeräumt werden, was zu einer Anarchie in den internationalen Beziehungen und zu einer Gefährdung des Friedens führen würde.

Eine Stütze findet diese Ansicht in der Geschichte der Satzung der VN. Sowohl die Vereinigten Staaten als auch die Vertreter von Bolivien und Venezuela hatten auf der Konferenz von San Francisco ausdrücklich die Zustimmung des Sicherheitsrates für nichtmilitärische Maßnahmen für erforderlich gehalten[127]. Daß dies auch später noch in Amerika die überwiegende Ansicht war, zeigt die Entstehung des Vertrages von Rio. Die Vorschläge Boliviens und Chiles enthielten nach der Aufzählung einer Reihe gewaltloser Zwangsmaßnahmen die ausdrückliche Bestimmung, daß die Anwendung dieser Maßnahmen die Zustimmung des Sicherheitsrates voraussetze[128]. Auch die Entwürfe Ecuadors, Guatemalas und Mexikos machen deutlich, daß — abgesehen vom Fall der Selbstverteidigung — die Zustimmung des Sicherheitsrates zu allen kollektiven Sanktionen für erforderlich gehalten wurde[129]. Dasselbe gilt für den Vorschlag der Vereinigten Staaten, in dem es heißt, daß die im Wege der Konsultation beschlossenen Maßnahmen solche der in Art. 41 und 42 SVN vorgesehenen Art sein können, „in Übereinstimmung mit den Vorschriften des Art. 52 der Satzung der Vereinten Nationen“[130]. Dagegen enthalten die Entwürfe Brasiliens und Panamas keinerlei Hinweise auf die Zustimmungsbedürftigkeit, sondern betonen nur die Mitteilungspflicht an den Sicherheitsrat[131].

b) These von der Autonomie der OAS

In Abweichung von dieser historischen Entwicklung wird in der Literatur heute überwiegend die Ansicht vertreten, die OAS sei beim Ergreifen nichtmilitärischer Zwangsmaßnahmen nicht von der Zustimmung des Sicherheitsrates abhängig[132]. Dabei stützt man sich weniger auf den Wortlaut des Art. 53 SVN als allgemein auf das Prinzip regionaler Autonomie. Diese wird aus Art. 52 Abs. 1 SVN abgeleitet, der lautet:

---

[127] UNCIO XII, S. 767, 783 f. — Venezuela macht hier allerdings Änderungsvorschläge.

[128] US-Report, S. 88 f., 113 (Art. 6 Vorschlag Boliviens), S. 92 f. (Art. 3 Vorschlag Chiles).

[129] a.a.O., S. 95 (Art. 5 Vorschlag Ecuadors), S. 97 (Art. 5 Vorschlag Guatemalas), S. 97 f. (Art. 3, 4 Vorschlag Mexikos).

[130] a.a.O., S. 103, 121 (Art. 3 Vorschlag der Vereinigten Staaten).

[131] a.a.O., S. 91 (Art. 5 Vorschlag Brasiliens), S. 100 f. (Art. 5 Vorschlag Panamas). Zu allen Entwürfen *Aniceto*, S. 571 ff.

[132] *Dreier*, Hemisphere Crisis, S. 28; *Inter-American Institute*, S. 189 ff.; *Jiménez*, Rec. 1964 I, S. 477 ff.; *Thomas*, OAS, S. 270 f.; *Kutzner*, S. 191.

„Keine Bestimmung der vorliegenden Satzung schließt das Bestehen von regionalen Abkommen oder Organen zur Behandlung von Angelegenheiten aus, welche die Aufrechterhaltung des Weltfriedens und der internationalen Sicherheit betreffen und für welche Maßnahmen geeignet sind, vorausgesetzt, daß solche Abkommen oder Organe und ihre Tätigkeit mit den Zielen und Grundsätzen der Vereinten Nationen vereinbar sind."

Außerdem wird auf Art. 54 SVN verwiesen, der unter anderem vorschreibt, daß Regionalorganisationen den Sicherheitsrat von den Maßnahmen unterrichten müssen, die zur Aufrechterhaltung des Friedens und der Sicherheit ergriffen worden sind. Verlange man für alle Maßnahmen die vorherige Zustimmung des Sicherheitsrates, so sei Art. 54 sinnlos. *Lleras Camargo*, langjähriger Generaldirektor der Pan American Union, späterer Generalsekretär der OAS und auf der Konferenz von San Francisco Vorsitzender des 4. Komitees der Kommission III, das mit Regionalorganisationen befaßt war, trat in seinem Bericht über die Konferenz von Rio de Janeiro ebenfalls für die Autonomie der OAS ein[133]. Seiner Meinung nach fällt nur die Anwendung militärischer Gewalt in die ausschließliche Zuständigkeit des Sicherheitsrates, nicht jedoch Maßnahmen, wie sie in Art. 41 SVN beschrieben sind. Diese könne jeder Staat in eigener Machtvollkommenheit ergreifen, ohne gegen die Satzung der VN zu verstoßen.

c) Praxis

Im Sicherheitsrat wurde die Streitfrage eingehend erörtert, nachdem die 6. Außenministerkonferenz der OAS 1960 gegen die Dominikanische Republik diplomatische und wirtschaftliche Zwangsmaßnahmen ergriffen und diese nur mitgeteilt, nicht aber um Zustimmung gebeten hatte. Die Sowjetunion, die sich besonders im Hinblick auf die Situation Kubas auch für Maßnahmen der OAS ein Vetorecht vorbehalten wollte, beantragte, um einen Präzedenzfall zu schaffen, die *Zustimmung* des Sicherheitsrates zu der Aktion der OAS. Sie stützte sich dabei, wie schon der Vertreter der Dominikanischen Republik während der 6. Außenministerkonferenz der OAS, auf die Auslegung des Art. 53 SVN nach der 1. These und wurde von Polen unterstützt. Die Vereinigten Staaten vertraten zusammen mit National-China, Großbritannien, Italien und Venezuela, das beigeladen war, die These von der einschränkenden Auslegung des Art. 53[134]. Argentinien und Ecuador, die mit den Vereinigten Staaten gemeinsam, in Opposition zum sowjetischen Entwurf,

---

[133] *Lleras*, Report on the Results of the Inter-American Conference for the Maintenance of Continental Peace and Security, Rio de Janeiro 1947, S. 41 f. — auszugsweise bei *Ruda*, S. 61 und *Thomas*, OAS, S. 271.

[134] Interessant ist, worauf *Claude* (S. 51) hinweist, daß Staatssekretär Herter noch kurz vorher auf der 6. Außenministerversammlung der OAS einräumte, daß für die Maßnahmen der OAS möglicherweise die Zustimmung des Sicherheitsrates erforderlich sei — DSB 1960 II, S. 356.

vorgeschlagen hatten, der Sicherheitsrat solle die Maßnahmen der OAS nur *zur Kenntnis nehmen*, legten sich hinsichtlich der Auslegung des Art. 53 ebensowenig fest wie alle übrigen Mitglieder, die bei Stimmenthaltung der Sowjetunion und Polens den Vorschlag der amerikanischen Staaten annahmen.

Die Abstimmung kann als Bestätigung der Ansicht gewertet werden, die für die Autonomie der OAS eintritt. Hinsichtlich der rechtlichen Begründung bleiben aber Unklarheiten. Neben den Vereinigten Staaten sprachen sich nur drei Staaten für eine einschränkende Auslegung des Art. 53 SVN aus, drei Staaten — neben der Sowjetunion und Polen auch Ceylon — lehnten sie ab, die übrigen bezogen keine Stellung[135].

Zum zweiten Male wurde die Autonomie der OAS vor den VN erörtert, nachdem die 8. Außenministerkonferenz der OAS 1962 Maßnahmen gegen Kuba beschlossen hatte. Die Generalversammlung der VN lehnte eine Stellungnahme zu den Beschwerden Kubas ab, und im Sicherheitsrat fehlte die erforderliche Anzahl Stimmen, um die Frage auf die Tagesordnung zu setzen. Als Begründung für diese ablehnende Haltung wurde angeführt, daß nach der ausführlichen Erörterung in der Generalversammlung kein Anlaß bestehe, dieselbe Frage noch einmal vor dem Sicherheitsrat zu behandeln. Im übrigen zeige die Stellungnahme des Sicherheitsrates zu den von der OAS gegen die Dominikanische Republik 1960 angewandten Maßnahmen, daß nichtmilitärische Aktionen keiner Zustimmung bedürften[136].

Der weitere Antrag Kubas, beim IGH ein Gutachten u. a. darüber anzufordern,

„... 3. Ob der Begriff Zwangsmaßnahmen in Artikel 53 der Charta der Vereinten Nationen die in Artikel 41 der Charta der Vereinten Nationen vorgesehenen Maßnahmen mit umfaßt ...“[137],

wurde abgelehnt[138]. In den ausgedehnten Debatten kam das ganze Verhältnis von Universal- und Regionalorganisation zur Sprache. Die Sowjetunion warnte allgemein davor, Regionalorganisationen der Kontrolle des Sicherheitsrates zu entziehen. Demgegenüber verwiesen die Vereinigten Staaten auf die Behandlung der Maßnahmen gegen die Dominikanische Republik als Präzedenzfall und traten wiederum für eine einschränkende Auslegung des Art. 53 SVN ein. Sie wurden in ihrer Haltung von der Mehrheit der Staaten unterstützt, die diesmal nicht nur mit den Vereinigten Staaten stimmte, sondern auch deren

---

135 Für eine ausführliche Erörterung der Sanktionen gegen die Dominikanische Republik *Claude*, S. 48 ff. und *Ruda*, S. 63 ff. mit Nachweisen.

136 Vgl. *Claude*, S. 54 mit Nachweisen.

137 SCOR 17th Session, S/5086 (8. März 1962).

138 Ghana, Rumänien, die Sowjetunion und die VAR stimmten dafür, Chile, (National-)China, Frankreich, Großbritannien, Irland, Venezuela und die Vereinigten Staaten dagegen.

rechtliche Begründung im wesentlichen teilte. Die Weigerung, die Streitfrage dem IGH vorzulegen, rührte daher, daß man sich der Entscheidung des Gerichtshofes nicht sicher war. Eine allein auf rechtlichen Gesichtspunkten beruhende Auslegung des Art. 53 hätte allzuleicht zu einem Schlag gegen das politische Prinzip der Regionalautonomie führen können[139].

Bei den Empfehlungen des Rates der OAS während der kubanischen Raketenkrise 1962 und den Maßnahmen der 9. Außenministerkonferenz der OAS (1964) gegen Kuba wurde die Frage regionaler Autonomie bei den VN nicht näher erörtert.

d) Stellungnahme

Stützt man sich bei der Lösung der Streitfrage auf den Wortlaut von Art. 53 Abs. 1 Satz 2 SVN und seine Auslegung durch die Mehrzahl der Staaten zur Zeit der Abfassung der Satzung der VN, so spricht vieles gegen die Autonomie der OAS. Wie oben dargelegt, hielten auch die meisten Entwürfe zum Vertrag von Rio für alle Sanktionen eine Ermächtigung des Sicherheitsrates für erforderlich. Zwingend ist diese Auslegung jedoch nicht, wie die Argumente der gegenteiligen Ansicht zeigen.

Bei der Entscheidung der Streitfrage ist zu beachten, daß die in Art. 8 Rio-Vertrag aufgezählten gewaltlosen Maßnahmen zwar unfreundliche, aber nach allgemeinem Völkerrecht zulässige Akte sind. Grundsätzlich hat kein Staat die Pflicht, diplomatische oder wirtschaftliche Beziehungen, Verkehrs- oder Nachrichtenverbindungen mit einem anderen Staat aufzunehmen oder aufrechtzuerhalten. Unter diesen Umständen kommt dem von Lleras Camargo vorgebrachten Argument besondere Bedeutung zu: einer Staatengruppe kann nicht verweigert werden, was einem Einzelstaat als legales Druckmittel zugestanden wird. Es erscheint in der Tat eine nicht gerechtfertigte Einschränkung der Souveränität der Mitgliedstaaten, daß zwar jedem einzelnen erlaubt sein soll, von gewaltlosen Maßnahmen Gebrauch zu machen, man ihnen aber das Recht verweigern will, dieselben Maßnahmen zusammen mit anderen Staaten zu ergreifen. Dabei kann es keinen entscheidenden Unterschied darin geben, ob von Fall zu Fall von mehreren Staaten gemeinsam Sanktionen beschlossen werden oder das auf der Grundlage eines Regionalabkommens geschieht. Solange die Satzung der VN keine eindeutige Regelung enthält — und Art. 53 Abs. 1 Satz 2 entspricht diesen Anforderungen nicht —, darf weder die Souveränität der Mitgliedstaaten noch die aus ihr abzuleitende Autonomie der Regionalorganisation bei Maßnahmen gegen Organisationsmitglieder eingeschränkt

---

139 Eine ausführliche Erörterung der kubanischen Anträge vor den VN bei *Claude*, S. 53 ff. mit Nachweisen.

werden. Dabei muß in Kauf genommen werden, daß dem Begriff Zwangsmaßnahmen in Art. 53 Abs. 1 Satz 2 eine andere Bedeutung gegeben wird als in den übrigen Bestimmungen der Satzung der VN[140].

Sind die in Art. 8 Rio-Vertrag aufgezählten gewaltlosen Aktionen nach allgemeinem Völkerrecht zulässig, so darf doch nicht übersehen werden, daß sie im Einzelfall besonderen Verträgen widersprechen können. In einer Zeit zunehmender Verflechtung durch internationale Abkommen, gerade auch in der westlichen Hemisphäre, kann es vorkommen, daß ein Mitglied des Vertrages von Rio auf Grund eines Beschlusses des Konsultationsorgans Maßnahmen gegen einen Staat ergreifen muß, die im Widerspruch zu besonderen Vertragspflichten gegenüber diesem Staat stehen. So könnten wirtschaftliche Zwangsmaßnahmen gegen einen Mitgliedstaat nicht nur langfristigen Lieferungsverträgen widersprechen, sondern etwa auch dem „Vertrag von Montevideo"[141], der die Grundlage der Lateinamerikanischen Freihandelszone bildet, oder den Verträgen, die der Zentralamerikanischen Wirtschaftsgemeinschaft zugrundeliegen, die heute in die „Organización de Estados Centroamericanos" (ODECA)[142] einbezogen ist. In diesen Fällen können die Maßnahmen des Konsultationsorgans nicht damit gerechtfertigt werden, daß sie nur unfreundliche Akte darstellen, aber nicht dem Völkerrecht widersprechen. Dennoch kann an der Rechtmäßigkeit der Maßnahmen — immer unterstellt, die Voraussetzungen des Art. 6 Rio-Vertrag sind erfüllt — kein Zweifel bestehen. Denn die Mitglieder der OAS — und nur von den Maßnahmen gegen sie ist hier die Rede — haben sich durch die Ratifikation des Vertrages von Rio und der Satzung der OAS selbst freiwillig den Maßnahmen des Konsultationsorgans unterworfen. Ist eine Regierung mit dieser Bindung nicht einverstanden, so steht es ihr frei, die Verträge zu kündigen[143]. Anders wäre zu urteilen, wenn das Konsultationsorgan Aktionen beschlösse, die nicht in Art. 8 Rio-Vertrag vorgesehen sind, z. B. die entschädigungslose Enteignung von Eigentum Staatsangehöriger des Staates, gegen den sich die Maßnahmen richten. Solchen Maßnahmen haben sich die Mitgliedstaaten in den interamerikanischen Verträgen nicht unterworfen, und sie wären daher nach allgemeinem Völkerrecht zu beurteilen.

---

[140] *Thomas*, OAS, S. 486 Anm. 74. In Satz 1 und 2 von Art. 53 Abs. 1 SVN ist der Begriff *Zwangsmaßnahme* aber gleich auszulegen.

[141] Abgeschlossen am 18. Febr. 1960; *Fernández-Shaw*, S. 512 ff.; *F. Orrego-Vicuña:* „Developments in the Latin American Free Trade Association", Proc. ASIL 1967, S. 174 ff.; *W. J. Sedwitz:* „Economic Aspects of Latin American Integration", Proc. ASIL 1967, S. 181 ff.

[142] Näheres zur zentralamerikanischen Intregration *Fernández-Shaw:* „La Integración de Centroamérica" (Madrid 1965); vgl. auch *Engel*, AJIL 1966, S. 806 ff.; *García-Amador*, Proc. ASIL 1967, S. 167 ff.

[143] Art. 112 SOAS und 25 Rio-Vertrag.

Das Ergebnis der Untersuchung — die Bejahung der Autonomie der OAS für gewaltlose Maßnahmen gegen ihre Mitglieder nach Art. 8 Rio-Vertrag — wird durch eine weitere Überlegung gestützt. Das gegensätzliche Interesse der Weltmächte verhindert eine wirkungsvolle Tätigkeit des Sicherheitsrates. Das hat innerhalb der VN zu einer teilweisen Verlagerung von Schwerpunkten auf die Generalversammlung geführt, besonders aber eine Stärkung der Selbstverteidigungsbündnisse und der Regionalorganisationen bewirkt, die hier weitgehend Funktionen des Sicherheitsrates übernommen haben, ja übernehmen mußten. Diese Entwicklung, die durch die Beschlüsse des Sicherheitsrates zu den Maßnahmen gegen die Dominikanische Republik (1960) und Kuba (1962) bestätigt wird, kann bei der Entscheidung des Problems der Autonomie nicht unberücksichtigt bleiben. Eine Dezentralisierung von Zwangsmaßnahmen entspricht sicher nicht den Idealen der Satzung der VN. Sie ist, bedenkt man das Übergewicht der Vereinigten Staaten in der OAS, auch nicht unproblematisch, und es fehlt nicht an Versuchen der lateinamerikanischen Staaten, die Rolle der VN wieder aufzuwerten, um einer Bevormundung durch die Vereinigten Staaten zu begegnen[144]. Die Autonomie der OAS auf nichtmilitärischem Bereich wird im wesentlichen aber nicht bestritten.

Es kann daher festgehalten werden, daß die OAS gegen Mitglieder die in Art. 8 Rio-Vertrag vorgesehenen Maßnahmen ohne Anwendung von Waffengewalt: die Unterbrechung von diplomatischen oder wirtschaftlichen Beziehungen, Verkehrs- oder Nachrichtenverbindungen, autonom, d. h. ohne Ermächtigung durch den Sicherheitsrat ergreifen darf. Darüber hinaus ist sie befugt, über die Nichtanerkennung gewaltsam erlangter Vorteile sowie über die Suspendierung oder Aufhebung der Mitgliedschaft in der OAS zu entscheiden. Die Zulässigkeit von anderen gewaltlosen, in Art. 8 Rio-Vertrag aber nicht vorgesehenen Maßnahmen, ist nach allgemeinem Völkerrecht zu beurteilen.

II. Maßnahmen unter Anwendung von Waffengewalt

Militärische Zwangsmaßnahmen der OAS setzen gemäß Art. 53 Abs. 1 Satz 2 SVN die Zustimmung des Sicherheitsrates voraus[145]. Das ist auch

---

[144] Vgl. z. B. Resolution IV der 12. Außenministerversammlung der OAS; dazu oben S. 72.

[145] *Dreier*, Hemisphere Crisis, S. 28 f.; *Inter-American Institute*, S. 190 f.; *Jiménez*, Rec. 1964 I, S. 466; *Krezdorn*, S. 137; widersprüchlich *Thomas*, OAS: auf S. 268, 270, 333 hält er die Zustimmung des Sicherheitsrates für erforderlich, will aber auf S. 359 f., bei Versagen des Sicherheitsrates der OAS auf Grund einer „residual responsibility" das Recht zur autonomen Gewaltanwendung jedenfalls gegen den internationalen Kommunismus geben, ohne daß eine Notwehrsituation vorzuliegen braucht. Vgl. auch unten Anm. 192.

von den Vereinigten Staaten, den zur Zeit stärksten Verfechtern einer Autonomie der OAS, wiederholt anerkannt worden[146].

Obwohl grundsätzlich ein Interventionsrecht zum Schutze demokratischer Staatsformen in den Mitgliedstaaten der OAS abgelehnt wird[147], ist dennoch immer wieder die Ansicht vertreten worden, die OAS sei zu Interventionen — notfalls auch militärischer Art — berechtigt, wenn in einem Mitgliedstaat ein kommunistisches Regime errichtet würde[148]. Denn dieses widerspreche nicht nur, wie alle Diktaturen, dem in der Satzung der OAS niedergelegten Prinzip der repräsentativen Demokratie[149], sondern bekämpfe es offen. Zur Begründung dieses Eingriffsrechtes wird die Errichtung eines kommunistischen Regimes nicht als innere Angelegenheit des betreffenden Staates, sondern als Intervention der chino-sowjetischen Mächte angesehen[150].

---

[146] So bei den Diskussionen der Maßnahmen gegen die Dominikanische Republik (1960) und Kuba (1962) vor dem Sicherheitsrat der VN — dazu oben I, 2 c.

[147] z. B. Resolution IV des provisorischen Konsultationsorgans vom 8. April 1950 — Applications I, S. 134; so auch *Thomas*, OAS, S. 221, 228 f. Auf der 5. Außenministerkonferenz 1959 in Santiago de Chile unternahmen Kuba und Venezuela den Versuch, das Prinzip der Nichtintervention — der „Schild der Diktaturen" — einzuschränken und nur noch zugunsten demokratischer Staaten aufrechtzuerhalten. Das wurde jedoch von den übrigen Mitgliedern abgelehnt — *Fernández-Shaw*, S. 493; *Thomas*, OAS, S. 230.

[148] Vgl. die antikommunistische Solidaritätserklärung von Caracas 1954 (oben A, I, 1). Der unmittelbare Anlaß für diese Erklärung, nämlich die Errichtung eines sozialistischen Regimes in Guatemala, wurde aber nicht durch ein kollektives Einschreiten der OAS, sondern durch eine von den Vereinigten Staaten unterstützte Invasion beseitigt. Auch 1965 in der Dominikanischen Republik haben die Vereinigten Staaten, diesmal mit regulären Streitkräften, unter Berufung auf die Gefahr einer kommunistischen Machtübernahme eingegriffen. Diese einseitige Intervention ist später durch die kollektive Aktion der OAS abgelöst worden — dazu unten 5. Teil, II. Daß die Staaten der OAS gegen alle Arten kommunistischer Einflußnahme ein Selbstverteidigungsrecht in Anspruch nehmen, wurde bereits oben — S. 96 — festgestellt.

[149] Art. 5 d SOAS.

[150] Oben A, I, 1; *Thomas*, OAS, S. 229, 356. Ähnliche Argumente, jedoch mit umgekehrten Vorzeichen, wurden von den Staaten des Warschauer Pakts zur Rechtfertigung ihrer militärischen Intervention in der CSSR im August 1968 vorgebracht. Unter dem Vorwand, daß die Reformen in der CSSR die „Konterrevolution" förderten, wurde die Innenpolitik dieses Staates zu einer Angelegenheit der „sozialistischen Gemeinschaft" erklärt und daraus ein Einmischungsrecht abgeleitet. Das kommt schon deutlich in dem Brief der Teilnehmer der Warschauer Konferenz vom Juli 1968 an das Zentralkomitee der kommunistischen Partei der Tschechoslowakei zum Ausdruck, wo es u. a. heißt: „... Nur Feinde des Sozialismus' können heute mit der Losung einer ‚Verteidigung der Souveränität' der CSSR gegenüber den sozialistischen Ländern spekulieren, gegenüber jenen Ländern, deren Bündnis und brüderliche Zusammenarbeit das zuverlässige Fundament der Unabhängigkeit und freien Entwicklung eines jeden unserer Völker schafft ..." — Zentralorgan der SED, „Neues Deutschland", vom 18. Juli 1968.

Schon oben[151] wurde dargelegt, daß, obwohl die Mitglieder des Vertrages von Rio dem Konsultationsorgan in Art. 6 Interventionsrechte einräumten, das nicht die autonome Anwendung von bewaffneter Gewalt rechtfertigen kann. Das gilt allgemein, unabhängig davon, ob der Mitgliedstaat vertragliche Verpflichtungen verletzte oder nicht. Im Interesse des Friedens ist die Anwendung militärischer Gewalt Monopol des Sicherheitsrates und die Unterwerfung unter regionale Zwangsvollstreckung militärischer Art unwirksam, sofern der Sicherheitsrat der Gewaltanwendung nicht zustimmt[152].

In welcher Form diese Zustimmung erfolgen muß, schreibt die Satzung der VN nicht vor. Deshalb kann man zwar *Verdross*[153] folgen, wenn er auch eine konkludente Zustimmung für zulässig hält. Man darf aber nicht in den Fehler verfallen, schon das Schweigen des Sicherheitsrates als Zustimmung zu werten, sondern wird sehr genau das Vorliegen einer solchen konkludenten Erklärung prüfen müssen. Die Satzung der VN schließt auch eine Genehmigung von bereits ergriffenen Maßnahmen durch den Sicherheitsrat nicht aus. Das bis dahin rechtswidrige Vorgehen der Regionalorganisation würde dadurch legalisiert[154]. Nicht geregelt ist auch, ob vorläufige Maßnahmen einer Regionalorganisation zustimmungsbedürftig sind. Sollten diese militärischen Charakter haben, wird man das aber annehmen müssen[155]. Für die OAS ist diese Frage von geringerer Bedeutung, denn die interamerikanischen Verträge sehen vorläufige Maßnahmen nicht vor, was als Mangel empfunden werden kann.

So zweifelsfrei das Zustimmungserfordernis des Sicherheitsrates zu militärischen Zwangsmaßnahmen der OAS grundsätzlich ist, so umstritten ist die Frage, wann ein solcher Fall bewaffneter Zwangsmaßnahmen vorliegt. Einmal gibt es Randzonen, wo die Grenze zwischen Gewaltanwendung und zulässigen gewaltlosen Maßnahmen fließend ist. Zum anderen ist gerade von der OAS versucht worden, durch die Inanspruchnahme eines Selbstverteidigungsrechtes auch bei unbewaffneten Angriffen, militärische Aktionen unabhängig von der Zustimmung des Sicherheitsrates zu machen, wodurch die Grenze zwischen Selbstverteidigung und Zwangsmaßnahmen aufgehoben würde. Daß ein

---

[151] S. 94 f.

[152] *Wengler*, Gewaltverbot, S. 50 ff. Das Gewaltverbot schließt ein bewaffnetes Eingrifen zugunsten einer Regierung gegen Aufständische nicht aus — vgl. unten 4. Teil. Voraussetzung ist aber, daß die Regierung zum Zeitpunkt des Eingreifens damit einverstanden ist. Eine antizipierte Interventionserlaubnis genügt nicht, wenn sie nicht mehr dem Willen der amtierenden Regierung entspricht. Zu der Problematik der erbetenen Intervention *Blesinger*.

[153] *Verdross*, VR, S. 653 f.; *Henkin*, S. 261; *Meeker*, AJIL 1963, S. 522.

[154] *Verdross*, a.a.O.; *Henkin*, a.a.O.; *Meeker*, a.a.O., S. 520.

[155] Ohne diese Einschränkung *Ruda*, S. 63 Anm. 36.

solches erweitertes Verteidigungsrecht nicht mit dem allgemeinen Gewaltverbot vereinbar ist, wurde bereits dargelegt[156].

Als Beispiel für den autonomen Einsatz militärischer Gewalt durch die OAS soll die sogenannte Quarantäne Kubas näher erörtert werden. Da sich die Maßnahmen hier aber auch gegen die Sowjetunion richteten, ist zunächst allgemein auf die Frage einzugehen, inwieweit die OAS befugt ist, gegen Nichtmitglieder vorzugehen.

III. Maßnahmen gegen Nichtmitglieder

Die im Vertrag von Rio vorgesehenen Zwangsmaßnahmen richten sich ebenso wie die des Kap. VII der Satzung der VN unterschiedslos gegen Mitglieder und Nichtmitglieder[157]. Es fragt sich nun, ob die Autonomie der OAS, wie sie bisher festgestellt wurde, in gleichem Umfang für Zwangsmaßnahmen gegen Nichtmitglieder gilt, oder ob dem der allgemeine Grundsatz entgegensteht, daß Verträge zu Lasten Dritter unzulässig sind.

Dürfen militärische Maßnahmen von der OAS, ausgenommen im Falle der Selbstverteidigung, schon gegen Mitglieder nicht ohne Zustimmung des Sicherheitsrates ergriffen werden, so gilt das erst recht gegen Nichtmitglieder.

Zweifelhaft könnte aber sein, ob der OAS autonom gewaltlose Maßnahmen nach Art. 6 und Art. 8 Rio-Vertrag gestattet sind, z. B. der Abbruch diplomatischer oder wirtschaftlicher Beziehungen zu Nichtmitgliedern. *Thomas*[158] bejaht das und meint, es ergebe sich direkt aus Art. 52 Abs. 1 SVN. Durch diese Bestimmung hätten sich alle Mitglieder der VN mit der Möglichkeit einverstanden erklärt, daß gegen sie regionale Maßnahmen zur Erhaltung des internationalen Friedens und der Sicherheit angewandt würden, unabhängig davon, ob sie der Regionalorganisation angehörten oder nicht.

Dieser Ansicht kann jedoch nur mit Einschränkungen zugestimmt werden. Art. 52 Abs. 1 SVN ist zu allgemein gehalten, als daß sich hieraus das Recht einer Regionalorganisation ableiten ließe, gegen Nichtmitglieder alle Arten nichtmilitärischer Zwangsmaßnahmen zu ergreifen. Zwar wurde festgestellt, daß die in Art. 8 Rio-Vertrag aufgezählten gewaltlosen Maßnahmen unfreundliche, nach allgemeinem Völkerrecht aber zulässige Akte sind, da kein Staat die Pflicht habe, diplomatische oder wirtschaftliche Beziehungen, Verkehrs- oder Nachrichtenverbindungen mit anderen Staaten aufrechtzuerhalten. Und wenn daraus gefolgert wurde, daß dieses Recht der Einzelstaaten auch einer

---

156 Oben S. 93 f.

157 Eine Besonderheit bei Streitigkeiten zwischen amerikanischen Staaten, also nicht nur zwischen Mitgliedern, bildet der in Art. 7 Rio-Vertrag vorgesehene Befriedungsversuch des Konsultationsorgans.

158 OAS, S. 276.

Staatengruppe nicht verweigert werden kann, so gilt das grundsätzlich auch gegenüber Nichtmitgliedern. Anders verhält es sich aber, wenn die Mitglieder der OAS auf Grund von Beschlüssen des Konsultationsorgans Maßnahmen ergreifen, die zwei- oder mehrseitigen Verträgen mit dem Nichtmitglied widersprechen oder sonst das allgemeine Völkerrecht verletzen. Ein solches Vorgehen ist durch die interamerikanischen Verträge nicht gerechtfertigt, da diese nur inter partes wirken, Nichtmitgliedern aber keine Duldungspflichten auferlegen können. Inwieweit dennoch gewaltlose Maßnahmen angewandt werden dürfen, richtet sich nach allgemeinem Völkerrecht.

Sofern das Nichtmitglied gegenüber einem oder mehreren Mitgliedern der OAS einen Rechtsbruch begeht, gilt das allgemeine Repressalienrecht[159]. Dabei taucht die häufig erörterte Frage auf, ob sich dritte Staaten an Repressalien beteiligen dürfen. Es kann hier nicht auf die verschiedenen Argumente eingegangen werden[160]. Im Ergebnis wird man jedenfalls ein gemeinsames Vorgehen der OAS-Staaten als Repressalie gegen unrechtmäßiges Verhalten eines Nichtmitgliedes zulassen müssen. Es entfällt das Bedenken, daß sich dritte Staaten nicht gegen den Willen des betroffenen Staates einmischen dürfen. Denn die Mitglieder der OAS haben durch Ratifikation der interamerikanischen Verträge dem Konsultationsorgan das Recht zugestanden, unter bestimmten Voraussetzungen Zwangsmittel einzusetzen. Zwar bringt die Einschaltung der OAS die Gefahr einer Ausdehnung des Konfliktes mit sich. Dieser Gesichtspunkt muß aber hinter dem allgemeinen Interesse zurücktreten, Rechtsbrüche wirksam zu bekämpfen. Da ein schwacher Staat gegenüber Großmächten allein schutzlos wäre, muß es gestattet sein, daß ihm nichtbetroffene Bündnisstaaten beistehen.

Hat das Nichtmitglied Völkerrecht nicht verletzt, so darf das Konsultationsorgan der OAS nur Schritte unternehmen, die weder das allgemeine Völkerrecht noch besonderes Vertragsrecht verletzen. Liefert z. B. ein Nichtmitglied Waffen an einen amerikanischen Staat, was keinen Verstoß gegen das allgemeine Völkerrecht bedeutet, und sieht das Konsultationsorgan der OAS darin eine Verletzung des Art. 8 Rio-Vertrag, so darf der Abbruch wirtschaftlicher Beziehungen zu dem

---

159 Zum Begriff ‚Repressalie‘ *Partsch*, WVR III, S. 104.

160 Einige Autoren wollen nur dem verletzten Staat die Befugnis zu Repressalien geben (z. B. *Dahm* II, S. 427), andere im Interesse der Aufrechterhaltung der Völkerrechtsordnung allgemein auch Repressalien zugunsten Dritter zulassen (z. B. *Oppenheim-Lauterpacht* I, S. 13 f., 308 und *Thomas*, Non-Intervention, S. 90 f.). Eine mittlere Meinung, der hier gefolgt werden soll, geht dahin, daß dritte Staaten Repressalien ergreifen dürfen, sofern sie von dem betroffenen Staat dazu ermächtigt sind (so z. B. *Blesinger*, S. 186 und *Kelsen-Tucker*, S. 14).

Für eine nähere Erörterung des Problems der Repressalien zugunsten Dritter *Wengler*, VR I, S. 579 ff. und *Blesinger*, S. 172 ff. mit Nachweisen.

Nichtmitglied nur angeordnet werden, wenn das nicht geltenden Wirtschaftsvereinbarungen widerspricht. Eine andere Frage ist es allerdings, ob dieses Vorgehen immer mit Art. 2 Abs. 3 SVN vereinbar ist, der den Grundsatz aufstellt, daß Streitfälle mit friedlichen Mitteln ohne Gefährdung des internationalen Friedens zu regeln sind[161].

Zusammenfassend bleibt festzuhalten: Maßnahmen der OAS gegen Nichtmitglieder sind nach allgemeinem Völkerrecht zu beurteilen. Gewaltlose Maßnahmen sind immer zulässig, sofern sie nur unfreundliche Akte darstellen. Verletzen sie das Völkerrecht, so sind sie nur gerechtfertigt, wenn sie als angemessene Reaktion auf einen Rechtsbruch angesehen werden können[162]. Gewaltsame Maßnahmen gegen Nichtmitglieder sind nie gestattet.

In der Praxis sind von der OAS keine Maßnahmen gegen Nichtmitglieder ergriffen worden — abgesehen von der Blockade Kubas, die sich auch gegen die Sowjetunion richtete und auf die im Anschluß eingegangen wird. Die Empfehlung der 12. Konsultationsversammlung der Außenminister (1967), Schiffe, die Kuba anlaufen, gleich welcher Nationalität, zu boykottieren, hat lediglich Auswirkungen auf Drittstaaten, kann aber nicht als Zwangsmaßnahme gegen sie gewertet werden[163].

Eine andere Staatengruppe, die Arabische Liga, hat jedoch gerade in jüngster Zeit mehrfach gewaltlose Maßnahmen gegen Nichtmitglieder beschlossen, die allerdings nicht von allen Bündnispartnern befolgt wurden: 1965 den Abbruch der diplomatischen Verbindungen zur Bundesrepublik Deutschland als Reaktion auf die Aufnahme der Beziehungen zu Israel und 1967, nach dem Krieg mit Israel, wirtschaftliche Boykottmaßnahmen gegen die Bundesrepublik, Großbritannien und die Vereinigten Staaten.

IV. Die „Quarantäne" Kubas und ihre Rechtfertigungsversuche

1. *Verlauf der Ereignisse*

Der Ablauf der kubanischen Raketenkrise ist bekannt und soll deshalb nur skizziert werden[164]. Am 22. Oktober 1962 gab Präsident

---

161 Vgl. oben Anm. 86.

162 Anders der Vertreter Tunesiens 1960 im Sicherheitsrat bei der Diskussion der Maßnahmen gegen die Dominikanische Republik. Er hielt nichtmilitärische Maßnahmen gegen Mitglieder einer Regionalorganisation für zulässig, nicht aber gegen Nichtmitglieder — SCOR, 894th mtg., par. 37. Ebenso *Blesinger*, Anm. 415, S. 183, der im Widerspruch zu seiner eigenen Ansicht, daß sich dritte Staaten mit Zustimmung des von einer Rechtsverletzung betroffenen Staates an Repressalien beteiligen dürfen, gemeinsame Maßnahmen der OAS-Staaten gegen nichtamerikanische Rechtsbrecher nur zulassen will, wenn der Rechtsbruch unter den Angriffsbegriff fällt.

163 Text der Resolution in „La Crónica de la OEA" III, Nr. 2 (Okt. 1967), S. 20 ff.; vgl. auch NZZ, 24. und 27. Sept. 1967.

164 Eine ausführliche Darstellung und Dokumentation bei *Larson*; vgl. auch *Henkin*, S. 251 ff.; *von Siegler*, S. 80 ff.; *Thomas*, OAS, S. 330 ff.; NYT int.,

Kennedy in einer Fernsehansprache bekannt, durch die Luftüberwachung Kubas sei bewiesen, daß die Sowjetunion durch Errichtung von Abschußrampen für Mittelstreckenraketen und Stationierung von Düsenbombern Kuba in eine potentiell offensive Nuklearbasis gegen die Vereinigten Staaten und die ganze westliche Hemisphäre verwandeln wolle. Dies bedeute eine Herausforderung aller amerikanischen Staaten und eine ernste Bedrohung des Friedens. Kennedy kündigte eine Seeblockade Kubas zur Verhinderung der Zufuhr offensiver militärischer Ausrüstung an und forderte die sofortige Einberufung des Konsultationsorgans der OAS und des Sicherheitsrates der VN[165]. Am 23. Oktober 1962 trat der Rat der OAS zusammen. Staatssekretär *Rusk* erläuterte den Standpunkt der Vereinigten Staaten und erklärte, weshalb neben dem Rat der OAS der Sicherheitsrat angerufen worden sei. Da die Bedrohung von einer außerkontinentalen Macht ausgehe, handele es sich um keine rein regionale Streitigkeit. Die Angelegenheit müsse daher auch vor einem Forum besprochen werden, in dem diese außerkontinentale Macht vertreten sei[166]. Der Rat berief daraufhin, ohne Zeit und Ort festzusetzen, eine Konsultationsversammlung der Außenminister ein und bestellte sich selbst zum provisorischen Konsultationsorgan. Als solches forderte er noch am selben Tag die sofortige Entfernung aller Raketen und sonstigen Offensivwaffen aus Kuba. Er empfahl den Mitgliedstaaten, in Übereinstimmung mit Art. 6 und 8 Rio-Vertrag, einzeln oder gemeinsam, alle Maßnahmen, einschließlich Waffengewalt, zu ergreifen, die sie für erforderlich hielten, um sicherzustellen, daß der Regierung Kubas von den chino-sowjetischen Mächten kein weiteres militärisches Material geliefert würde, das den Frieden und die Sicherheit des Kontinents gefährden könnte. Das solle verhindern, daß die Offensivraketen auf Kuba zu einer aktiven Bedrohung des Friedens und der Sicherheit des Kontinents würden[167].

---

6. Nov. 1962; ausführlich *Krakau*, S. 170 ff., dieser auch zur Vorgeschichte, S. 156 ff.

[165] DSB 1962 II, S. 715.

[166] OEA/Ser. G/II, C—a—462, 23. Okt. 1962.

[167] Applications II, S. 111 f. Die Resolution wurde einstimmig gebilligt, wobei sich der Vertreter Uruguays wegen mangelnder Instruktionen zunächst der Stimme enthalten hatte, am folgenden Tag jedoch ausdrücklich zustimmte. Hinsichtlich der Anwendung von Waffengewalt übten Bolivien, Brasilien und Mexiko Stimmenthaltung, da sie den Vereinigten Staaten keine Vollmacht für eine Invasion Kubas geben wollten — OEA/Ser. G/II, C—a—463, 23. Okt. 1962; vgl. auch *MacDonald*, S. 406 und *Thomas*, OAS, S. 331. Da es sich um eine internationale Krise und nicht nur um einen Streit zwischen Kuba und den Vereinigten Staaten handelte, verstieß die Beteiligung der Vereinigten Staaten an der Abstimmung nicht gegen Art. 18 Rio-Vertrag.

Infolge der Dringlichkeit beschloß hier zum ersten Male der *Rat* der OAS Zwangsmaßnahmen. Daß er sich auf eine Empfehlung beschränkte, ist von geringerer Bedeutung, da in der OAS Einsatz militärischer Gewalt ohnehin nicht mit Bindungswirkung für die Mitglieder beschlossen werden kann.

Am gleichen Tag trat auch der Sicherheitsrat zusammen. Dort beantragte Botschafter *Stevenson*, der Vertreter der Vereinigten Staaten, durch vorläufige Maßnahmen nach Art. 40 SVN die Demontage aller Offensivwaffen auf Kuba durchzusetzen und durch VN-Beobachter kontrollieren zu lassen. Seine Anträge blieben ohne Erfolg, wie zu erwarten war[168].

Unmittelbar nach Verabschiedung der Resolution des OAS-Rates gab Präsident Kennedy die sogenannte Quarantäne[169] Kubas bekannt. Er ermächtigte Land-, See- und Luftstreitkräfte der Vereinigten Staaten, in Zusammenarbeit mit den Streitkräften anderer amerikanischer Staaten Schiffstransporte nach Kuba zu kontrollieren und, wenn Offensivwaffen gefunden würden, die Schiffe umzuleiten. Weigerte sich ein Kapitän, den Weisungen Folge zu leisten, so solle notfalls Gewalt angewandt werden, allerdings nicht mehr, als zur Aufrechterhaltung der Blockade unbedingt erforderlich sei. Zur Begründung dieser Maßnahmen berief sich Kennedy unter anderem auf die Resolution der OAS. Die Blockade trat mit Wirkung vom 24. Oktober 14 Uhr Greewich Zeit in Kraft[170].

Zahlreiche lateinamerikanische Staaten unterstützten die Maßnahmen der Vereinigten Staaten und stellten ihre Häfen und Flugplätze zur Verfügung[171]. Aber nur Argentinien, die Dominikanische Republik und Venezuela beteiligten sich durch die Entsendung von Schiffen aktiv an der Blockade[172]. Dabei kam es auf eine Empfehlung des Rates vom 5. November 1962 hin zwischen den Regierungen Argentiniens, der Dominikanischen Republik und der Vereinigten Staaten zur Bildung einer „Combined Quarantine Force" unter einem gemeinsamen Kommando[173].

Die kubanische Krise wurde innerhalb kurzer Zeit durch direkte Kontakte zwischen den Vereinigten Staaten und der Sowjetunion beigelegt[174]. Mit Hilfe der Vermittlung Generalsekretär *U Thants* einigten sich die Weltmächte auf einen Kompromiß. Die Sowjetunion verpflichtete sich, Raketen und Bomber aus Kuba zurückzuziehen, die Vereinigten Staaten versprachen, nach Kontrolle der Demontage durch

---

168 Eine Zusammenfassung der Erörterungen im Sicherheitsrat in IO 1963, S. 226 ff.

169 Die Quarantäne im Oktober 1962 war Bestandteil der umfassenden Isolierungspolitik gegenüber dem kommunistischen Kuba. Diese Politik begann schon 1960 und wird auch heute noch angewandt, vgl. *Krakau*, S. 136 ff.

170 Wortlaut der Erklärung Präsident Kennedys in Applications II, S. 113 ff.

171 Applications II, S. 112 f., 115 ff., 138, 142 ff., 149 f.

172 Applications II, S. 116, 138, 143 ff.

173 Applications II, S. 152 ff.

174 Schriftwechsel zwischen Kennedy, Chruschtschow, U Thant und Castro in Applications II, S. 121 ff., 139 f.

Beobachter der VN die Blockade aufzuheben und keine Invasion Kubas durchzuführen. Daraufhin begann die Sowjetunion mit dem Abtransport ihrer Waffen, und die Blockade wurde am 20. November 1962 abgebrochen[175]. Da Präsident *Castro* es jedoch ablehnte, auf seinem Gebiet internationale Kontrollen zuzulassen, setzten die Vereinigten Staaten ihre Kontrollflüge über Kuba fort und weigerten sich, eine formelle Nichtangriffsgarantie für Kuba abzugeben[176]. Am 7. Januar 1963 erklärten die Sowjetunion und die Vereinigten Staaten gemeinsam gegenüber dem Generalsekretär der VN die Kuba-Krise für beendet[177].

2. *Rechtfertigungsversuche*

Von offizieller Seite der Vereinigten Staaten sind verschiedene Rechtfertigungen für die Blockade Kubas gegeben worden. Zunächst wird bestritten, daß es sich um eine militärische Maßnahme gehandelt habe. Schon der offiziell gebrauchte Ausdruck ‚Quarantäne' statt ‚Blockade' sollte den friedlichen Charakter betonen. Gegen das Gewaltverbot sei nicht verstoßen worden, da Art. 2 Abs. 4 SVN nur Gewalt verbiete, die gegen die Ziele der VN verstoße. Die defensive Quarantäne sei aber mit diesen Zielen vereinbar.

Die von offizieller Seite am häufigsten gebrauchte Rechtfertigung stützt sich auf die Resolution des OAS-Rates vom 23. Oktober 1962. Die dort ausgesprochene Empfehlung an die Mitgliedstaaten, notfalls mit Gewalt weitere Lieferung von Offensivwaffen an Kuba zu verhindern, stehe im Einklang mit der Satzung der VN. Denn die Regionalorganisation habe das Recht, zumal gegen Paktpartner, kollektive Maßnahmen selbst durchzuführen oder sie ihren Mitgliedern zu gestatten. In Art. 52 Abs. 1 SVN seien die Regionalorganisationen ausdrücklich zur Friedenserhaltung in ihrer Region ermächtigt worden. Grundsätzlich sei zwar der Sicherheitsrat primär zuständig. Wegen seiner durch das Vetorecht bedingten Handlungsunfähigkeit müsse aber nicht nur der Generalversammlung der VN, sondern auch den regionalen Organisationen eine besondere Rolle bei der Aufrechterhaltung des Friedens und der Sicherheit zugebilligt werden. Auch eine Zustimmung des Sicherheitsrates zu der Quarantäne Kubas sei nicht notwendig gewesen, da es sich nicht um Zwangsmaßnahmen der OAS

---

175 Wortlaut der Erklärung Kennedys, Applications II, S. 146.

176 Kennedy am 20. Nov. 1962 — DSB 1962 II, S. 874 f.; aus dieser Erklärung ergibt sich aber doch, daß die Vereinigten Staaten, solange keine „offensiven" Waffen auf Kuba stationiert und von Kuba aus keine aggressiven kommunistischen Ziele verfolgt werden, keine Invasion beabsichtigen.

177 DSB 1963 I, S. 153; deutsch EA 1963, S. D 53.

im Sinne des Art. 53 SVN, sondern nur um Empfehlungen an die OAS-Mitglieder gehandelt habe[178].

Die Literatur in den Vereinigten Staaten, die, soweit ersichtlich, nur mit Ausnahme *Wrights* das Vorgehen gegen Kuba für rechtmäßig hält, sieht die Seeblockade überwiegend als Akt der Notwehr an[179]. Dabei wird die Installierung von Offensivwaffen, besonders von Abschußbasen für Mittelstreckenraketen, entweder schon selbst als bewaffneter Angriff bezeichnet oder doch als unmittelbare Angriffsdrohung, gegen die, auf Grund einer über den Wortlaut des Art. 51 SVN hinausgehenden Auslegung des Selbstverteidigungsrechtes, Notwehr gerechtfertigt sein soll, ohne daß ein Beschluß der OAS erforderlich wäre. Die Verfechter der sogenannten antizipierten Notwehr verweisen dabei auf die besonderen Gefahren von Kernwaffen. Wegen ihrer ungeheuren Vernichtungskraft könne man nicht wie bei herkömmlichen Waffen erst einen Angriff abwarten, sondern müsse ihn schon vorher zu verhindern suchen. Das müsse bei der Auslegung von Art. 51 SVN berücksichtigt werden[180].

Auch *Jiménez*[181] will Art. 51 durch Auslegung an die durch die Atomwaffen geschaffene neue Lage anpassen. Er neigt dazu, den im Briefwechsel *Kennedy - Chruschtschow* erzielten Kompromiß als eine Art Übereinkommen zwischen den Atomgroßmächten anzusehen dahingehend, daß jede heimliche Änderung des nuklearen status quo durch eine der beiden Mächte als eine Art bewaffneter Angriff auf die andere betrachtet werden solle, der gewisse Verteidigungsrechte gewähre. Darüber hinaus hält er das Vorgehen der Vereinigten Staaten dadurch für gerechtfertigt, daß der Betroffene, hier die Sowjetunion, nach anfänglichem Protest die Maßnahmen hingenommen und anerkannt habe.

---

178 Zum offiziellen Standpunkt der Vereinigten Staaten *Chayes* (State Department Legal Adviser), FA 1962/63, S. 554 ff.; ders. bei *Oliver*, S. 46 ff.; ders. bei *Larson*, S. 244 ff.; ders DSB 1962 II, S. 763 ff.; *Meeker* (Deputy Legal Adviser), AJIL 1963, S. 515 ff.; ähnlich *Christol-Davis*, AJIL 1963, S. 537 ff. und *Oliver*, AJIL 1963, S. 373 ff., dieser allerdings mehr polemisch und ohne rechtliche Begründung.

Schwarzenberger, Inductive Approach, S. 172 meint, das Vorgehen der Vereinigten Staaten könne nur damit gerechtfertigt werden, daß bei Atomwaffen eine Unterscheidung zwischen der Vorbereitung und dem unmittelbaren Bevorstehen des Angriffs nicht möglich sei.

179 *Fenwick*, AJIL 1963, S. 589 ff.; *MacChesney*, AJIL 1963, S. 592 ff.; *McDougal*, AJIL 1963, S. 597 ff.; *Reißmüller*, FAZ, 26. Okt. 1962; *Thomas*, OAS, S. 333 ff.; *Christol-Davis*, AJIL 1963, S. 533 ff. ziehen Selbstverteidigung nur hilfsweise heran; zur Diskussion der Frage auch Proc. ASIL 1963, S. 1 ff.

180 *Fenwick*, AJIL 1963, S. 589; *McDougal*, AJIL 1963, S. 600 f.

181 Rec. 1964 I, S. 516 ff.

Ähnlich wie Jiménez erwägt *Kipp*[182], ob der status quo nicht als clausula rebus sic stantibus anzusehen sei, dessen Mißachtung durch die Sowjetunion defensive Maßnahmen rechtfertige.

3. Stellungnahme

Wohl selten sind für ein Vorgehen so viele verschiedene und zum Teil widersprüchliche Rechtfertigungen gegeben worden, wie für das der Vereinigten Staaten in der kubanischen Raketenkrise 1962. Das allein läßt schon den Gedanken aufkommen, daß keines der Argumente rechtlich überzeugend sein kann, ein Verdacht, der sich bei näherer Prüfung bestätigt.

Der offiziell gebrauchte, beschönigende Ausdruck ‚Quarantäne' darf nicht darüber hinwegtäuschen, daß es sich hier um eine Seeblockade handelte, wenngleich auf bestimmte Waffenlieferungen beschränkt. Ihr gewaltsamer Charakter kann ernstlich nicht bestritten werden. Kam es auch durch das Einlenken der Sowjetunion tatsächlich nicht zu kriegerischen Auseinandersetzungen, so wurde doch mit militärischen Mitteln ein bestimmtes Verhalten erzwungen[183]. Auf die Unterscheidung zwischen kriegerischer und friedlicher Blockade braucht dabei nicht eingegangen zu werden. Beides sind gewaltsame Maßnahmen im Sinne der Satzung der VN, wie unter anderem Art. 42 zeigt, der im Zusammenhang mit der Anwendung von Waffengewalt ausdrücklich die Blockade nennt[184].

Unklar, ja gefährlich ist die Ansicht, daß es sich um Gewaltanwendung in Übereinstimmung mit den Zielen der VN handele[185]. Sie bedeutet einen Rückfall in die Argumentation vom gerechten Krieg, die

---

[182] S. 431; ähnlich auch *Mahnke*, S. 234 ff., der den Weltmächten besondere Rechte zur Aufrechterhaltung des nuklearen status quo zuerkennt — kritisch dazu *Wengler*, Gewaltverbot, S. 11 Anm. 17. *Kuhn* untersucht in seiner Dissertation, ob die Blockade Kubas als Notstandmaßnahme gerechtfertigt werden kann. Er lehnt das zu Recht ab (S. 77).

[183] Ebenso *Jiménez*, Rec. 1964 I, S. 487 f.; *Kipp*, S. 429; *Krakau*, S. 180; *Wright*, AJIL 1963, S. 557; ähnlich *Dahm* II, S. 438. a. A. ohne nähere Begründung *Friedmann*, AJIL 1965, S. 864 f., der die Blockade als „intermediate situation" ansieht, die gegen die sowjetische Drohung gerichtet sei, nicht aber gegen Kuba, welches das Recht habe, seine Waffen von irgendwoher zu beziehen und auf dem freien Meer transportieren zu lassen.

[184] *Colombos*, S. 406; *Dahm* II, S. 438; *Jiménez*, Rec. 1964 I, S. 487 f.; *Kunz*, AJIL 1960, S. 331; *Stone*, Legal Controls, S. 286. Als bewaffneter Angriff kann die Blockade aber wohl nicht gewertet werden. Der Begriff *bewaffneter Angriff* ist enger als der der *Gewaltanwendung*. Zu dieser Unterscheidung mit Beispielen *Wengler*, Gewaltverbot, S. 7 ff. *Vosskamp*, S. 184, 291 Anm. 969 sieht die friedliche Blockade als Maßnahme nach Art. 41 SVN an, die nicht gegen das Gewaltverbot verstößt, wohl aber gegen Art. 2 Abs. 3 SVN; ähnlich *Potter*, AJIL 1953, S. 274.

[185] Ebenso *Jiménez*, Rec. 1964 I, S. 489 f. und *Draper*, S. 20, 22.

durch das absolute Gewaltverbot des Art. 2 Abs. 4 SVN endgültig überwunden sein sollte[186].

Die Resolution der OAS vermag die Blockade ebenfalls nicht zu rechtfertigen[187]. Die OAS darf nicht autonom gewaltsame Zwangsmaßnahmen ergreifen. Sie ist daher auch nicht befugt, ihren Mitgliedern ohne Ermächtigung des Sicherheitsrates Gewaltanwendung zu empfehlen. Wenn sie es dennoch tat, verstieß sie gegen die Satzung der VN, und die Staaten, die sich an der Blockade beteiligten, sind nicht gerechtfertigt[188].

Der Umstand, daß Kuba formell noch Mitglied des Vertrages von Rio ist[189], erlaubt keine Ausnahme vom allgemeinen Gewaltverbot. Abgesehen davon, daß die Blockade zugleich die Sowjetunion betraf, wurde bereits festgestellt, daß auch eine Organisation, der ausdrücklich Interventionsrechte gegen die Mitglieder eingeräumt sind, das Gewaltverbot beachten muß[190].

Die Beurteilung ändert sich nicht dadurch, daß der Sicherheitsrat als Organ der Friedenssicherung versagte und so die Stellung der OAS aufgewertet wurde. Denn diese tatsächliche Stärkung der Regionalorganisation rechtfertigt es nicht, die Grundlage der kollektiven Sicherheit, das Gewaltverbot, zu ihren Gunsten zu durchbrechen. Man mag darüber streiten, ob bei Funktionsunfähigkeit des Sicherheitsrates eine Empfehlung der Generalversammlung in Fällen, in denen keine Selbstverteidigung vorliegt, gewaltsame Maßnahmen rechtfertigen kann. Die Funktionen der Generalversammlung als Hauptorgan der VN sowie die „Uniting for Peace Resolution" könnten dafür sprechen[191]. Eine Empfehlung der OAS macht die Gewaltanwendung aber keinesfalls zulässig. Dafür, daß die OAS stellvertretend für den Sicherheitsrat

---

186 *Henkin*, S. 260 sagt mit Recht, daß die Anwendung von Gewalt ipso facto gegen die Grundsätze der Satzung der VN verstoße.

187 *Jiménez*, Rec. 1964 I, S. 492 ff., 499 f.

188 Eingehend dazu *Draper*, S. 19 ff.

189 Tatsächlich hat sich Kuba vollständig von der OAS gelöst und bekämpft sie sogar. Präsident Castro hat aber von seinem Recht, die interamerikanischen Verträge zu kündigen, noch keinen Gebrauch gemacht.

190 Oben S. 94 f. *Kaiser*, S. 6 scheint das Vorgehen der Vereinigten Staaten als Reaktion auf eine „raumfremde Intervention" in den „domaine réservé" der OAS rechtfertigen zu wollen. Er spricht von der „Rechtsauffassung eines Vorbehaltsbereichs". Das überzeugt nicht. Selbst wenn man annimmt, daß eine internationale Organisation einen domaine réservé habe — kritisch dazu *Geck* und *Partsch* (Berichte der Deutschen Gesellschaft für Völkerrecht, Heft 7, S. 64 f.) —, so kann die Anwendung von Gewalt unter Verstoß gegen Art. 2 Abs. 4 SVN damit noch nicht gerechtfertigt werden. Außerdem berücksichtigt *Kaiser* nicht, daß Kuba praktisch aus der OAS ausgeschlossen war und somit nicht mehr zum domaine réservé der OAS gehören konnte.

191 So *Bowett*, Self-defence, S. 241; dagegen: *Dahm* II, S. 403; ders. in DÖV 1959, S. 366; *Stone*, Legal Controls, S. 272 ff.

handeln kann, fehlt nicht nur jede Grundlage, sondern dies widerspräche sogar dem erklärten Ziel der Satzung der VN. Gewaltanwendung soll im Interesse des Friedens ein Monopol der Weltorganisation sein[192].

Der Ansicht, die Vereinigten Staaten hätten in Ausübung des Selbstverteidigungsrechtes gehandelt, kann gleichfalls nicht zugestimmt werden. Und nicht ohne Grund hat man es von offizieller Seite der Vereinigten Staaten vermieden, sich auf ein Notwehrrecht zu berufen, ohne es allerdings ausdrücklich auszuschließen[193]. Auch die OAS hat ihre Resolution nicht mit Selbstverteidigung begründet, sondern auf Art. 6 und 8 Rio-Vertrag gestützt und folgerichtig bei der Mitteilung der Empfehlung an den Sicherheitsrat nicht Art. 51, sondern Art. 54 SVN zitiert. Wenn Thomas[194] dennoch annimmt, der OAS-Rat habe in Wirklichkeit auf Grund des Selbstverteidigungsrechtes handeln wollen und sich nur „in offensichtlicher Verwirrung" auf die falschen Vorschriften berufen, so ist das eine Behauptung, die nicht bewiesen werden kann. Im Gegenteil: die Präambel der Resolution vom 23. Oktober 1962 deutet darauf hin, daß das Selbstverteidigungsrecht nicht übersehen wurde. Denn in ihr wird die wenige Monate vorher auf der 8. Konsultationsversammlung in Punta del Este verabschiedete Resolution II Ziffer 3 zitiert[195], die ausdrücklich von individueller und kollektiver Selbstverteidigung gegen Aggressionsakte und andere Gefahren für Frieden und Sicherheit spricht, die durch die ständige Intervention der chino-sowjetischen Mächte in der westlichen Hemisphäre hervorgerufen werden. Ebensowenig überzeugt das Argument Thomas'[196], die Tatsache, daß die OAS niemals beim Sicherheitsrat um eine Ermächtigung zu den ergriffenen Maßnahmen nachgesucht habe, beweise, daß die Staaten der westlichen Hemisphäre in Selbstverteidigung gehandelt hätten[197]. Denn die Frage lautet doch gerade, ob die Ermächtigung nicht erforderlich gewesen wäre. Die Stationierung von Bombern und die Errichtung von Raketenbasen auf Kuba kann, auch wenn man die besonderen Gefahren von Kernwaffen berücksichtigt, weder als unmittelbare Vorbereitung eines bewaffneten Angriffs, noch

192 *Bowett*, a.a.O., S. 242 will bei Versagen von Sicherheitsrat und Generalversammlung auch der Regionalorganisation eine „residual responsibility" einräumen; ähnlich *Thomas*, OAS, S. 359 f. — vgl. oben Anm. 145.

193 Stevenson verwandte zwar im Sicherheitsrat — SCOR 1025th mtg. par. 7 — einmal den Ausdruck ‚self-defense', es ist aber fraglich, ob er Selbstverteidigung im technischen Sinne meinte. Kritisch zur Selbstverteidigung: *Connell-Smith*, S. 314 f.; *Henkin*, S. 263 ff.; *Jiménez*, Rec. 1964 I, S. 503 ff.; *Kipp*, S. 430 f.; *Krakau*, S. 172 f.; *Wright*, AJIL 1963, S. 559 ff.

194 OAS, S. 333.

195 Applications II, S. 111; vgl. oben 2. Teil Anm. 74.

196 OAS, S. 334.

197 Das ist ein Zirkelschluß.

als Verletzung des Völkerrechts gewertet werden, denn weder Kuba noch die Sowjetunion unterlagen irgendwelchen Rüstungsbeschränkungen[198]. Mit dem gleichen Recht hätte die Stationierung ähnlicher Waffen in anderen Staaten, z. B. auf dem Boden der beiden Weltmächte selbst oder in der Türkei, die in strategisch vergleichbarer Position zur Sowjetunion liegt wie Kuba zu den Vereinigten Staaten[199], als Angriff oder als Vorbereitung eines Angriffs angesehen werden können. Eine Parallele zum klassischen Caroline-Fall ist nicht zulässig. Denn stand damals eine kriegerische Handlung erwiesenermaßen unmittelbar bevor, so fehlt hier jeder Anhaltspunkt dafür, daß die Lieferung der Waffen tatsächlich einen Angriff vorbereiten sollte. Angesichts der außerhalb ihrer unmittelbaren Einflußsphäre vorsichtigen Politik der Sowjetunion[200] war es unwahrscheinlich, daß Kuba als Stützpunkt für eine Offensive auf dem amerikanischen Kontinent, besonders gegen die Vereinigten Staaten, gebraucht werden sollte. Auch Castro konnte kein Interesse an einem Angriff großen Stils haben, der mit Sicherheit zur vollständigen Zerstörung seines Landes geführt hätte. Anzunehmen ist vielmehr, daß die Sowjetunion allgemein ihre strategische Position gegenüber den Vereinigten Staaten stärken, daneben aber auch von einer bewaffneten Invasion Kubas abschrecken wollte[201]. Daß diese Befürchtungen nicht grundlos sind, beweisen unter anderem die Beteiligung der Vereinigten Staaten an der gescheiterten Invasion Kubas in der Schweinebucht 1961, das Eingreifen in der benachbarten Dominikanischen Republik 1965 und nicht zuletzt die Resolution I der 9. Außenministerkonferenz der OAS, die als Grundlage für ein einseitiges Vorgehen der Vereinigten Staaten gegen Kuba dienen könnte. Die immer wiederholte Behauptung, die für Kuba bestimmten Waffen allein hätten schon offensiven Charakter gehabt[202], ist unhaltbar. Wie *Schwarzenberger*[203] überzeugend darlegt, gibt es keinen Unterschied zwischen offensiven und defensiven Waffen, sondern es kommt nur

---

198 *Falk*, AJIL 1965, S. 865; *Wright*, AJIL 1963, S. 550.

199 Chruschtschow wies darauf in seinem Briefwechsel mit Kennedy hin — Applications II, S. 127.

200 Das berücksichtigt *Fenwick* — AJIL 1963, S. 589 f. nicht.

201 So Castro in einem Interview 1964 — NYT int., 9. Nov. 1964; ebenso *Wright*, AJIL 1963, S. 552. Zu den vorangegangenen widersprüchlichen Aussagen Castros *Krakau*, S. 170 f.

Die Ansicht *Jiménez* — Rec. 1964 I, S. 516 —, daß die Sowjetunion, hätte sie nur Abschreckungswirkung erzielen wollen, die Waffen nicht heimlich nach Kuba gebracht hätte, kann nicht geteilt werden. Um keine vorzeitigen Gegenmaßnahmen zu provozieren, lag es nahe, bis zur Kampfbereitschaft der Waffen heimlich zu handeln.

202 Applications II, S. 109, 112, 113; Erklärung von Staatssekretär Rusk, zitiert bei *Thomas*, OAS, S. 334.

203 Inductive Approach, S. 170 f.; ebenso *Wengler*, Gewaltverbot, S. 6 und *Wright*, AJIL 1963, S. 551.

darauf an, wie die Waffen verwandt werden. Bomber und Raketen können nicht nur zum Angriff, sondern auch zur Verteidigung, z. B. der Zerstörung gegnerischer Raketenstellungen, oder zur Abschreckung dienen.

Die Ansichten von Jiménez und Kipp überzeugen ebensowenig. Das Einlenken der Sowjetunion kann weder als Abkommen mit den Vereinigten Staaten verstanden werden, daß eine heimliche Veränderung des status quo Selbstverteidigungsrechte gewähren solle, noch als konkludente Billigung der Blockade, die sich im übrigen gleichzeitig gegen Kuba richtete, dessen Zustimmung auch Jiménez nicht behauptet. Es war ein Zurückweichen vor dem Druck der Vereinigten Staaten in der Erkenntnis, daß nur so eine ernsthafte Auseinandersetzung der Weltmächte vermieden werden könne, weiter nichts. Den status quo der Weltmächte als clausula rebus sic stantibus der Satzung der VN oder des allgemeinen Völkerrechts zu betrachten, mag politisch vertretbar sein, rechtlich jedoch nicht.

Ob die Luftüberwachung Kubas rechtmäßig ist, die vor der Blockade begann und bis heute andauert, scheint ebenfalls zweifelhaft[204]. Die Beschlüsse von Punta del Este enthalten keine Ermächtigung. In Resolution II[205] wird der OAS-Rat nur allgemein aufgefordert, über Aggressionen und Subversionsakte der chino-sowjetischen Mächte zu wachen und die Vertragsstaaten zu beraten. Auch das „Special Consultative Committee on Security"[206] hat kein Recht, Luftüberwachungen gegen den Willen eines Staates durchzuführen oder zu empfehlen. Allenfalls könnte in der Resolution des Rates vom 23. Oktober 1962[207] eine nachträgliche Billigung der Luftüberwachung und die Zustimmung zu weiteren Flügen liegen[208]. Es fragt sich aber, ob eine solche Ermächtigung die Verletzung des kubanischen Luftraums rechtfertigen könnte. Der Luftraum über Kuba gehört zu seinem Staatsgebiet. Seine Verletzung ist die Verletzung der territorialen Unversehrtheit. Sieht man darin eine Gewaltanwendung[209], so ist sie jedenfalls rechtswidrig,

---

204 Dazu *Wright*, AJIL 1963, S. 547 f.

205 Applications II, S. 70 f.

206 Das Komitee wurde vom Rat der OAS auf Grund der Resolution II Ziffer 2 am 8. März 1962 ins Leben gerufen und nahm im April seine Tätigkeit auf. Seine Satzung wurde vom Rat am 23. April 1963 gebilligt — Applications II, S. 71 Anm. 1. Einstimmig wurde beschlossen, daß das Komitee das Territorium eines Staates nur mit Zustimmung seiner Regierung betreten dürfe. Mit 13 gegen 1 Stimme bei 5 Enthaltungen wurde das Komitee aber ermächtigt, allgemein Untersuchungen über einen Staat auch gegen dessen Willen durchzuführen — OEA/Ser. G/II, C—a—487 (23. April 1963), S. 35 ff., 67 ff.

207 Applications II, S. 112.

208 So *Wright*, AJIL 1963, S. 548.

209 So z. B. *Dahm* I, S. 199 und *Krakau*, S. 180.

da kein Fall der Selbstverteidigung vorliegt und die Zustimmung des Sicherheitsrates fehlt. Aber selbst wenn man die Luftüberwachung, die ja im Gegensatz zur Blockade keinen unmittelbaren Zwangscharakter hat, noch als gewaltlose Souveränitätsverletzung einstuft[210], so ist die Rechtmäßigkeit bedenklich. Denn die Luftüberwachung gehört nicht zu den in Art. 8 Rio-Vertrag aufgezählten gewaltlosen Maßnahmen, zu denen das Konsultationsorgan die Mitgliedstaaten ohne Zustimmung des Sicherheitsrates ermächtigen kann, und greift viel stärker als die angeführten Maßnahmen in die Rechte des betroffenen Staates ein. Wenn Präsident Castro die Kontrolle der Demontage an Ort und Stelle durch VN-Beobachter ablehnte, so rechtfertigt das die Verletzung des Luftraumes ebenfalls nicht, denn es besteht keine Pflicht, solche Kontrollen zu dulden. Keinesfalls sind die Beobachtungsflüge mit denen vergleichbar, die von der OAS früher ausgeführt wurden, z. B. 1955 im Grenzgebiet von Costa Rica und Nicaragua. Denn damals waren die beteiligten Staaten mit der Luftüberwachung einverstanden, hier aber protestierte Kuba wiederholt dagegen[211].

Die Kritik an den vorgetragenen Rechtfertigungsversuchen zeigt, daß — unter welchen Gesichtspunkten auch immer — das Vorgehen gegen Kuba nach dem geltenden Völkerrecht nicht zulässig war[212]. Es ist, wenn das auch in den offiziellen Erklärungen Kennedys nicht ausdrücklich ausgesprochen wurde, eine Anwendung der *Monroe-Doktrin*[213], die nicht mit der Satzung der VN vereinbar ist[214]. Die Blockade und die Luftüberwachung brachten für Kuba und die Sowjetunion Beschränkungen mit sich, die noch über die im sechs Jahre später abgeschlossenen Atomsperrvertrag vorgesehenen hinausgehen[215], denn es wurde nicht nur

---

210 *Brownlie*, S. 364.

211 z. B. in einem Brief an den Generalsekretär der VN vom 14. Mai 1964 — UN Doc. S/5701.

Dieser Unterschied wird von *Thomas*, OAS, S. 336 nicht berücksichtigt. Die auch hier von ihm vorgetragene Ansicht, daß man das Völkerrecht Kuba gegenüber nicht zu beachten brauche, da dieses sich durch sein Verhalten außerhalb der internationalen Gemeinschaft zivilisierter Staaten gestellt habe, wurde schon oben (Anm. 74) als polemisch und unhaltbar zurückgewiesen.

212 Ebenso *Sepúlveda*, Coordinación, S. 9.

213 Die Joint Resolution vom 20. Sept. 1962, auf die sich Kennedy in seiner Rede vom 22. Okt. (DSB 1962 II, S. 715) und bei der Anordnung der Blockade am 23. Okt. (DSB 1962 II, S. 717) beruft, stützt sich aber ausdrücklich auf die Monroe-Doktrin (DSB 1962 II, S. 597).

214 *Kelsen*, UN, S. 798 Anm. 9; vgl. oben 2. Teil Anm. 43.

215 Kuba war einer der wenigen Staaten, die in der Generalversammlung am 12. Juni 1968 gegen die Unterzeichnung des Atomsperrvertrages stimmten. Bei der Abstimmung über die atomwaffenfreie Zone Lateinamerika übte es Stimmenthaltung. Vgl. unten 6. Teil Anm. 2 und 31.

eine mögliche Weitergabe von Kernwaffen an Kuba unterbunden, sondern auch die geplante Stationierung unter sowjetischer Kontrolle. Wenn das Eingreifen der Vereinigten Staaten dennoch als Maßnahme der Friedenserhaltung überwiegend gebilligt wurde, hat das politische Gründe. Die Blockade Kubas sollte der Störung des Kräftegleichgewichts der beiden Weltmächte vorbeugen, das heute der wesentliche Garant des Friedens ist[216]. Erkennt man die Notwendigkeit der Erhaltung dieses Gleichgewichts an[217], so muß den Vereinigten Staaten zugebilligt werden, daß sie bei ihrem Vorgehen bemüht waren, so wenig wie möglich gegen das Völkerrecht zu verstoßen. Ihr Vorgehen richtete keine Zerstörungen an und forderte keine Menschenleben, wie es bei einer auch nur beschränkten Bombardierung Kubas der Fall gewesen wäre. Es beeinträchtigte auch nicht die territoriale Integrität Kubas, wenn man von den Kontrollflügen absieht. Die Vereinigten Staaten waren außerdem mit Erfolg bemüht, es wenigstens formal nicht als einseitige, sondern als kollektive Aktion der amerikanischen Staaten erscheinen zu lassen. So setzte Präsident Kennedy die Blockade erst in Kraft, nachdem die OAS ihre Resolution verabschiedet hatte, was allerdings nicht darüber hinwegtäuschen kann, daß der OAS-Rat vor ein fait accompli gestellt wurde. Denn die Blockade war von den Vereinigten Staaten ohne Konsultation der anderen Mitglieder der OAS vorbereitet, beschlossen und am Vorabend in einer Fernsehrede angekündigt worden. Es kann kein Zweifel bestehen, daß die Vereinigten Staaten auch ohne, ja sogar gegen eine Resolution der OAS die Blockade verhängt hätten[218].

---

216 Zum präventiven Charakter des Eingreifens *Krakau*, S. 179 f.

217 Man kann darüber streiten, ob die Stationierung von mit Nuklearwaffen bestückten Raketen und Langstreckenbombern auf Kuba unmittelbar eine grundlegende Veränderung des Kräfteverhältnisses bewirkt hätte. Auf lange Sicht hätte sich die militärische Präsenz der Sowjetunion aber jedenfalls auf die Vormachtstellung der Vereinigten Staaten auf dem amerikanischen Kontinent ausgewirkt und das strategische Gleichgewicht beeinträchtigt.

218 Die Degradierung der OAS zur „Stempelmaschine" („rubber stamp") wird von *Connell-Smith*, S. 258 kritisiert, vgl. auch *Lerche*, Proc. ASIL 1965, S. 66. Der Nachrichtendienst der Vereinigten Staaten entdeckte die geplante und zum Teil bereits realisierte Stationierung von Kernwaffenträgern anscheinend sehr spät. Erst dadurch wird das überstürzte Vorgehen verständlich. Knapp drei Wochen vorher, auf einem informellen Treffen der amerikanischen Außenminister am 2. und 3. Okt. 1962, waren die Pläne der Sowjetunion offensichtlich noch nicht bekannt, vgl. die gemeinsame Erklärung in Documents on American Foreign Relations 1962, S. 370 ff. Gerade die Kuba-Krise zeigt, daß die einseitige, klassische Monroe-Doktrin nicht nur neben der interamerikanischen weiterbesteht, sondern diese völlig verdrängt, wenn die vitalen Interessen der Großmacht Vereinigte Staaten berührt werden. Ausführlich dazu *Krakau*, S. 183 ff.

Zusammenfassend kann gesagt werden, daß die Blockade Kubas als Maßnahme zur Erhaltung des Kräftegleichgewichts zwischen den Großmächten „as legal and as reasonable as possible" war[219].

---

[219] *Henkin*, S. 258. Nicht unbedenklich ist die Ansicht von *Dean Acheson* — Proc. ASIL 1963, S. 14 f. —, der meint: „... the propriety of Cuban quarantine is not a legal issue. The power, position and prestige of the United States had been challenged by another state; and law simply does not deal with such questions of ultimate power — power that comes close to the sources of sovereignty." Acheson fährt fort: „The action (Cuban quarantine) taken was the right action. ‚Right' means more than legally justifiable, or even successful."

Vierter Teil

Friedenssicherung bei Bürgerkriegen

Internationale Kriege im klassischen Sinne wie zwischen Pakistan und Indien (1965), Israel und den Arabischen Staaten (1967) sind nach dem Zweiten Weltkrieg zur Ausnahme geworden. An ihre Stelle ist heute der Bürgerkrieg getreten, d. h. die bewaffnete Auseinandersetzung innerhalb eines Staatsgebietes. Die Konflikte der letzten Jahre auf dem amerikanischen Kontinent wie in der übrigen Welt zeigen aber, daß die Bürgerkriege heute in ihrer Mehrzahl verkappte internationale Kriege sind. Die Aufstände gegen die bestehende Ordnung in einem Staat werden häufig im Ausland vorbereitet und von den dortigen Regierungen oft nicht nur wohlwollend geduldet, indem z. B. Publikationsmittel für umstürzlerische Propaganda zur Verfügung gestellt werden, sondern auch aktiv mit Geld, Waffen und manchmal sogar Freiwilligen unterstützt. Nicht selten beginnt ein Bürgerkrieg mit einer regelrechten Invasion von Rebellen aus einem Nachbarstaat. Diese subversive Kriegführung hat gegenüber einem offenen Angriff wesentliche Vorteile. Der Staat kann, solange die Unterstützung der Rebellen nicht allzu offensichtlich ist, nach außen scheinbar Neutralität wahren. Der Nachweis, daß offizielle Stellen, nicht nur Privatpersonen, an einem Aufstand im Ausland beteiligt sind, ist schwer zu führen und kann leicht als unfreundliche Propaganda abgetan werden. Das Risiko ist gering, denn die Regierung, gegen die sich der Aufstand richtet, wird sich scheuen, den Staat, der die Rebellen unterstützt, offen anzugreifen. Einmal hat sie meist genug zu tun, um den Aufstand niederzuschlagen, zum anderen könnte sie nach außen allzuleicht selbst als Friedensstörer dastehen und dem feindlichen Staat Gelegenheit geben, unter Berufung auf das Selbstverteidigungsrecht nunmehr mit regulären Truppen in den Konflikt einzugreifen. Die subversive Kriegführung hat den weiteren Vorteil, daß der Staat im Falle des Scheiterns der Erhebung, oder wenn der Konflikt unerwünschte Ausmaße annimmt, die Rebellen fallenlassen kann, ohne das Gesicht zu verlieren. Schließlich sind auch die Kosten eines Bürgerkrieges verglichen mit denen eines regulären Krieges gering. Die allerwenigsten

Staaten sind heute überhaupt in der Lage, einen offenen Krieg über längere Zeit durchzuhalten[1].

Vorwürfe gegen Nachbarstaaten, Aufstände ausgelöst oder unterstützt zu haben, waren es auch, die das Konsultationsorgan der OAS immer wieder beschäftigten. Diese unechten Bürgerkriege, d. h. solche mit maßgeblicher Beteiligung fremder Staaten, sind als internationale Streitigkeiten bereits behandelt worden. Im folgenden soll nur von Bürgerkriegen im engeren Sinne die Rede sein, d. h. innerstaatlichen gewaltsamen Aufständen, bei denen fremde Staaten überhaupt nicht oder nur unwesentlich beteiligt sind.

Bei innerstaatlichen Auseinandersetzungen sind grundsätzlich weder die VN noch die OAS zuständig. Für die VN ergibt sich das neben Art. 2 Abs. 4 , der Gewaltanwendung nur in internationalen Beziehungen verbietet, aus Art. 2 Abs. 7, der ausdrücklich bestimmt, daß die VN keine Befugnis haben, in Angelegenheiten einzugreifen, die ihrem Wesen nach in die innere Zuständigkeit eines Staates fallen[2]. In der Satzung der OAS fehlt eine vergleichbare Vorschrift. Zwar bestimmt Art. 15:

„Kein Staat und keine Staatengruppe hat das Recht, sich direkt oder indirekt, aus welchem Grunde auch immer, in die inneren und äußeren Angelegenheiten irgendeines anderen Staates einzumischen ..."

Es ist aber nicht anzunehmen, daß sich der Begriff Staatengruppe auf die OAS selbst bezieht[3]. Daß die OAS dennoch nur für internationale Streitigkeiten zuständig ist, ergibt sich allgemein aus dem Prinzip der Nichtintervention. Darüber hinaus enthalten die interamerikanischen Verträge Anhaltspunkte dafür. So verbieten Art. 18 SOAS und Art. 1 Rio-Vertrag ähnlich wie Art. 2 Abs. 4 SVN nur die Gewaltanwendung in internationalen Beziehungen. Auch in den Kapiteln IV und V SOAS, in denen die friedliche Erledigung von Streitigkeiten und die kollektive Sicherheit behandelt werden, sowie im Pakt von Bogotá ist nur von internationalen Konflikten die Rede[4].

---

[1] So kostete der Nahostkrieg im Juni 1967, obwohl er nur sieben Tage dauerte und Israel geringe Verluste hatte, nach Angaben von Finanzminister Sapir allein Israel 3,5 Milliarden Israelische Pfund (= ca. 4,7 Milliarden DM) — NZZ, 24. Juli 1968.

Der Krieg zwischen Indien und Pakistan 1965 wurde nicht zuletzt aus finanziellen Gründen rasch beendet.

[2] *Dahm* II, S. 358; *Kipp*, S. 416. Wie weit dieses Verbot geht, ob es z. B. auch schon die Diskussion von Fragen innerstaatlicher Zuständigkeit umfaßt, ist umstritten. Hinweise auf die verschiedenen Meinungen bei *Thomas*, OAS, S. 166 f.

[3] *Connell-Smith*, S. 294 f.; *Thomas*, OAS, S. 165. a. A. *Kutzner* (S. 221 ff.). Ihm ist zwar ohne Einschränkung darin zuzustimmen, „daß die Entsendung einer interamerikanischen Streitmacht eine verbotene Einmischung in die inneren Angelegenheiten des Landes darstellen kann ..." (S. 223). Das setzt jedoch nicht — wie *Kutzner* anzunehmen scheint — notwendig voraus, daß man den Begriff Staatengruppe in Art. 15 SOAS auch auf die OAS selbst bezieht.

[4] Vgl. z. B. Art. II Bogotá-Pakt. Der Vorschlag Mexikos auf der 5. Außen-

Ebenso wie bei den VN ist auch bei der OAS der Umfang des Nichtinterventionsprinzips umstritten. Auf der einen Seite wird man, wegen des besonderen Gewichts, das in der amerikanischen Staatenwelt auf dieses Prinzip gelegt wird, die Zuständigkeit der OAS einschränkend auslegen müssen. Auf der anderen Seite darf man aber nicht verkennen, daß bei der engen Verflechtung der Mitglieder untereinander Fragen, die einen Staat betreffen, häufig für die ganze Region von Bedeutung sind[5].

Eine Ausnahme von dem Verbot, in innerstaatliche Angelegenheiten einzugreifen, besteht, sofern die Regierung eines Staates die internationale Organisation selbst darum bittet[6]. So war es bei der Einschaltung der VN im Kongo (1960—64) und in Zypern (ab 1964)[7]. Tatsächlich haben sich die VN aber auch ohne das Ersuchen der betroffenen Regierungen in innerstaatliche Konflikte eingeschaltet, und zwar bei den sogenannten nationalen Befreiungskriegen. Dabei wird die militärische Bekämpfung von Gruppen, die die Verselbständigung eines abhängigen Gebietes anstreben, als Verstoß gegen das internationale Gewaltverbot gewertet. Das zeigt z. B. die Verurteilung Portugals wegen seiner Kämpfe gegen die Aufständischen in Angola[8]. Noch weiter

---

ministerversammlung in Santiago de Chile 1959, eine Art. 2 Abs. 7 SVN entsprechende Regelung auch in der OAS zu verabschieden, wurde von der Interamerikanischen Juristenkommission zurückgewiesen. Als Begründung wurde angeführt, daß die interamerikanischen Verträge bereits den Zuständigkeitsbereich der Mitglieder gegen Interventionen schützten. Die vorgeschlagene Erklärung sei auch deshalb unnötig, weil sie die geltenden Verträge doch nicht abändern könne — „Opinion of the Legal Aspects of the Draft Declaration on Non-Intervention presented by the Mexican Delegation", OEA/Ser.J/IV.2, CIJ—58—Febr. 1961.

5 In diesem Sinne auch *Thomas*, OAS, S. 168.

6 *Pinto*, S. 516. Zur Frage, wann einzelne Staaten zugunsten einer Partei im Bürgerkrieg eingreifen dürfen, oben 1. Teil Anm. 75.

7 Die beiden Konflikte konnten vor den VN auch ohne Zustimmung der betroffenen Regierungen erörtert werden, da die innerstaatlichen eng mit den internationalen Streitigkeiten verflochten waren. Der Einsatz von VN-Truppen durfte aber nur mit Zustimmung der Regierungen erfolgen. Das Einschreiten gegen Katanga, das sich mit ausländischer Unterstützung verselbständigt hatte, ist allerdings umstritten. Für eine ausführliche Darstellung und Rechtfertigung des Eingreifens der VN vgl. *Boyd*, S. 131 ff.

8 Vgl. die Resolution 1807 (XVII) der Generalversammlung vom 14. Dez. 1962, die Portugal wegen seines Kolonialkrieges gegen das angolesische Volk verurteilt und auffordert, alle bewaffneten Aktionen und Unterdrückungsmaßnahmen einzustellen. In der Resolution 2107 (XX) vom 21. Dez. 1965 empfahl die Generalversammlung den Mitgliedstaaten, ihre diplomatischen und wirtschaftlichen Beziehungen mit Portugal abzubrechen. Am 31. Juli 1963 (Resolution S/5380) hatte auch der Sicherheitsrat schon festgestellt, daß Portugal mit seiner Kolonialpolitik den Frieden Afrikas störe. Frankreich, Großbritannien und die Vereinigten Staaten enthielten sich hierbei der Stimme, da sie die Zuständigkeit des Sicherheitsrates nicht als gegeben ansahen.

ist das Nichteinmischungsprinzip bei den Resolutionen gegen Rhodesien durchbrochen worden. Ohne daß auch nur innere Aufstände vorgelegen hätten, wurde hier allein die Herrschaft einer rassischen Minderheit als internationale Friedensbedrohung qualifiziert, und zum ersten Male in der Geschichte der VN wurden obligatorische Zwangsmaßnahmen ergriffen[9].

Auch bei der OAS findet das Nichteinmischungsprinzip keine Anwendung, wenn die Regierung eines Staates um Intervention nachsucht. Die Satzung der VN verbietet ein autonomes Eingreifen der Regionalorganisation in solchen Fällen nicht[10]. Für die OAS gilt hier, was bereits bei der Erörterung der „Konvention über Pflichten und Rechte von Staaten im Falle von Bürgerkriegen" (Havanna 1928) und des Zusatzprotokolls von 1957 zur Intervention von Einzelstaaten gesagt wurde. Solange die Aufständischen nicht als Kriegsführende anerkannt sind[11], ist grundsätzlich nur die Unterstützung der amtierenden Regierung gestattet. Die Mitwirkung der Mitgliedstaaten ist freiwillig, da in den interamerikanischen Verträgen keine Bestimmung enthalten ist, die zur Unterstützung einer Regierung bei innerstaatlichen Streitigkeiten verpflichtet. Es stellt sich jedoch die Frage, ob die OAS auch Regierungen nicht nur dann unterstützen darf, wenn sie demokratisch gewählt sind und die Menschenrechte achten. Dem allgemeinen Völkerrecht kann eine solche Beschränkung nicht entnommen werden. Es liegt aber nahe, sie aus der Satzung der OAS abzuleiten. Denn in Art. 5 d SOAS heißt es, daß die Solidarität der amerikanischen Staaten das tatsächliche Funktionieren der repräsentativen Demokratie voraussetze, und in den Art. 5 j, 13 und 29 SOAS werden grundlegende Menschenrechte proklamiert. Ob diese Bestimmungen für die einzelnen Mitgliedstaaten dergestalt rechtsverbindlich sind, daß ihre Mißachtung als Verstoß gegen die Satzung der OAS zu werten ist, mag umstritten sein[12]. Jedoch wird man ihnen — ins-

---

[9] Resolution vom 16. Dez. 1966 (AJIL 1967, S. 654 f.). Über die Einschränkung des Nichteinmischungsprinzips bei den VN: *Higgins*, S. 77 ff.; *v. Münch*, S. 43 ff., 58 ff.; *Pinto*, S. 516 ff.; *Scheuner*, Die kollektive Sicherung, S. 10 f.; ders. besonders für die Menschenrechte, Berichte der Deutschen Gesellschaft für Völkerrecht, Heft 7, S. 67.

[10] Dazu unten 5. Teil, II, 2 b.

[11] Für die Anerkennung wird eine 2/3-Mehrheit in entsprechender Anwendung des Art. 17 Rio-Vertrag erforderlich sein.

[12] *Thomas* (OAS, S. 223) hält Art. 13 SOAS für verbindlich. In diesem Sinne können auch die Resolution I und die Deklaration der 13. Außenministerversammlung verstanden werden. Unter Hinweis auf Art. 13 SOAS wird in Resolution I das vom Rat eingesetzte Komitee beauftragt, die erforderlichen Maßnahmen zu ergreifen, um sicherzustellen, daß die von den Parteien gegebenen Garantien zum Schutz von Leben und Eigentum der Angehörigen dieser Staaten, die jeweils in dem anderen Staat wohnen, beachtet werden. In der Deklaration wird hervorgehoben, daß Einwanderer den Gesetzen des Staates unterworfen sind, in den sie einwandern (Ziffer 3), daß aber dieser

besondere Art. 5 d SOAS — insoweit Bedeutung beimessen müssen, als jedenfalls die Organe der OAS die dort formulierten Grundsätze zu beachten haben und daher bei innerstaatlichen Auseinandersetzungen nur Regierungen unterstützen dürfen, die demokratisch legitimiert sind und die Menschenrechte achten[13]. Anderenfalls würde die OAS dazu beitragen, einen Zustand aufrechtzuerhalten, der im Widerspruch zu ihrer eigenen Satzung und zu den Bemühungen der Interamerikanischen Menschenrechtskommission[14] stände. Bei bewaffneten Auseinandersetzungen unter einer Diktatur darf die OAS daher weder zugunsten der legalen, aber nicht demokratisch legitimierten Regierung, noch zugunsten der Aufständischen eingreifen, und zwar auch dann nicht, wenn die Anführer der Aufständischen die Gewähr dafür bieten, daß sie eine demokratische Regierungsform einführen.

Die Praxis zeigt, daß ebenso wie die VN auch die OAS unter dem Vorwand, es handele sich um internationale Probleme, in innerstaatliche Fragen eingegriffen hat. Das gilt besonders gegenüber kommunistischen Bewegungen und solchen, die der Unterwanderung durch den Kommunimus verdächtig sind. Sie werden, wie z. B. die Solidaritätserklärung von Caracas (1954) und die Resolution I Ziffer 5 der 9. Konsultationsversammlung der Außenminister beweisen[15], als Aggression des internationalen Kommunismus' betrachtet, gegen die Maßnahmen nach Art. 6, 8 Rio-Vertrag und sogar Selbstverteidigung zulässig sein sollen. Die Sanktionen gegen die Diktatur *Trujillo* — insbesondere ihre nachträgliche Verschärfung durch den OAS-Rat — beweisen, daß die OAS aber auch gegen nichtkommunistische totalitäre Regierungen vorgegangen ist, und zwar nicht nur wegen Aggressionshandlungen gegen andere Staaten, sondern aus innenpolitischen Gründen auf Grund der undemokratischen Regierungsform und der ständigen Verletzung der Menschenrechte[16].

Staat die Menschenrechte achten muß, „... deren volle Gültigkeit wiederholt von den Amerikanischen Staaten betont worden ist" (Ziffer 4); vgl. DSB 1969 II, S. 134.

Tomuschat (ZAÖRVR 1968, S. 537) meint dagegen, alle genannten Bestimmungen seien wegen der allgemein gehaltenen Formulierungen bloße Programmsätze.

Die „Amerikanische Erklärung über Menschenrechte und -pflichten" (Resolution XXX der 9. Internationalen Konferenz Amerikanischer Staaten) ist unbestrittenermaßen nur eine unverbindliche Grundsatzerklärung; vgl. *Fernández-Shaw*, S. 435 ff.; *Thomas*, OAS, S. 223 ff.; *Tomuschat*, a.a.O.

[13] So im Ergebnis auch *Pinto*, S. 506.

[14] Dazu unten 5. Teil Anm. 75.

[15] Vgl. oben 3. Teil, A, I, 1; 2. Teil, B, II, 3.

[16] Oben 3. Teil, A, IV, 2.

Hatte in all diesen Fällen die OAS auf die betroffenen Staaten Druck ausgeübt, um die Regierungen zum Einlenken zu bewegen, und wurden indirekt vielleicht die Gegner zu einem Aufstand ermutigt, so hat sie mit der Interamerikanischen Friedensstreitmacht in der Dominikanischen Krise 1965 zum ersten Mal unmittelbar selbst in einen innerstaatlichen Konflikt eingegriffen. Der Einsatz dieser Friedensstreitmacht legt einen Vergleich zu den friedenserhaltenden Aktionen der VN nahe. Wegen der grundsätzlichen Bedeutung, die diese besondere Art der Friedenssicherung erlangt hat, soll sie im nächsten Teil gesondert erörtert werden.

Fünfter Teil

Friedenserhaltende Aktionen

I. Definition auf der Grundlage der friedenserhaltenden Aktionen der Vereinten Nationen

Um internationale Streitigkeiten beizulegen und den Weltfrieden zu erhalten oder wiederherzustellen, sieht die Satzung der VN zwei verschiedene Verfahren vor. Kap. VI enthält Bestimmungen über die friedliche Beilegung von Streitigkeiten, und in Kap. VII wird dem Sicherheitsrat die Befugnis eingeräumt, Zwangsmaßnahmen, notfalls militärischer Art, gegen Staaten zu ergreifen.

Sieht man von dem Sonderfall Korea ab, so hat sich der Sicherheitsrat durch die Uneinigkeit der Großmächte bisher kein einziges Mal auf militärische Maßnahmen gegen einen Friedensstörer einigen können[1]. Alle bisherigen Einsätze von Truppen unter dem Kommando der VN waren sogenannte friedenserhaltende Aktionen. So verschiedenartig die Konflikte waren, in denen die Streitmächte eingesetzt wurden, bei einem internationalen Konflikt wie der Suez-Krise[2], bei den Wirren im Kongo[3], und bei den blutigen Auseinandersetzungen zwischen den griechischen und den türkischen Bewohnern Zyperns[4], stimmten diese militärischen Aktionen in den wesentlichen Punkten doch überein. Sie dienten der Friedenserhaltung, waren aber keine Zwangsmaßnahmen wie Kap. VII SVN sie vorsieht[5], d. h. die Streitkräfte ergriffen nicht Partei gegen einen Staat, sondern spielten die Rolle eines Polizisten. Waffengewalt durften sie nur in Notwehr an-

---

[1] Auch obligatorische Zwangsmaßnahmen nichtmilitärischer Art sind bisher nur einmal, nämlich gegen Rhodesien, beschlossen worden.

[2] United Nations Emergency Force (UNEF). Näheres zum Einsatz der UNEF: *Bowett*, UN-Forces, S. 90 ff.; *Frye*, S. 1 ff.; *Scheuner*, Internationale Sicherungsmacht, S. 402 ff.; *Weissberg*, S. 106 ff.; zur Geschichte des Einsatzes von Polizeitruppen *Frye*, S. 46 ff.

[3] United Nations Operation Congo (UNOC).

[4] United Nations Force in Cyprus (UNFICYP).

[5] Das ist in dem Gutachten des IGH „Certain Expenses of the United Nations" vom 20. Juli 1962 für die UNOC und UNEF ausdrücklich bestätigt worden — ICJ Reports 1962, S. 150 ff., 166, 171 f., 177.

wenden[6]. Zu Recht kann deshalb gesagt werden, die Friedensstreitkräfte der VN seien nicht kleine Sanktionstruppen, sondern große Friedensüberwachungskommissionen[7]. Der Einsatz der VN-Truppen[8] erfolgte immer in Zusammenarbeit mit den am Konflikt beteiligten Regierungen und dauerte auch nur so lange, wie diese mit ihm einverstanden waren. So hielt sich Generalsekretär *U Thant* im Mai 1967 für verpflichtet, die UNEF aus der VAR auf Verlangen Präsident *Nassers* abzuziehen, obwohl sich zu dieser Zeit gerade die Lage zwischen Israel und den arabischen Staaten wieder zuspitzte und die weitere Stationierung der UNEF im Interesse des Friedens besonders notwendig erschien. Der Abzug ist heftig kritisiert worden, und der israelische Außenminister *Abba Eban* prägte im Sicherheitsrat die anschauliche Formulierung: „Dies ist so, wie wenn man einen Regenschirm gerade dann zusammenklappt, wenn es zu regnen beginnt[9].“ In der Tat offenbart dieser Fall in besonders krasser Weise die Schwäche der Weltorganisation. Doch liegt diese Schwäche im Wesen friedenserhaltender Aktionen. Da die VN-Streitkräfte keine Sanktionstruppen sind und im Einvernehmen mit den betroffenen Regierungen stationiert werden, dürfen sie in einem Staat grundsätzlich auch nur solange bleiben, wie dieses Einvernehmen besteht. Kritik an dem Generalsekretär erscheint aber insoweit gerechtfertigt, als er den sofortigen Abzug der VN-Truppen einschließlich derjenigen an der Meerenge von Tiran anordnete und dabei nicht einmal das zuständige Sonderkomitee der Generalversammlung konsultierte, sondern ihm nur seine Entscheidung mitteilte[10]. Auf Grund der Vereinbarungen über die Stationierung der Truppen hätte er auf vorherige Beratung der Frage vor den

---

6 Int. Conc. Nr. 550, Nov. 1964, S. 22; *Russell*, Proc. ASIL 1965, S. 55. Im Kongo-Konflikt wurde die UNOC darüber hinaus ermächtigt, mit Waffengewalt einen Bürgerkrieg zu verhindern, was im Ergebnis zu einem Kampf gegen die Sezession Katangas wurde. *Bowett*, UN-Forces, S. 201 ff., räumt ein, daß das Vorgehen der UNOC nicht Selbstverteidigung war. Er will es aber mit dem Recht auf Bewegungsfreiheit rechtfertigen (S. 203 ff.).

7 *Russell*, Proc. ASIL 1965, S. 55. Zu den friedenserhaltenden Aktionen werden zum Teil auch die Entsendung von Beobachtergruppen und die Übernahme der Verwaltung in West-Irian (West-Neuguinea) gezählt — Int. Conc. Nr. 550, Nov. 1964, S. 21 f. Hier soll aber nur von dem Einsatz von Friedensstreitkräften die Rede sein. Einen Überblick über die Entsendung von zivilem Personal durch die VN bei *Seyersted*, S. 21 ff.

8 Wenn im folgenden von VN-Truppen die Rede ist, so bedeutet das: Truppen unter dem integrierten Kommando der VN. Die Truppen sind Organe der VN, auch wenn die einzelnen Kontingente nationaler Disziplinar- und Strafgewalt unterstehen. Eingehend zu dieser Frage *Bothe*, S. 37 ff.

9 NZZ, 8. Juni 1967.

10 In dem Bericht vom 27. Mai 1967 über seine Reise nach Kairo versucht U Thant seine Entscheidung zu rechtfertigen — auszugsweise in NZZ, 29. Mai 1967.

Organen der VN und Verhandlungen mit der VAR bestehen müssen[11]. Das gilt um so mehr, als das Vorrücken der ägyptischen Truppen bis zur Waffenstillstandslinie und der Rückzug der UNEF den Frieden gefährdeten.

Die friedenserhaltenden Aktionen der VN sind, obwohl sie keine unmittelbare Grundlage in der Satzung der VN haben, im Grundsatz als Mittel friedlicher Streitbeilegung allgemein anerkannt[12]. Über Einzelheiten besteht jedoch Uneinigkeit. So ist die Frage der Finanzierung, über die es während der 19. Sitzungsperiode zu einer dramatischen Zuspitzung kam[13], auch heute nicht endgültig geklärt[14]. Ebenso

---

[11] Ägypten hatte sich bei der Vereinbarung über die Stationierung der UNEF — A/3375, Annex — verpflichtet, bei der Ausübung seiner Souveränitätsrechte gegenüber den Truppen nach Treu und Glauben Rücksicht auf die Interessen der VN zu nehmen. Außerdem soll Präsident Nasser gegenüber Generalsekretär Hammarskjöld ausdrücklich auf ein Ausweisungsrecht verzichtet haben. Ein solcher Verzicht ist in einer Aktennotiz Hammarskjölds festgehalten — NZZ, 21. Juni 1967. Er wird aber von Präsident Nasser bestritten und Generalsekretär U Thant hielt ihn jedenfalls im Mai 1967 nicht mehr für bindend. U Thant betonte im übrigen, daß die Streitkräfte der VAR den Befehl erhalten hatten, an die Demarkationslinie mit Israel vorzurücken, *bevor* das Rückzugsgesuch an das Generalsekretariat gerichtet worden war. Damit sei die Daseinsberechtigung der UNEF als Puffer zwischen den Parteien entfallen — Erklärung U Thants vom 19. Juni 1967, NZZ, 21. Juni 1967.

Die Regierung Ägyptens hatte schon unmittelbar nach Abzug der israelischen Truppen aus den besetzten Gebieten die Aufgabe der UNEFF als erfüllt angesehen. Sie hatte, unterstützt von der Sowjetunion, den Abzug der UNEF gefordert, sich aber nicht durchsetzen können. Hammarskjöld war der Ansicht, daß der Rückzug eine Übereinkunft zwischen den VN und Ägypten voraussetze, keine der beiden Seiten könne einseitig handeln — A/3943, par. 158. Ähnlich: *Weissberg,* S. 131 ff., 138; Lester Pearson, auf dessen Vorschlag hin die UNEF eingesetzt worden war, in einer Pressekonferenz am 25. Jan. 1957, und Staatssekretär Dulles in einer Pressekonferenz am 26. März 1957 — NZZ, 24. Juni 1967.

[12] Da die Grundlage der friedenserhaltenden Aktionen in einer grauen Zone zwischen Kap. VI und VII SVN liege, wird oft scherzhaft die Forderung nach einem Kap. VI 1/2 gestellt.

[13] Die Sowjetunion und ihre Verbündeten hatten sich ganz, Frankreich und Belgien zum Teil geweigert, die von der Generalversammlung festgesetzten Sonderbeiträge für die Finanzierung der friedenserhaltenden Aktionen zu bezahlen. Sie setzten sich damit in Widerspruch zu dem Gutachten des IGH vom 20. Juli 1962 (ICJ Reports 1962, S. 151 ff., 179 f.). Darin wird die Ansicht vertreten, daß die Unkosten für die friedenserhaltenden Aktionen der VN (in der Suezkrise und im Kongo) Ausgaben im Sinne des Art. 17 Abs. 2 SVN sind und daher auf dem normalen Budgetwege gedeckt werden müssen, d. h. jeder Mitgliedstaat muß gemäß dem festgesetzten Verteilungsschlüssel einen Teil der Kosten tragen. Die Generalversammlung unterstützte den Standpunkt des IGH durch eine Resolution (Nr. 1854 A vom 19. Dez. 1962), die mit großer Mehrheit verabschiedet wurde. Der Versuch der Vereinigten Staaten scheiterte, durch Hinweis auf Art. 19 SVN, der bei Zahlungsverzug Entzug des Stimmrechts vorsieht, die säumigen Staaten zur Zahlung anzuhalten.

[14] Die Zypern-Aktion wird von der Regierung Zyperns, den Staaten, die Truppenkontingente stellen, und freiwilligen Beiträgen unbeteiligter Staaten finanziert. So zahlte z. B. auch die Bundesrepublik Deutschland bedeutende Beiträge, bisher 34 Millionen DM („Vereinte Nationen" 1969, S. 125).

ungelöst ist die Zuständigkeit der Organe der VN. Die Sowjetunion und ähnlich Frankreich bestehen auf der alleinigen Zuständigkeit des Sicherheitsrates, die Vereinigten Staaten und Großbritannien wollen der Generalversammlung ein Empfehlungsrecht geben[15].

II. Die „Fuerza Interamericana de Paz" in der Dominikanischen Republik, eine zulässige friedenserhaltende Aktion?

Auf Grund einer Empfehlung der 10. Beratungsversammlung der Außenminister der OAS vom 6. Mai 1965 wurde eine „Interamerikanische Friedensstreitmacht" gebildet, um den Bürgerkrieg in der Dominikanischen Republik zu beenden. Ehe diese regionale Maßnahme mit den friedenserhaltenden Aktionen der VN verglichen und auf ihre Zulässigkeit eingegangen wird, soll das tatsächliche Geschehen kurz dargelegt werden.

1. Verlauf der Ereignisse und Beurteilung der Intervention der Vereinigten Staaten

Am 24. April 1965 brach in der Dominikanischen Republik eine Revolution gegen die Regierung *Reid Cabral* aus. Sie ging vom „Partido Revolucionario Dominicano" (PRD) aus. Es war die Partei *Juan Boschs*, des ersten frei gewählten Präsidenten nach dem Sturz Trujillos 1961. Bosch, der die Unterstützung der Vereinigten Staaten genossen hatte, war seinerseits im September 1963 gestürzt und von Reid Cabral in der Regierung abgelöst worden.

Nachdem Reid Cabral die Vereinigten Staaten erfolglos um Intervention gebeten hatte, trat er zurück. Die PRD, die die Regierung übernehmen wollte, ersuchte, da sie in den Reihen des Militärs zum Teil Widerstand fand, die Vereinigten Staaten ebenfalls um Unterstützung. Auch das schlugen sie ab. Noch am 25. April 1965 begannen daraufhin die bewaffneten Auseinandersetzungen zwischen den Revolutionären, die sich Konstitutionalisten nannten, und der Mehrheit des Militärs. Am 27. April wandten sich die Führer der Revolution noch

---

[15] Durch Resolution 2006 (XIX) vom 18. Febr. 1965 — deutscher Text „Vereinte Nationen" 1965, S. 143 — wurde das „Komitee der 33" eingesetzt. Es ist ihm bis heute nicht gelungen, einen alle Seiten befriedigenden Kompromiß über die Finanzierung und Zuständigkeit bei friedenserhaltenden Aktionen zu erzielen. Immerhin erklärte sich Frankreich in einem Schreiben an den Vorsitzenden des Komitees bereit, seine Beiträge freiwillig zu entrichten — NZZ, 29. April 1967. Eine ähnliche Haltung nimmt die Sowjetunion ein. Näheres zu diesen Fragen bei *von Siegler*, S. 28 ff.; UN Monthly Chronicle, Dez. 1966, S. 66 ff., Jan. 1967, S. 68 ff.; NZZ, 21. April 1967; zum sowjetischen Standpunkt das Memorandum vom 16. März 1967, auszugsweise in NZZ, 7. April 1967.

einmal an den Botschafter der Vereinigten Staaten. Diesmal baten sie ihn um Vermittlung. Das wurde mit der Begründung abgelehnt, daß sich die Vereinigten Staaten nicht in innerdominikanische Angelegenheiten einmischen dürften. In Wahrheit hofften die Vereinigten Staaten auf eine Niederlage der Konstitutionalisten, die sie für kommunistisch beherrscht hielten, und die sich in einer kritischen militärischen Situation befanden. Als sich die Lage der Militärs im Laufe des 28. April überraschend verschlechterte, baten sie ihrerseits zunächst mündlich, dann schriftlich um Intervention der Vereinigten Staaten, damit eine Machtergreifung der Kommunisten verhindert werde. Auch diesmal lehnten die Vereinigten Staaten ein Eingreifen ab, gaben aber zu verstehen, daß sie intervenieren würden, wenn der Schutz ihrer Staatsangehörigen dies erfordere. Als die Militärjunta dem Botschafter der Vereinigten Staaten daraufhin erklärte, sie könne nicht mehr für das Leben der Ausländer garantieren[16], landeten die Vereinigten Staaten noch am selben Tag Marinetruppen, verstärkten sie in den folgenden Tagen auf über 20.000 Mann und besetzten damit Schlüsselstellungen in Sto. Domingo.

Erst nach ihrem einseitigen Vorgehen suchten die Vereinigten Staaten Rückendeckung bei der OAS[17]. Der OAS-Rat trat zusammen und forderte in seiner Resolution vom 30. April eine sofortige Feuereinstellung und die Errichtung einer Sicherheitszone. Er berief gemäß Art. 39, 40 SOAS die 10. Beratungsversammlung der Außenminister ein und ermächtigte gleichzeitig den Generalsekretär der OAS, in die Dominikanische Republik zu reisen, um dort die Beilegung des Konfliktes zu fördern[18]. Über die Anträge Chiles und Mexikos, in denen die Vereinigten Staaten aufgefordert wurden, ihre Truppen zurückzuziehen, wurde nicht abgestimmt.

Die 10. Beratungsversammlung, auf der die Mehrzahl der Außenminister wegen der Eile nicht persönlich erscheinen konnte und sich vertreten ließ (Art. 42 SOAS), wiederholte den Feuereinstellungsappell und setzte einen Untersuchungsausschuß ein. Am 5. Mai unterzeichneten die Bürgerkriegsparteien die „Akte von Santo Domingo"[19]. Darin

---

[16] OEA/Ser.F/II.10, Doc. 47 (8. Mai 1965) in International Legal Materials, Current Documents 1965, S. 565. Es scheint so, als hätten die Vereinigten Staaten die Militärjunta zu dieser Erklärung aufgefordert — *Fulbright*, S. 91; *Krakau*, S. 145; *Pinto*, S. 509 f. Anm. 26; NYT int., 15. Nov. 1965.

[17] Zu Recht wendet sich *Kutzner* (S. 125 ff.) gegen vereinzelte Behauptungen, daß die OAS *vor* der Landung der Marinetruppen von den Vereinigten Staaten konsultiert worden sei.

Slater (IO 1969, S. 48,56 f.)weist darauf hin, daß die Vereinigten Staaten dann nach der Intervention bestrebt waren, die gesamte Verantwortung für die Dominikanische Republik einer Kommission aus drei prominenten Lateinamerikanern zu übertragen.

[18] Vgl. oben S. 48.

[19] DSB 1965 I, S. 868.

wurden eine Feuereinstellung, die Bildung einer neutralen Zone und Maßnahmen zur Evakuierung vereinbart.

Am 6. Mai schließlich beschloß die Beratungsversammlung die Bildung einer interamerikanischen Streitmacht[20]. Sie sollte unter einem einheitlichen Kommando unmittelbar der 10. Beratungsversammlung unterstellt sein und sich aus den Truppen der Vereinigten Staaten, die bereits in die Dominikanische Republik entsandt waren, sowie aus Land-, See-, Luft- und Polizeieinheiten anderer Mitglieder der OAS zusammensetzen. Aufgabe der OAS-Truppe sollte es sein, Frieden und Sicherheit in der Dominikanischen Republik wiederherzustellen, die Achtung der Menschenrechte zu gewährleisten und die Einrichtung demokratischer Institutionen zu ermöglichen. Neben den Vereinigten Staaten stellten Brasilien, Costa Rica, Honduras, Nicaragua und Paraguay Kontingente zur Verfügung. Den Oberbefehlshaber ernannte Brasilien, seinen Stellvertreter die Vereinigten Staaten[21]. Am 23. Mai wurde die Gründungsakte vom Generalsekretär der OAS unterzeichnet und der Truppe durch Resolution vom 2. Juni 1965[22] offiziell der Name „Fuerza Interamericana de Paz", Interamerikanische Friedensstreitmacht, verliehen. Am gleichen Tag wurde von der Beratungsversammlung eine Vermittlungskommission eingesetzt[23]. Sie erhielt auch Befehlsgewalt über die Friedensstreitmacht, die eine breite Pufferzone zwischen dem Gebiet der Konstitutionalisten und der Militärjunta besetzt hielt. Den Bemühungen der Kommission, unterstützt durch den Generalsekretär der OAS[24], ist es hauptsächlich zu verdanken, wenn sich die Parteien schließlich nach langwierigen Auseinandersetzungen in der „Akte der Dominikanischen Aussöhnung"[25] auf die Einsetzung einer provisorischen Regierung unter *García Godoy* einigten. Er trat im September 1965 sein Amt an[26].

Auch der Vertreter des Generalsekretärs der VN, der Venezolaner *Mayobre*, war um eine Vermittlung bemüht gewesen. Wenn er neben den Organen der OAS nur eine relativ bescheidene Rolle gespielt hat[27],

---

20 DSB 1965 I, S. 862 f. Die Resolution wurde mit 14 Stimmen bei 5 Gegenstimmen (Chile, Ecuador, Mexiko, Peru und Uruguay) und 1 Enthaltung (Venezuela) angenommen. Zur Einstellung dieser 6 Staaten *Parkinson*, S. 153 f. Auch der Vertreter der zurückgetretenen Regierung Reid Cabral stimmte mit ab, was unzulässig erscheint — *Connell-Smith*, S. 539. Die Resolution vom 6. Mai wurde durch eine vom 22. Mai ergänzt (DSB 1965 I, S. 913).

21 Resolution vom 22. Mai 1965, a.a.O.

22 UN Doc. S/6400.

23 DSB 1965 I, S. 1018.

24 Über die Rolle des Generalsekretärs der OAS oben 1. Teil, A, II, 2.

25 OEA/Ser. F/II.10/Doc. 363 (7. Sept. 1965) — International Legal Materials, Current Documents 1965, S. 1150 ff.

26 Berichte in FAZ, 27. Aug., 1. und 4. Sept. 1965.

27 Über die erfolgreiche Vermittlung zwischen der Interamerikanischen Friedensstreitmacht und den Konstitutionalisten, oben 1. Teil Anm. 226.

so lag das einmal an seinen beschränkten Befugnissen, vor allem aber daran, daß nur die OAS mit der Interamerikanischen Friedensstreitmacht und der Unterstützung der Vereinigten Staaten über die nötigen militärischen und wirtschaftlichen Druckmittel verfügte, um die Parteien zum Einlenken zu bewegen.

Der provisorischen Regierung García Godoy gelang es mit Hilfe der OAS, trotz erheblicher Widerstände[28] den innenpolitischen Frieden soweit wiederherzustellen, daß am 1. Juni 1966 freie Wahlen abgehalten werden konnten. Sie endeten mit einem Erfolg für *Joaquín Balaguer*, einen Kandidaten der Mitte[29]. Dieser sorgte dafür, daß im September 1966 auch die letzten Einheiten der im Laufe der Monate nach und nach verminderten Friedensstreitmacht abgezogen wurden[30].

Bevor das Eingreifen der Interamerikanischen Friedensstreitmacht erörtert wird, soll zu der Intervention der Vereinigten Staaten Stellung genommen werden. Die von offizieller Seite zunächst vorgebrachte Begründung, das einseitige Vorgehen sei zum Schutze der eigenen Staatsangehörigen geschehen[31] und somit gerechtfertigt, kann nicht anerkannt werden. Einmal fallen auch Schutzaktionen zugunsten Staatsangehöriger unter das Interventionsverbot[32]. Zum anderen handelte es sich aber gar nicht um eine solche Aktion. Denn abgesehen davon, daß bis zur Landung der Marinetruppen kein Ausländer umgekommen war[33], zeigt die Zahl der Streitkräfte und die Besetzung einer breiten

---

28 Im Nov. 1965 mußte z. B. von der OAS-Streitmacht ein Aufstand in der Stadt Santiago de los Caballeros niedergeschlagen werden, FAZ, 24. Nov. 1965.

29 Vgl. oben 1. Teil Anm. 229.

30 AdG 1966, S. 12715. Über den Ablauf der Dominikanischen Krise: *Connell-Smith*, S. 336 ff.; *Fulbright*, S. 85 ff.; *Kutzner*, Jahrbuch für Internationales Recht 1969, S. 440 ff.; *Pinto*, S. 509 ff.

Erst am 6. März 1970 wurde die 10. Beratungsversammlung der Außenminister formell beendet — „Crónica de la OEA" V, Nr. 1 (Jan.—März 1970), S. 2.

31 Vgl. auch die Rede von Präsident Johnson am 28. April 1965 (DSB 1965 I, S. 738) und die von Ellsworth Bunker vor der 10. Beratungsversammlung der Außenminister der OAS — DSB 1965 I, S. 739 ff.; ebenso Mann (Under Secretary) — DSB 1965 II, S. 733 ff. Noch am 1. Juni 1965 sagte Johnson auf seiner monatlichen Pressekonferenz, daß das Eingreifen in der Dominikanischen Republik zu 99 % zum Schutze der US-Bürger und Ausländer geschehen sei — NZZ, 3. Juni 1965. In den offiziellen Rechtfertigungsversuchen wird im allgemeinen nur darauf hingewiesen, daß die Militärjunta erklärte, sie könne nicht mehr für Leben und Eigentum der Ausländer garantieren. Das ausdrückliche Ersuchen um Intervention wurde, wohl um nicht in den Verdacht der Parteilichkeit zu geraten, weder von Präsident Johnson noch von Ellsworth Bunker in ihren Reden erwähnt. Stevenson weist in seinem Brief an den Präsidenten des Sicherheitsrates aber darauf hin — DSB 1965 I, S. 739.

32 Oben S. 91; *Bohan*, AJIL 1966, S. 810.

33 *Fulbright*, S. 91; Brief von Bryce Wood an die New York Times — NYT, 13. Juni 1965.

Sicherheitszone für längere Zeit, daß es hier um mehr ging als um den Schutz von Staatsangehörigen[34]. Von der Regierung der Vereinigten Staaten ist das zugegeben worden. In Wahrheit wollte sie ein „zweites Kuba“ verhindern[35]. Damit kann aber die Intervention nicht gerechtfertigt werden. Obwohl feststeht, daß Kommunisten an der Revolution beteiligt waren, gibt es keinerlei Beweise dafür, daß die Revolution von ihnen beherrscht wurde[36]. Selbst wenn das der Fall gewesen wäre, bestände kein Rechtfertigungsgrund für das Vorgehen. Die Intervention widerspricht dem für das Interamerikanische System grundlegenden Prinzip der Nichteinmischung, das in Art. 15 SOAS niedergelegt ist. Außerdem bedeutet sie eine Verletzung der territorialen Unverletzlichkeit der Dominikanischen Republik (Art. 17 SOAS). Wenn die Vereinigten Staaten das Recht für sich in Anspruch nehmen, eigenmächtig militärisch in einem Staat der westlichen Hemisphäre zu intervenieren, sofern sie die Gefahr einer kommunistischen Machtübernahme für gegeben halten *(Johnson-Doktrin)*, so verstößt das nicht nur gegen universelles Völkerrecht, sondern steht im krassen Widerspruch zu den interamerikanischen Verträgen einschließlich der antikommunistischen Resolution von Caracas, die nur ein kollektives Eingreifen vorsieht. Die Johnson-Doktrin stellt, da sie ohne Vorliegen einer Selbstverteidigungssituation eigenmächtige Gewaltanwendung zuläßt, das gesamte System kollektiver Sicherheit der OAS in Frage[37].

---

[34] Für den Schutz der Staatsangehörigen hätte eine kurzfristige Landung von wenigen tausend Mann zur Sicherung einer Evakuierung ausgereicht. Ebenso *Krakau*, S. 145.

[35] z. B. Johnson in seiner Rede vom 2. Mai 1965 — DSB 1965 I, S. 744 ff., deutscher Text in AdG 1965, S. 11878 f.; ähnlich Stevenson im Sicherheitsrat am 3. und am 19. Mai 1965 — DSB 1965 I, S. 869 ff., 913 ff.

[36] Das gibt auch *Meeker* — DSB 1965 II, S. 61 — zu, wenn er schreibt: "... it *appeared* that the Communists were in a fair way to take it over (the rebel movement)." Hervorhebung durch den Verfasser.

[37] Die auf Grund der Rede von Präsident Johnson vom 2. Mai 1965 sogenannte Johnson-Doktrin (vgl. AdG 1965, S. 11879) ist durch die Resolution Nr. 560 des Repräsentantenhauses vom 20. Sept. 1965 bestätigt worden — Documents on American Foreign Relations 1965, S. 271 f. Sie bezog sich ausdrücklich auf Resolution I Ziffer 5 der 9. Konsultationsversammlung der Außenminister der OAS (vgl. oben S. 92). Das bedeutet einen Rückfall in die Ära des Roosevelt-Corollary der Monroe-Doktrin, d. h. der einseitigen Interventionspolitik der Vereinigten Staaten vor Beginn der Good-neighbour-policy 1933. *Krakau* (S. 146) nennt die Johnson-Doktrin zu Recht eine aktualisierte Monroe-Doktrin; ebenso *Warschaver*, S. 10. *Krakau* weist darauf hin, daß sich die Vereinigten Staaten im Grunde immer vorbehalten haben, auf dem amerikanischen Kontinent nach eigenem Ermessen notfalls auch militärisch einzugreifen (S. 78 ff., 167 f.).

Die Resolution vom 20. Sept. 1965 ist in Lateinamerika einmütig verurteilt worden und hat zu einer schweren, noch heute andauernden Krise im Interamerikanischen System geführt. Im kolumbianischen und im peruanischen Parlament beispielsweise wurden scharfe Protesterklärungen verabschiedet. Auch das Lateinamerikanische Parlament — vgl. oben 1. Teil Anm. 181 — verurteilte die Resolution — *Fulbright*, S. 96; FAZ, 27. und 30. Sept. 1965.

Im dominikanischen Konflikt ein Selbstverteidigungsrecht der Vereinigten Staaten anzunehmen, wie *Fenwick*[38] es offenbar will, ist indiskutabel. Die Revolution in der Dominikanischen Republik kann unter keinem Gesichtspunkt als unmittelbar bevorstehender bewaffneter Angriff auf die Vereinigten Staaten gewertet werden, gleichgültig ob in ihr der Keim zu einem „zweiten Kuba" lag oder nicht. Wenn sich zunächst die Regierung Reid Cabral, dann Vertreter der Konstitutionalisten und schließlich die Militärjunta um Unterstützung an die Vereinigten Staaten wandten, rechtfertigt das die Intervention ebenfalls nicht. Ein Einschreiten zur Unterstützung Reid Cabrals, das rechtlich zulässig gewesen wäre, hatten die Vereinigten Staaten abgelehnt. Als sie dann doch eingriffen, konnte es nicht mehr zugunsten der Regierung geschehen. Diese war bereits drei Tage vorher zurückgetreten und verfügte über keinerlei Anhängerschaft mehr. Auf Verlangen einer der Bürgerkriegsparteien zu intervenieren, ist nicht zulässig. Denn solange keine Seite als de-facto-Regierung angesehen werden kann, vermag sie ihren Staat völkerrechtlich nicht zu vertreten[39]. An dem Interventionsverbot ändert sich auch nichts dadurch, daß in der dominikanischen Krise beide Parteien kurz hintereinander die Vereinigten Staaten um ein Eingreifen baten. Zwar könnte man für den Fall, daß sich die Parteien darauf einigten, einen dritten Staat um eine unparteiische Intervention zu bitten — z. B. um eine Waffenruhe zu garantieren, damit auf dem Verhandlungswege eine Lösung erzielt werden kann —, ein Eingreifen für gerechtfertigt halten. Eine solche Einigung lag jedoch im dominikanischen Konflikt nicht vor. Die Konstitutionalisten wurden am 28. April 1965 überhaupt nicht gefragt. Sie hätten zu diesem Zeitpunkt auch schwerlich ihre Zustimmung gegeben, da ihre militärische Lage günstig war und sie mit der Be-

---

Kipp (S. 422 ff.) versucht, die Johnson-Doktrin zu rechtfertigen. Er geht von zwei feindlichen Völkerrechtskreisen aus. Den von den kommunistischen Staaten geförderten revolutionären Befreiungsbewegungen mißt er aggressive Tendenz bei und sieht in ihnen eine Verletzung des Art. 2 Abs. 4 SVN durch die kommunistischen Staaten. Da diese Staatengruppe das Gewaltverbot in seiner grundsätzlichen Bedeutung leugne, sei es nicht ungerechtfertigt, sich auf die clausula rebus sic stantibus zu berufen und gegen Revolutionen gewaltsam vorzugehen. *Kipp* betont dabei den defensiven Charakter der Johnson-Doktrin. Dem kann nicht zugestimmt werden. Für die Bekämpfung revolutionärer Bewegungen ist die Regierung des betreffenden Staates zuständig. Dritte Staaten dürfen nur mit ihrer Zustimmung eingreifen. Sie haben aber nicht das Recht, sich eigenmächtig in die inneren Angelegenheiten einzumischen. Einem souveränen Staat muß es freistehen, sich aus der Einflußsphäre einer Großmacht zu lösen. Es ist nicht Aufgabe des Völkerrechts, die Anwendung von Gewalt aus machtpolitischen Gründen, sei es in der westlichen Hemisphäre oder innerhalb des Ostblocks, zu rechtfertigen. Kritisch zu den Versuchen, jede machtpolitische Entscheidung juristisch rechtfertigen zu wollen, *Friedmann*, Proc. ASIL 1965, S. 75.

[38] AJIL 1966, S. 65; kritisch dazu *Bohan*, AJIL 1966, S. 810.

[39] Vgl. oben 1. Teil Anm. 75.

kämpfung ihrer Bewegung durch die Vereinigten Staaten rechnen mußten. Offizielle Stellungnahmen bestätigen, daß die bewaffnete Intervention eine Machtergreifung durch die Konstitutionalisten verhindern sollte[40].

Es muß daher festgestellt werden, daß die Vereinigten Staaten durch ihre Intervention in der Dominikanischen Republik gegen das allgemeine Völkerrecht und die Satzung der OAS verstießen[41]. Durch die Anmaßung einer Polizeigewalt in der westlichen Hemisphäre lassen sie das kollektive Sicherheitssystem der OAS unglaubwürdig erscheinen. Das gilt um so mehr, als sie ihre Entschlossenheit, unter Mißachtung der interamerikanischen Verträge eigenmächtig in amerikanischen Staaten zu intervenieren, durch die Resolution des Repräsentantenhauses vom 20. September 1965 noch unterstrichen.

2. Vergleich mit den friedenserhaltenden Aktionen der Vereinten Nationen

Die Entsendung der Interamerikanischen Friedensstreitmacht in die Dominikanische Republik war ebensowenig wie das Eingreifen der VN-Streitmächte im Suez-Konflikt, im Kongo und in Zypern eine Zwangsmaßnahme gegen einen Staat, wie Art. 6, 8 Rio-Vertrag und Kap. VII der Satzung der VN es vorsehen[42]. Sie war eine Art Polizeiaktion mit dem Ziel der Wiederherstellung des innerstaatlichen Friedens, wobei sich die internationale Truppe wie im Falle Zypern

---

40 Oben Anm. 35; ebenso *Krakau*, S. 147 mit Nachweisen. Auch *Meeker* — DSB 1965 II, S. 61 —, der das Vorgehen der Vereinigten Staaten zu rechtfertigen versucht, gibt zu, daß die Intervention erfolgte, als sich die militärische Lage der Militärs verschlechterte.

41 So auch die ganz überwiegende Meinung: *Connell-Smith*, S. 336 ff.; *D'Estéfano*, S. 41 ff.; *Silva Herzog*, S. 7 ff. unter Hinweis auf zahlreiche offizielle mexikanische Stellungnahmen; Präsident Frei in seiner Rede zur Eröffnung der Sitzungsperiode des chilenischen Kongresses am 21. Mai 1965 — „El Mercurio" (Chile), 22. Mai 1965; *Friedmann*, AJIL 1965, S. 867 ff.; *Pinto*, S. 510, der allerdings nach allgemeinem Völkerrecht die Unterstützung einer Streitpartei für zulässig hält, nicht aber nach den interamerikanischen Verträgen; *Sepúlveda*, Coordinación, S. 9; *Yáñez-Barnuevo*, REDI 1965, S. 613; *Warschaver*, S. 3. Auch Autoren, die der Politik der Vereinigten Staaten im allgemeinen positiv gegenüberstehen, verurteilten die einseitige Invasion. So z. B. Lleras in der Zeitschrift „Vision" (Panama City), 24. Juni 1966 — zitiert nach *Fulbright*, S. 86, 106 — und García Amador, der Generalsekretär des *Inter-American Institute* of International Legal Studies, dort auf S. 205. Bemerkenswert ist auch die scharfe Ablehnung der Intervention der Vereinigten Staaten durch Senator *Fulbright* (S. 85 ff.), der, während der Kuba-Krise 1962, für eine militärische Invasion Kubas eingetreten war — NYT int., 6. Nov. 1962.

42 So auch *Bothe*, S. 127 f. Die Vertreter Malaysias und der Vereinigten Staaten lehnten den Zwangscharakter des Eingreifens der OAS ab — SCOR 1220th mtg. (3. Juni 1965) par. 77 ff. und 1222th mtg. (9. Juni 1965) par. 21, 105 ff.; NZZ, 11. Juni 1965. a. A. Generalsekretär U Thant vgl. oben 1. Teil Anm. 234.

zwischen die streitenden Gruppen schob, ohne für die eine oder andere Seite Partei zu nehmen. Waffengewalt wandte die Streitmacht nach ihren eigenen Berichten nur in Selbstverteidigung an[43].

Diese grundsätzliche Gemeinsamkeit darf aber nicht darüber hinwegtäuschen, daß das Vorgehen der OAS wesentliche Unterschiede gegenüber den Einsätzen der VN-Truppen zeigt, und daß die Frage berechtigt ist, ob hier noch von einer friedenserhaltenden Aktion in dem oben definierten Sinne gesprochen werden kann. Während die Regierungen der Staaten, in die VN-Streitmächte entsandt wurden, der Stationierung zustimmten[44], war das in der dominikanischen Krise zunächst nicht möglich, da keine Regierung mehr vorhanden war[45]. Wenn der dominikanische Vertreter auf der 10. Beratungsversammlung der Außenminister am 6. Mai 1965 für den Einsatz der Interamerikanischen Friedensstreitmacht stimmte, so kann dem keine Bedeutung beigemessen werden, da die Regierung, die er vertrat, bereits seit elf Tagen zurückgetreten war[46]. Es ist auch fraglich, ob man von einer Einwilligung der Bürgerkriegsparteien sprechen kann[47], ganz abgesehen davon, wie diese zu werten wäre. Zwar unterzeichneten beide Seiten am 5. Mai 1965 die „Akte von Santo Domingo“, in der sie die Bildung einer Sicherheitszone guthießen und sich verpflichteten

"to respect this safety zone, within which there is guaranteed, in the manner that the Organization of American States may deem appropriate, adequate protection and safety for all persons found within that zone of refuge[48]."

In dieser allgemeinen Erklärung eine Blankozustimmung für die spätere Entsendung der OAS-Truppen zu sehen, erscheint jedoch zweifelhaft, zumal die Akte unter starkem militärischem und wirtschaftlichem Druck der Vereinigten Staaten abgeschlossen wurde[49]. So

---

43 Erklärung des Oberbefehlshabers vom 15. Juni 1965 — UN Doc. S/6445 Annex. Daß in dieser Frage aber widersprüchliche Berichte vorliegen, zeigt UN Doc. S/6447. Der friedliche Charakter des Eingriffes der OAS wurde schon in der Resolution vom 6. Mai 1965 (DSB 1965 I, S. 862 f.) betont, wo es unter Ziffer 2 heißt: "That this Force will have as its sole purpose, in a spirit of democratic impartiality, that of cooperating in the restoration of normal conditions in the Dominican Republic, in maintaining the security of its inhabitants and the inviolability of human rights, and in the establishment of an atmosphere of peace and conciliation that will permit the functioning of democratic institutions."

44 Vgl. im einzelnen bei *Bothe*, S. 105 ff.

45 Die provisorische Regierung García Godoy, die im September ihr Amt antrat, billigte die Stationierung der OAS-Truppen nicht nur, sondern setzte sie für ihre Zwecke ein. Vgl. z. B.: UN Doc. 6822/Add. 1, par. 5 und Add. 2: S/6847 Annex; S/7025; S/7032; S/7034 Annex.

46 So auch *Bothe*, S. 111 f. Anm. 530.

47 So aber *Bothe*, S. 113 f.

48 DSB 1965 I, S. 868 Ziffer 3.

49 *Slater*, IO 1969, S. 48, 62 spricht von einem halben Diktat der Vereinigten Staaten.

haben beide Seiten denn auch später vor dem Sicherheitsrat gegen die Anwesenheit der OAS-Truppen protestiert[50].

Ein weiterer Unterschied liegt in dem Zustandekommen der Entscheidung über den Einsatz. Die Entsendung der VN-Streitkräfte beruhte jedesmal auf dem freien Entschluß der Generalversammlung oder des Sicherheitsrates. Die OAS dagegen wurde durch die Aktion der Vereinigten Staaten vor vollendete Tatsachen gestellt. Ihr blieb nur die Wahl, entweder die eigenmächtige Intervention unter verbalem Protest zu dulden und damit ihre Machtlosigkeit offen einzugestehen, oder, wie sie es dann tat, unter Verzicht auf eine Verurteilung der Vereinigten Staaten aus der bestehenden Situation das Beste zu machen und Einfluß auf die Entwicklung des Konfliktes zu gewinnen[51]. Verschieden ist auch die Art der Zusammensetzung der internationalen Streitmächte[52]. Um Unparteilichkeit zu gewährleisten, vermied man es bei den VN, Kontingente von Großmächten einzusetzen[53], und sorgte auch dafür, daß jeder beteiligte Staat nur einen Bruchteil der gesamten Truppenstärke stellte. Ganz anders im dominikanischen Konflikt: Hier machten die Einheiten der Vereinigten Staaten 85 Prozent der gesamten Truppenzahl aus[54], wenn auch, um den Schein der Internationalität besser zu wahren, Brasilien ermächtigt wurde, den Kommandeur zu ernennen.

Der internationale und unparteiische Charakter der OAS-Aktion wird durch die einseitige Zusammensetzung der Streitmacht, mehr noch durch die Tatsache beeinträchtigt, daß dieselben Truppen, die vorher

---

50 SCOR 1225th mtg. par. 60 ff. (16. Juni 1965); 1230th mtg. par. 10 ff., 25 ff. (20. Juli 1965); S/PV 1232 par. 29. *Bothe* (S. 113 Anm. 536) ist zuzustimmen, daß in diesen Erklärungen kein Widerruf der Akte von Santo Domingo liegt. Sieht man in der Akte aber schon keine Einwilligung in die Entsendung von OAS-Truppen, so war ein Widerruf auch nicht erforderlich.

51 Die 5 Gegenstimmen und die 1 Enthaltung bei der Abstimmung am 6. Mai 1965 (vgl. oben Anm. 20) zeigen, daß zahlreiche Staaten sich nicht dazu durchringen konnten, die Intervention der Vereinigten Staaten stillschweigend hinzunehmen und sie durch ein Eingreifen der OAS abzulösen. Daß auch von den 12 lateinamerikanischen Staaten, die *für* das militärische Eingreifen der OAS stimmten, die Mehrzahl dies nur zögernd tat, beweist die mangelnde Beteiligung an der Interamerikanischen Friedensstreitmacht. Nur 5 von ihnen stellten Truppen zur Verfügung. Es klingt zynisch, wenn *Meeker* — DSB 1965 II, S. 62 — schreibt: "... We continued our military presence in the Dominican Republic for the additional purpose of preserving the capacity of the OAS to function in the manner intended by the OAS-Charter ..."

52 Auf einen gewissen Unterschied in der Kommandostruktur der OAS- und der VN-Truppen weist *Bothe*, S. 77 f., hin.

53 Die Stationierung britischer Truppen auf Zypern bildet eine Ausnahme. Sie ist u. a. mit der Mitgliedschaft im Commonwealth zu erklären.

54 Über die Zusammensetzung der OAS-Truppe *Informe* 1965, S. 3. *Parkinson*, S. 151, spricht von einem symbolischen militärischen Beitrag der lateinamerikanischen Staaten.

eigenmächtig und unter Verstoß gegen die Grundlagen des Interamerikanischen Systems in der Dominikanischen Republik eingegriffen hatten, um eine der kämpfenden Parteien an der Machtübernahme zu hindern, nun mit einer OAS-Armbinde versehen die Interamerikanische Friedensstreitmacht bildeten. Dieses Vorgehen steht im Widerspruch zu der von den VN geübten Praxis, den Abzug der ausländischen Interventionstruppen zu verlangen. Im Suez-Konflikt übernahm man gerade nicht die englischen und französischen Streitkräfte als VN-Kontingente, obwohl das einfacher gewesen wäre, Kosten erspart und den Wünschen Großbritanniens und Frankreichs entsprochen hätte. Ebenso stellten die VN im Kongo nicht die belgischen Truppen in ihren Dienst, sondern verlangten dringend und wiederholt ihren Abzug.

Schließlich unterscheidet sich auch der Zweck des Truppeneinsatzes. Im Kongo und in Zypern waren fremde Staaten maßgeblich an den inneren Kämpfen beteiligt. Aufgabe der VN-Streitkräfte war es, mit der Wiederherstellung des inneren Friedens auch internationale Friedensgefahren zu bannen. In der Dominikanischen Republik bestand keine Bedrohung des internationalen Friedens. Zwar hatte auch hier ein fremder Staat interveniert. Dagegen wandte sich die OAS jedoch nicht, im Gegenteil, sie sanktionierte das Vorgehen der Vereinigten Staaten faktisch. Darüber hinaus ging das Eingreifen der OAS viel weiter als das der VN. Denn die OAS nahm unmittelbar Einfluß auf das Staatsgefüge, um eine bestimmte Staatsform, die repräsentative Demokratie, zu errichten[55]. War die Intervention der Vereinigten Staaten, ohne daß sie die Militärjunta direkt unterstützte, doch einseitig, da sie dazu bestimmt war, eine Machtergreifung durch die angeblich kommunistisch beherrschten Rebellen zu verhindern, so war die OAS von vornherein entschlossen, weder die eine noch die andere Partei die Regierungsgewalt übernehmen zu lassen[56]. Durch militärische Überlegenheit und wirtschaftlichen Druck gelang es der OAS, eine von beiden Parteien unabhängige provisorische Regierung unter ihrer Vormundschaft einzusetzen, die dann demokratische Wahlen durchführte.

Als Ergebnis bleibt festzuhalten: Der Einsatz der Interamerikanischen Friedensstreitmacht war keine Zwangsmaßnahme gegen einen Staat,

---

[55] Von Wiederherstellung der Demokratie kann kaum gesprochen werden, da — sieht man von der wenige Monate dauernden Regierung Bosch (1963) ab — seit Jahrzehnten in der Dominikanischen Republik Diktaturen herrschten.

[56] Die Unparteilichkeit der Interamerikanischen Friedensstreitmacht wurde dadurch ermöglicht, daß die Haltung der Vereinigten Staaten gegenüber den Konstitutionalisten mit der Zeit weniger ablehnend wurde. Vgl. *Parkinson*, S. 152 und *Slater*, IO 1969, S. 48, 66. *Kutzner* (S. 220) dagegen behauptet, die Interamerikanische Friedensstreitmacht habe die einseitige Politik der US-Führung gegen die Konstitutionalisten fortgeführt.

sondern eine unparteiische Polizeiaktion, die den Frieden wiederherstellen sollte. Die OAS verfolgte darüber hinaus das Ziel, in der Dominikanischen Republik demokratische Verhältnisse herzustellen. Sie ging insoweit über die friedenserhaltenden Aktionen der VN hinaus. Wegen der aufgezeigten Mängel aus der vorangegangenen einseitigen Intervention der Vereinigten Staaten kann das Eingreifen der Interamerikanischen Friedensstreitmacht jedoch nur mit Vorbehalten den friedenserhaltenden Aktionen der VN gleichgestellt werden.

3. Zulässigkeit nach den interamerikanischen Verträgen und nach der Satzung der Vereinten Nationen

a) Vereinbarkeit mit den interamerikanischen Verträgen

Weder in der Satzung der OAS noch im Vertrag von Rio ist der Einsatz einer Interamerikanischen Streitmacht geregelt oder finden sich auch nur Anhaltspunkte dafür[57]. Fragt man, ob es sich hier um eine zulässige Weiterentwicklung des Interamerikanischen Systems handelt,

---

[57] Der erste Einsatz einer Polizeitruppe bei einem internationalen Konflikt in Lateinamerika war 1933/34 im Grenzstreit zwischen Peru und Kolumbien (Leticia-Fall). Es waren kolumbianische Truppen unter der Aufsicht des Völkerbundes. Näheres bei *Frye*, S. 50 f. und *Bothe*, S. 72 f.

In der Resolution III der 4. Beratungsversammlung der Außenminister der OAS 1951 (deutscher Text AdG 1951, S. 2889) war eine sehr weitgehende Zusammenarbeit der Streitkräfte der Mitgliedstaaten vorgesehen, um jederzeit gemeinsam gegen einen Friedensstörer — gemeint waren kommunistische Aggressoren — vorgehen zu können (vgl. *Schatzschneider*, S. 37 mit Nachweisen).

In einem Vorbehalt zu dem Bericht der Untersuchungskommission in der Grenzstreitigkeit zwischen Costa Rica und Nicaragua schlug dann der Vertreter Ecuadors im Februar 1955 die Bildung einer ständigen „Interamerikanischen Polizeitruppe" vor. Sie sollte der Grenzüberwachung dienen, notfalls aber auch zur Bekämpfung von Aggressionen eingesetzt werden — Applications I, S. 199.

1961 drückte der Kongreß der Vereinigten Staaten in § 502 Abs. 3 des Auslandshilfegesetzes (Foreign Assistance Act) die Hoffnung aus, daß es zur Bildung einer OAS-Streitmacht kommen werde (American Foreign Policy, Current Documents 1961, S. 1278). *Kutzner* (S. 212 ff.), der ausführlich darauf eingeht, weist außerdem auf einen Briefwechsel zwischen Senator Smathers und Außenminister Herter aus dem Jahre 1960 hin. Seine Ansicht, daß der Gedanke einer interamerikanischen Streitmacht erst angesichts der Konsolidierung des Castro-Regimes in den Vereinigten Staaten aufgekommen sei, trifft jedoch nicht zu.

Die „Combined Quarantine Force" bei der Blockade Kubas 1962 (Applications II, S. 152 ff.) war keine internationale Streitmacht. Sie kam zwar auf Empfehlung der OAS zustande, es handelte sich aber nur um eine Koordinierung der nationalen Beiträge durch Absprache zwischen den beteiligten Regierungen. Die OAS selbst hatte keinerlei Befehlsgewalt. *Kutzner* (S. 119) bezeichnet die „Combined Quarantine Force" dennoch als erste interamerikanische Streitmacht.

so ist das Vorgehen auf seine Vereinbarkeit mit den allgemeinen Grundsätzen der OAS hin zu prüfen.

Zunächst fällt auf, daß die 10. Beratungsversammlung der Außenminister nicht auf Grund des Rio-Vertrages, sondern nach Art. 39, 40 SOAS zusammentrat, „um dringende Probleme, die für die amerikanischen Staaten von gemeinsamem Interesse sind, zu behandeln"[58]. Zwar ist es umstritten, wieweit die Befugnisse der Beratungsversammlung nach Art. 39 SOAS im einzelnen gehen. Fest steht jedoch, daß die Versammlung auf Grund dieser Vorschrift nicht das Recht haben sollte, zur Lösung konkreter Streitfälle Maßnahmen zu beschließen, und das bisher auch nicht getan hatte[59]. Wenn der Generalversammlung der VN das Recht zugestanden wurde, friedenserhaltende Aktionen zu empfehlen, so lassen sich gute Gründe dafür anführen, nämlich das Versagen des Sicherheitsrates und die subsidiäre Zuständigkeit der Generalversammlung bei der Friedenssicherung. Bei der OAS fehlen an sich Gründe, die es rechtfertigten, die Befugnisse der Beratungsversammlung der Außenminister nach Art. 39 SOAS zu erweitern. Denn eben derselben Beratungsversammlung ist auf Grund des Vertrages von Rio das Recht eingeräumt worden, Maßnahmen zur Sicherung des Friedens zu beschließen, wovon ja auch schon Gebrauch gemacht wurde.

In der dominikanischen Krise befürchtete man aber, keine ausreichende Mehrheit für ein Vorgehen, gestützt auf die Bestimmungen des Vertrages von Rio, zu finden[60]. Selbst wenn man Art. 6 im Sinne der antikommunistischen Solidaritätserklärung von Caracas auslegt und eine kommunistische Bewegung als Bedrohung der Souveränität und der politischen Unabhängigkeit eines Staates gewertet hätte, wären seine Voraussetzungen nicht erfüllt gewesen. Denn es lag und liegt bis heute keinerlei Beweis dafür vor, daß Kommunisten maßgeblichen Einfluß hatten auf die Rebellion der Anhänger des demokratisch gewählten Präsidenten Bosch gegen die Militärjunta Reid Cabral, von der Bosch 1963 gestürzt worden war[61]. Die eigenmächtige Intervention der Vereinigten Staaten wäre zwar ein ausreichender Grund für kollektive Maßnahmen nach Art. 3 oder 6 Rio-Vertrag gewesen. Diese hätten aber zur Unterstützung des Opfers, der Dominikanischen Republik, und gegen den Aggressor, die Vereinigten Staaten, ergriffen werden müssen[62]. Daran war schon der Machtverhältnisse wegen nicht zu denken.

---

[58] *Inter-American Institute*, S. 171, 206; vgl. auch *Bothe*, S. 127 Anm. 622.
[59] Oben 1. Teil, A, II, 1 a; *Inter-American Institute*, S. 206.
[60] *Fenwick*, AJIL 1966, S. 66.
[61] a. A. *Fenwick*, a.a.O. und *Thomas*, Dominican Republic Crisis, S. 42 ff.
[62] Das ergibt sich aus dem Wortlaut des Art. 6 Rio-Vertrag; vgl. oben S. 115.

Die Mehrheit der Mitgliedstaaten zog es vor, die Bestimmungen des Rio-Vertrages zu umgehen — wohl, um nicht in Widerspruch zu ihnen zu geraten — und auf der Grundlage des allgemeiner gehaltenen Art. 39 SOAS zu handeln. Das ließ sich um so leichter rechtfertigen, als der Einsatz der Interamerikanischen Friedensstreitmacht keine Zwangsmaßnahme gegen die Regierung eines Staates war, und es sich deshalb nicht um eine typische Anwendung des Rio-Vertrages handelte. Anders als im Rio-Vertrag vorgesehen gingen hier auch nicht die Mitglieder auf Grund einer Resolution der OAS vor, sondern die Truppen unterstanden unmittelbar der Organisation[63].

Zweifel an der Rechtmäßigkeit des Einsatzes der Interamerikanischen Friedensstreitmacht ergeben sich aus dem Prinzip der Nichtintervention. Denn die OAS griff nicht wegen des internationalen Problems, der Intervention der Vereinigten Staaten, ein, sondern um die inneren Streitigkeiten in der Dominikanischen Republik beizulegen. Für diese ist die OAS aber grundsätzlich ebensowenig zuständig wie die VN[64], und eine Zustimmung der Regierung oder eine Einigung zwischen den Bürgerkriegsparteien, die ein Eingreifen hätten rechtfertigen können, lag nicht vor. Das Nichteinmischungsprinzip ist für das Interamerikanische System grundlegend. Dennoch wäre es falsch, es zu verabsolutieren und allen anderen Prinzipien nur zweitrangige Bedeutung beizumessen. Man muß sich fragen, ob es nicht innerhalb des Interamerikanischen Systems aus übergeordneten Gesichtspunkten gerechtfertigt sein kann, kollektive Interventionen in eng umgrenzten Fällen, trotz des Grundsatzes der Nichteinmischung zuzulassen. Hat die OAS tatenlos zuzusehen, wenn in einem Mitgliedstaat ein blutiger Bürgerkrieg tobt, dessen Ende nicht abzusehen ist? Es wurde bereits festgestellt[65], daß die OAS gegen den Willen der Regierung eines Staates nicht eingreifen darf. Wie hat sich die OAS aber zu verhalten, wenn, wie im dominikanischen Konflikt, überhaupt keine legale Regierung mehr vorhanden ist, weil die ursprüngliche Regierung zurückgetreten ist und keine der Bürgerkriegsparteien ihre Herrschaft so gesichert hat, daß sie als defacto-Regierung angesehen werden kann? Ein Eingreifen zugunsten einer Partei wäre unzulässig, da es der inneren Befriedung eines Staates

---

[63] Ob man die Erklärung in *Inter-American Institute,* S. 206: "... once again one of the principal political organs of the system has exercised functions and powers inherent to it, when faced with the need to assure the achievement of the essential objectives contained in the Charter of Bogotá ..." als ausreichende Begründung ansehen kann, ist allerdings fraglich.

[64] Vgl. oben 4. Teil.

[65] Oben 4. Teil.

nicht dienlich ist[66] und dem Staatsvolk möglicherweise gegen seinen Willen eine bestimmte Regierung von der Staatengemeinschaft aufgezwungen würde. Vereinbar mit den Grundsätzen des Interamerikanischen Systems erscheint es aber, wenn die OAS als unparteiischer Dritter für die Einstellung der Kampfhandlungen sorgt, dadurch Blutvergießen vermeidet und verhindert, daß eine Gruppe nur kraft ihrer militärischen Überlegenheit die Herrschaft in einem Mitgliedstaat an sich reißt[67]. Die Solidarität, zu der sich alle Vertragsstaaten der OAS bekannt haben, kann nicht nur für den Fall eines äußeren Angriffs gelten. Sie rechtfertigt es auch, daß die Staatengemeinschaft einem Volk, das keine Regierung mehr hat und das in blutige innere Kämpfe verwickelt ist, beisteht, Verhältnisse zu schaffen, die es dem Volk erlauben, seinen Willen ohne Zwang zu artikulieren und seine Regierung frei zu wählen.

Das Nichteinmischungsprinzip wird dadurch nicht verletzt. Denn dieses soll ein durch seine Regierung vertretenes Staatsvolk vor Druck und Zwang von seiten dritter aus egoistischen Motiven handelnder Staaten schützen[68]. Durch ein uneigennütziges, kollektives Eingreifen, das allein darauf gerichtet ist, in einem Staat ohne Regierung den von den Mitgliedern allgemein anerkannten Grundsätzen der repräsentativen Demokratie und der Aufrechterhaltung der Grundrechte des Individuums[69] wieder Geltung zu verschaffen, wird ein solcher Zwang nicht ausgeübt. Hier wird einem Staatsvolk nicht fremder Wille aufgezwungen, sondern werden die Voraussetzungen für eine freie Willensbildung geschaffen[70].

---

[66] a. A. *Pinto*, S. 508, der im interamerikanischen Bereich die Unterstützung der *legitimen* Seite, d. h. derjenigen, die die Grundsätze der OAS anerkennt, zulassen will. Dem kann nicht zugestimmt werden. Pinto gesteht selbst zu, daß selten Einigkeit darüber bestehen wird, ob eine Partei in diesem Sinne legitim ist oder nicht. Davon abgesehen erfordert das Nichteinmischungsprinzip ein unparteiisches Eingreifen. Ein Ausgleich zwischen den Parteien dient der Schaffung friedlicher Verhältnisse auch mehr als eine Parteinahme.

[67] Vgl. Art. 4 a SOAS.

[68] *Thomas*, OAS, S. 167.

[69] Art. 5 d, j und Art. 13 SOAS.

[70] Ebenso der Generalsekretär der OAS — UN Doc. S/6381 a. E. In diesem Sinne auch *Bohan*, AJIL 1966, S. 811, der das Vorgehen der OAS im Ergebnis aber verurteilt, weil es die Intervention der Vereinigten Staaten praktisch legalisiert habe. *Bohan* weist im übrigen zu Recht darauf hin, daß die OAS 1960/61 schon einmal aus innenpolitischen Gründen gegen die Dominikanische Republik vorgegangen ist — vgl. oben 3. Teil, A, IV, 2. Er übersieht aber, daß sich beide Aktionen deshalb nicht vergleichen lassen, weil es sich 1960/61 um Zwangsmaßnahmen gegen eine Regierung handelte, 1965 aber um eine Art friedenserhaltende Aktion.

Es kann daher festgestellt werden, daß das Eingreifen der OAS in der dominikanischen Krise grundsätzlich nicht gegen die interamerikanischen Verträge verstieß, sondern im Einklang mit den in ihnen niedergelegten Prinzipien stand[71].

Im einzelnen ergeben sich aber an dem Einsatz der Interamerikanischen Friedensstreitmacht zahlreiche Bedenken. Durch die vorangegangene eigenmächtige Intervention der Vereinigten Staaten war die Entscheidungsfreiheit der OAS eingeschränkt. Die OAS hat das widerrechtliche Vorgehen der Vereinigten Staaten weder verurteilt noch ausdrücklich gebilligt, jedoch die Truppen der Vereinigten Staaten in die Interamerikanische Friedensstreitmacht einbezogen[72]. Da diese Truppen 85 Prozent der gesamten Streitmacht ausmachten, war der internationale, vor allem aber unparteiische Charakter der Aktion nur mangelhaft gewahrt. Es kommt hinzu, daß es wenig überzeugend wirkte, wenn eine Streitmacht zur Herstellung demokratischer Verhältnisse eingesetzt wurde, die — abgesehen von den Truppen der Vereinigten Staaten und dem symbolischen Beitrag von Costa Rica — aus Kontingenten autoritär regierter Staaten bestand, nämlich Brasilien, Honduras, Nicaragua und Paraguay.

---

[71] Für die Rechtmäßigkeit des militärischen Eingreifens der OAS: *Fenwick*, AJIL 1966, S. 65 f.; *García Amador*, Américas, Aug. 1965, S. 1 ff.; *Inter-American Institute*, S. 206; die Vertreter Boliviens, Großbritanniens, Malaysias und der Vereinigten Staaten im Sicherheitsrat — UN Monthly Chronicle, Juli 1965, S. 7 f.; NZZ, 11. Juni 1965.

Gegen die Rechtmäßigkeit: die Vertreter Frankreichs, Jordaniens, Kubas, der Sowjetunion und Uruguays — Berichte über die Beratungen des Sicherheitsrates, UN Monthly Chronicle, Juni und Juli 1965, jeweils S. 3 ff.; *Castañeda*, FI 1965/66, S. 318 ff.; *Sepúlveda*, Coordinación, S. 9 f.; *Warschaver*, S. 3, 16; *Kutzner*, S. 127 f., 223.

Schon nach der Ermordung Trujillos hatte die OAS die Rolle der „Geburtshelferin" einer demokratischen Regierung in der Dominikanischen Republik übernommen — *Slater*, IO 1964, S. 274 ff.

[72] *Bohan* (AJIL 1966, S. 811 f.) wirft der OAS vor, daß sie dadurch die Intervention der Vereinigten Staaten legalisiert und damit die Rolle einer Organisation auf der Grundlage des Rechts aufgegeben habe. In *Inter-American Institute*, S. 206 ist ausdrücklich nicht von Legalisierung, sondern von Beendigung einer einseitigen durch eine kollektive Aktion die Rede. *Münch* (AVR 1966/67, S. 310) spricht von „Fortsetzung der nordamerikanischen Aktion" durch die OAS.

Das Vorgehen der OAS kann allenfalls als Legalisierung im rein formalen Sinn verstanden werden. Eine materiell-rechtliche Rechtfertigung der Intervention der Vereinigten Staaten liegt darin nicht. Das wird auch jetzt von *Slater* (IO 1969, S. 48, 54, 70) betont. Er sieht das Eingreifen der OAS nicht als wahrhaft kollektive Aktion an, da es nicht Ausdruck einer allgemeinen Willensentscheidung gewesen, sondern der OAS durch die Vereinigten Staaten praktisch aufgezwungen worden sei.

Trotz dieser Kritik wäre es falsch, der OAS ihr Vorgehen vorzuwerfen. Nach der Intervention der Vereinigten Staaten hat sie versucht, die beste Lösung für die Beilegung des dominikanischen Konfliktes zu finden, der gleichzeitig eine schwere Vertrauenskrise in der OAS auslöste[73]. Es gelang ihr, friedliche und demokratische Verhältnisse in der Dominikanischen Republik herzustellen[74]. Dieser Erfolg ist nicht zuletzt der Interamerikanischen Menschenrechtskommission — einem Organ

---

[73] Die 2. Interamerikanische Sonderkonferenz mußte zweimal verschoben werden, da man eine Spaltung der OAS befürchtete. Wie die 3. Interamerikanische Sonderkonferenz in Buenos Aires (1967) zeigte, fand sich trotz der ständigen Provokationen aus Kuba bis in neueste Zeit keine Mehrheit, die auch nur bereit gewesen wäre, ihre Verteidigungsbemühungen gegen die kommunistische Subversion im Rahmen der OAS zu koordinieren — vgl. unten unter III. Darüber können auch nicht die Empfehlungen der 12. Außenministerkonferenz (1967) über Boykottmaßnahmen gegen Kuba hinwegtäuschen. Einmal sind sie nicht obligatorisch, zum anderen gehen sie kaum über die bereits auf der 8. und 9. Außenministerversammlung verbindlich beschlossenen Maßnahmen hinaus.

[74] Die militärische Besetzung der CSSR im August 1968 durch 5 Warschauer-Pakt-Staaten wird gelegentlich mit dem Eingreifen der OAS in der Dominikanischen Republik verglichen. Richtig ist, daß es sich beide Male um eine kollektive bewaffnete Intervention in die inneren Angelegenheiten eines Staates handelte — in der Dominikanischen Republik war kurzfristig eine einseitige Intervention der Vereinigten Staaten vorausgegangen —, die jeweils von einer der beiden Großmächte zur Erhaltung ihrer Einflußsphäre ausgelöst und ohne Einwilligung des betroffenen Staates durchgeführt wurde. In entscheidenden Punkten unterscheiden sich aber die Aktionen:

a) In der CSSR herrschte Frieden, und es bestand eine Regierung, die sich auf die überwältigende Mehrheit des Volkes stützte. In der Dominikanischen Republik war die Regierung zurückgetreten, und es tobte ein Bürgerkrieg.

b) Die Sowjetunion besetzte mit ihren Verbündeten das gesamte Land. Sie erzwang den Abschluß eines Stationierungsvertrages, der es ihr erlaubt, Truppen und ziviles Personal in der CSSR ohne Kontrolle der lokalen Behörden zu stationieren (Art. 4 und 5 des Stationierungsvertrages vom 16. Okt. 1968 — Wortlaut NZZ, 22. Okt. 1968) und damit das Land auf unbegrenzte Zeit und gegen den Willen der Bevölkerung zu beherrschen.

Bei der Intervention der Vereinigten Staaten und der OAS wurde nur eine Pufferzone zwischen den Bürgerkriegsparteien besetzt. Das Eingreifen der OAS diente der Wiederherstellung des Friedens und schaffte die Grundlage für die Durchführung freier Wahlen, die etwas über ein Jahr nach Ausbruch des Bürgerkrieges stattfinden konnten. Die OAS-Truppen wurden kurz nach Amtsantritt des gewählten Präsidenten abgezogen.

c) Die Besetzung der CSSR steht nicht nur im Widerspruch zur Satzung der VN, sondern auch zum Warschauer Pakt, der ein Verteidigungsbündnis gegen Angriffe von dritten Staaten ist, eine Einmischung in die inneren Angelegenheiten der Mitgliedstaaten aber nicht rechtfertigt (vgl. Präambel und Art. 8 Warschauer Pakt — Wortlaut in EA 1955, S. 7929 ff.).

Die Intervention der Vereinigten Staaten verstieß zwar ebenfalls gegen die Satzung der VN und darüber hinaus auch gegen die Satzung der OAS. Das Eingreifen der Interamerikanischen Friedensstreitmacht aber stand im Einklang mit den interamerikanischen Verträgen. Es widersprach nicht der Satzung der VN, wie im folgenden dargelegt wird.

der OAS — zu verdanken, die sich nachdrücklich für die Beachtung der Menschenrechte einsetzte[75].

b) Vereinbarkeit mit der Satzung der Vereinten Nationen

Ehe auf die besondere Problematik des Einsatzes der Interamerikanischen Friedensstreitmacht in der Dominikanischen Republik eingegangen wird, stellt sich die grundsätzliche Frage, ob nach der Satzung der VN regionale Organisationen überhaupt autonom friedenserhaltende Aktionen durchführen dürfen. Sieht man diese Aktionen als ein Mittel friedlicher Streitregelung im Sinne des Kap. VI SVN an, so könnte die Regionalorganisation nicht nur selbständig handeln, sondern sie hätte sogar Vorrang vor den Organen der VN[76]. Für die Einordnung in Kap. VI SVN spricht, daß friedenserhaltende Aktionen keine Zwangsmaßnahmen sind und daß sie trotz des Einsatzes von Truppen friedlichen Charakter haben und mit Zustimmung der betroffenen Regierungen erfolgen, also ein Mittel eigener Wahl sind. Dagegen spricht, daß bei der Abfassung von Kap. VI SVN an die traditionellen Verfahren friedlicher Streitbeilegung gedacht wurde, wie sie beispielhaft in Art. 33 SVN

---

[75] Die Interamerikanische Menschenrechtskommission ist durch die Resolution VII der 5. Außenministerversammlung in Santiago de Chile (1959) ins Leben gerufen worden. 1960 verabschiedete der Rat der OAS das Statut der Kommission. Dort wird sie in Art. 1 als „autonomes Organ der OAS“ bezeichnet (Text des Statuts bei *Tomuschat*, ZAÖRVR 1968, S. 553 ff.). Ihr wurde das Recht eingeräumt, in Fragen, die Menschenrechte betreffen, Empfehlungen an die Mitgliedstaaten auszusprechen. Erst auf der 2. Interamerikanischen Sonderkonferenz in Rio de Janeiro (1965) wurde ihr das Recht zugestanden, auch Individualbeschwerden zu behandeln. Im Nov. 1969 fand in Costa Rica eine Interamerikanische Sonderkonferenz über Menschenrechte statt. Auf ihr wurde die „Amerikanische Menschenrechtskonvention“ („Convención Americana sobre Derechos Humanos“) verabschiedet. Der erste Teil regelt die Pflicht der Staaten, die Menschenrechte zu achten und die zur Verwirklichung dieser Rechte erforderlichen innerstaatlichen Vorschriften zu verabschieden. Der zweite Teil bestimmt Organisation, Verfahren und Zuständigkeit der Interamerikanischen Menschenrechtskommission und des Interamerikanischen Gerichtshofs für Menschenrechte. Die Konvention ist von 12 der 24 OAS-Mitglieder unterzeichnet worden. Sie tritt in Kraft, sobald 11 Staaten die Ratifikationsurkunden hinterlegt haben. Näheres in „Crónica de la OEA“ IV, Nr. 6 (Okt.—Dez. 1969), S. 13 f.

Die Kommission hat in ausführlichen Berichten u. a. auf die Mißachtung der Menschenrechte in Haiti und Kuba hingewiesen. Während diese beiden Staaten aber der Kommission die Einreise verweigerten, konnte sie in der Dominikanischen Krise 1965 an Ort und Stelle den Beschwerden nachgehen; vgl. oben 1. Teil, Anm. 228. Die jüngste Streitigkeit zwischen El Salvador und Honduras im Sommer 1969 hat die Kommission zum Anlaß genommen, umfangreiche Untersuchungen über die Situation der Menschenrechte in beiden Staaten durchzuführen. Sie hat den Staaten empfohlen, sich mit Nachdruck dafür einzusetzen, daß keine Gewalttaten gegen Angehörige des anderen Staates begangen werden, daß aber, soweit dies bereits geschehen sei, Schadensersatz geleistet wird. Vgl. „Crónica de la OEA“ IV, Nr. 5 (Juli—Sept. 1969), S. 11 und Nr. 6 (Okt.—Dez. 1969), S. 14. Allgemein zur Menschenrechtskommission vgl. jetzt auch *Kutzner*, S. 329 ff.

[76] Vgl. oben 1. Teil, B.

aufgezählt sind. Bei den friedenserhaltenden Aktionen handelt es sich aber um ein erst in den letzten Jahren entwickeltes besonderes Vorgehen. In der Praxis ist ihre Einordnung ungeklärt. Der IGH hat zwar in seinem Gutachten[77] festgestellt, daß sie keine Zwangsmaßnahmen im Sinne von Kap. VII SVN sind, er hat sie aber nicht als Mittel friedlicher Streitbeilegung nach Kap. VI SVN bezeichnet. Daher ist auch die Zuständigkeit der Generalversammlung auf diesem Gebiet streitig[78].

Für die Frage der Zulässigkeit autonomer friedenserhaltender Aktionen der Regionalorganisation braucht jedoch das Problem der begrifflichen Einordnung in Kap. VI nicht entschieden zu werden. Denn Art. 53 Abs. 1 Satz 2 SVN schreibt nur für regionale Zwangsmaßnahmen eine Ermächtigung durch den Sicherheitsrat vor, beschränkt im übrigen die Handlungsfreiheit der Regionalorganisationen aber nicht. Eine entsprechende Anwendung von Art. 53 Abs. 1 Satz 2 scheidet aus, da Zwangsmaßnahmen und friedenserhaltende Aktionen dadurch, daß die letzteren mit Zustimmung der betroffenen Regierung erfolgen, in ihrem Wesen verschieden sind[79] und im übrigen Art. 53 Abs. 1 einschränkend ausgelegt werden muß[80]. Soll das regionale Vorgehen der Wiederherstellung des innerstaatlichen Friedens dienen, so ist Art. 53 zudem schon deshalb nicht anwendbar, weil er sich nur auf internationale Streitigkeiten bezieht[81]. Im Grundsatz bestehen daher keine Bedenken gegen autonome friedenserhaltende Aktionen der OAS.

Untersucht man nun das Eingreifen der Interamerikanischen Friedensstreitmacht in der Dominikanischen Republik, so könnte dieses anders zu beurteilen sein. Denn einmal lag keine Zustimmung des betroffenen Staates vor, und zum anderen läßt die Zusammensetzung der Streitmacht Zweifel an der Unparteilichkeit des Eingreifens aufkommen. Legt man aber die Überlegungen zugrunde, die dazu führten, den Einsatz der OAS-Truppe nicht als Zwangsmaßnahme zu bewerten und keinen Verstoß gegen das Nichteinmischungsprinzip der OAS anzunehmen, so wird man auch Art. 2 Abs. 4 und 7 SVN nicht als verletzt ansehen können. Denn weder das Gewaltverbot noch das Nichtein-

---

[77] Vgl. oben Anm. 5.

[78] Vgl. oben S. 160.

[79] Das wird von *Castañeda*, *Sepúlveda* und *Kutzner* (S. 221) nicht genügend berücksichtigt. *Castañeda* (FI 1965/66, S. 320 f.) sieht die friedenserhaltende Aktion als Anwendung von Waffengewalt an, zu der die OAS nur im Falle von kollektiver Selbstverteidigung berechtigt sei. Auf Grund ihrer allgemeinen und originären Kompetenz könnten zwar die VN auch in der Charta nicht vorgesehene Mittel der Friedenssicherung anwenden. Die OAS habe jedoch nur begrenzte und delegierte Befugnisse. Was ihr nicht ausdrücklich erlaubt sei, sei ihr verboten. *Sepúlveda*, Coordinación, S. 9 f., sieht friedenserhaltende Aktionen zwar nicht als eigentliche Zwangsmaßnahmen an, hält sie diesen aber doch für sehr verwandt.

[80] Oben 3. Teil, B, I, 2 d.

[81] *Pinto*, S. 515.

mischungsprinzip der Vereinten Nationen schränken die Handlungsfreiheit der OAS hier stärker ein als die gleichen Grundsätze in den interamerikanischen Verträgen[82]. Entscheidend ist, daß keine Regierung mehr bestand, die für die Dominikanische Republik hätte sprechen können, und daß die Interamerikanische Friedensstreitmacht nicht eingriff, um dem dominikanischen Volk fremden Willen aufzuzwingen, sondern im Gegenteil, um die Voraussetzungen für eine freie Willensbildung zu schaffen.

Es bleibt daher festzuhalten, daß das Eingreifen der Interamerikanischen Friedensstreitmacht weder gegen die interamerikanischen Verträge noch gegen die Satzung der VN verstieß.

4. Konkurrierende Zuständigkeit von OAS und Vereinten Nationen

Wenn neben den VN auch die OAS zur Durchführung friedenserhaltender Aktionen berechtigt ist, fragt es sich, in welchem Verhältnis die Zuständigkeit der beiden Organisationen steht. Es wurde bereits dargelegt, daß es Bedenken gibt, diese besondere, in der Praxis der letzten Jahre entwickelte Art der Friedenssicherung als Verfahren nach Kap. VI SVN anzusehen und der Regionalorganisation damit Vorrang vor den VN einzuräumen. Da die friedenserhaltenden Aktionen aber keine Zwangsmaßnahmen nach Kap. VII SVN sind, für die der Sicherheitsrat primär zuständig wäre, wird man die OAS und die VN bis zu einer ausdrücklichen Regelung als gleichberechtigt ansehen müssen. Auf den ersten Blick ist diese Feststellung keine befriedigende Lösung der Zuständigkeitsfrage. Bedenkt man aber, daß friedenserhaltende Aktionen grundsätzlich nur mit Zustimmung der betroffenen Regierungen erfolgen, erscheint das Ergebnis doch sachgerecht. Denn es läuft darauf hinaus, daß die Regierungen der beteiligten Staaten

---

[82] Art. 2 Abs. 7 SVN betrifft seinem Wortlaut nach nur die VN selbst (*Kelsen*, UN, S. 770). Der allgemeine Grundsatz der Nichtintervention gilt aber für alle Staaten und für andere Organisationen, soweit ihnen die Vertragsstaaten nicht ausdrücklich Interventionsrechte übertragen haben (*Jiménez*, Derecho Constitucional, S. 97 ff.; *v. Münch*, S. 44 ff.). Intervention unter Anwendung von Gewalt ist jedoch immer verboten.

Für die Rechtmäßigkeit des Eingreifens der OAS *Münch*, AVR 1966/67, S. 311 mit dem Argument: Wenn die Regionalorganisationen eine Art VN im kleinen seien, müßten ihnen auch dieselben humanitären und bundesähnlichen Interventionen möglich sein. *Kutzner* (S. 218 f.) räumt ein, daß der Einsatz der Interamerikanischen Friedensstreitmacht zu einem — wenn auch prekären — Frieden und zu einer demokratischen Staatsform geführt habe. Dennoch meint er, daß „eine Chance der Demokratisierung des politischen Lebens in der Dominikanischen Republik verbaut" worden sei. Letzterem kann nicht zugestimmt werden. Zwar ist es richtig, daß die sozialen Spannungen, die zum Ausbruch des Bürgerkrieges geführt haben, durch die Interamerikanische Friedensstreitmacht nicht beseitigt worden sind. Immerhin sind aber die Voraussetzungen für eine Beseitigung dieser Spannungen geschaffen worden, nämlich die Beendigung des Bürgerkrieges und eine freigewählte Regierung.

nicht nur frei darüber entscheiden können, ob sie überhaupt einer friedenserhaltenden Aktion zustimmen, sondern daß sie auch zwischen OAS und VN wählen können, je nachdem, welche Organisation ihnen für die Lösung der Frage geeigneter erscheint. Dabei muß in Kauf genommen werden, daß sich bei einer internationalen Streitigkeit die Staaten nicht auf eine Organisation einigen können oder bei einem innerstaatlichen Konflikt die Regierung weder die Regional- noch die Weltorganisation anruft.

Die Besonderheit der dominikanischen Krise war, daß die Regierung zurückgetreten war und zunächst ohne anerkannte Nachfolge blieb. So kam es dazu, daß sich sowohl die OAS als auch die VN in den Konflikt einschalteten, infolge der Interessengegensätze jedoch ihre Bemühungen nicht koordinierten. Ja, es entstand sogar ein Konkurrenzverhältnis, das die Beilegung der Streitigkeit erschwert hat[83]. Zahlreiche Staaten im Sicherheitsrat, darunter auch Uruguay, hielten die OAS wegen der beherrschenden Rolle der Vereinigten Staaten nicht für geeignet, eine unparteiische Lösung herbeizuführen. Wie der Beschluß der 10. Beratungsversammlung vom 6. Mai 1965[84] zeigt, sah aber die Mehrheit der amerikanischen Staaten, trotz der Verbitterung über das Vorgehen der Vereinigten Staaten, in dem Eingreifen der OAS die einzige Möglichkeit, um Einfluß auf die Lösung des Konflikts zu gewinnen. Die Behandlung der Frage ganz den VN zu überlassen, hätte ihrer Ansicht nach nicht nur die Gefahr einer kommunistischen Einflußnahme herbeigeführt und die Befriedung in der Dominikanischen Republik verzögert, sondern auch dem Ansehen der OAS, das ohnehin gelitten hatte, weiteren Schaden zugefügt und die Stellung der Regionalorganisation gegenüber den VN geschwächt. Sowohl an der OAS als auch an den VN ist Kritik geübt worden[85]. Wie dargelegt, konnte jedoch weder der einen noch der anderen Organisation die Zuständigkeit abgesprochen werden. Wenn es die OAS war, die die Behandlung der dominikanischen Krise im wesentlichen an sich zog und wohl auch in künftigen Fällen konkurrierender Zuständigkeit die Oberhand behalten wird, so liegt das daran, daß die Vereinigten Staaten hinter ihr stehen. Sie beherrschen nicht nur militärisch und wirtschaftlich den amerikanischen Kontinent, sondern sie haben auch eine Schlüsselstellung im Sicherheitsrat. Durch ihr Vetorecht können sie jederzeit Aktionen des Sicherheitsrates blockieren und werden sich nicht scheuen, davon Gebrauch zu machen, wenn es

[83] 2. Bericht der Vermittlungskommission der OAS — UN Doc. S/6370 Annex III A.

[84] Vgl. oben Anm. 20; vgl. auch den Brief von 13 lateinamerikanischen Staaten vom 25. Mai 1965 — Un Doc. S/6409 —, in dem diese forderten, daß die OAS weiter mit der Friedenssicherung in der Dominikanischen Republik betraut bleiben sollte. Sie traten für eine Koordinierung der Bemühungen beider Organisationen ein.

[85] Vgl. oben S. 71.

darum geht, die westliche Hemisphäre vor „fremder", insbesondere kommunistischer Einflußnahme zu schützen.

III. Ausblick

Friedenserhaltende Aktionen sind sowohl bei der Weltorganisation als auch bei der OAS ein vieldiskutiertes, aber ungelöstes Problem. Während die grundsätzliche Zuständigkeit der VN für den Einsatz von Friedensstreitkräften aber anerkannt ist und nur Streit hinsichtlich Finanzierung und Kompetenzen der Organe besteht[86], ist nach wie vor umstritten, ob die OAS überhaupt zu friedenserhaltenden Aktionen befugt ist.

Es hat nicht an Anregungen gefehlt, nach dem Vorbild der Interamerikanischen Friedensstreitkräfte in der Dominikanischen Republik eine ständige interamerikanische Friedensstreitmacht aufzustellen. Besonders die Vereinigten Staaten und Brasilien setzten sich dafür ein. Sie vertraten die Auffassung, daß die lateinamerikanischen Staaten einzeln zu schwach seien, um die von Moskau und Peking gesteuerte Subversion zu bekämpfen. Daher sei die Bildung einer OAS-Truppe mit einem Interventionsrecht notwendig[87].

Diese Pläne werden jedoch von der Mehrheit der lateinamerikanischen Staaten, allen voran Chile und Mexiko, abgelehnt. Sie sind der Ansicht, daß die amerikanischen Staaten trotz ihrer militärischen Schwäche in der Lage seien, kommunistische Aufstände in ihrem Innern wirksam zu bekämpfen. Durch die militärische und finanzielle Übermacht der Vereinigten Staaten würde eine interamerikanische Streitmacht von ihnen abhängig und letzten Endes zu einem Instrument ihrer Machtpolitik. Es entstehe die Gefahr, daß die OAS-Streitmacht nicht nur zur Unterdrückung kommunistischer, sondern auch nichttotalitärer, sozial fortschrittlich eingestellter Bewegungen eingesetzt werde. Die OAS dürfe nicht zu einer militärischen Zwangsorganisation werden, da dies den Prinzipien des Interamerikanischen Systems widerspreche[88].

Ob die Bildung einer ständigen interamerikanischen Streitmacht und ihr Einsatz unabhängig von der Zustimmung des Sicherheitsrates der VN rechtlich zulässig wäre, hängt davon ab, unter welchen Bedingungen sie eingreifen soll. Zulässig wäre eine Streitmacht zur kollektiven Selbstverteidigung gegen bewaffnete Angriffe auf Mitgliedstaaten. Für diesen Zweck ist die interamerikanische Streitmacht jedoch ebensowenig vorgesehen, wie für das Ergreifen von kollektiven Zwangs-

---

[86] Oben S. 159 f.

[87] NZZ, 1. Aug., 18. Nov. und 1. Dez. 1965.

[88] NZZ, a.a.O.; vgl. auch *Sepúlveda*, „Excelsior", 4. Nov. 1965; *Warschaver*, S. 5 ff.

maßnahmen nach Art. 6, 8 Rio-Vertrag. Geplant ist vielmehr die Bildung einer Art Polizeitruppe zur Bekämpfung von Aufständen innerhalb der Mitgliedstaaten.

Unvereinbar mit den Prinzipien der Nichteinmischung und des Verbotes von Gewaltanwendung wäre es, der OAS das Recht einzuräumen, mit Hilfe einer solchen Polizeitruppe in einem Mitgliedstaat gegen den Willen der Regierung zu intervenieren. Insoweit muß denjenigen, die sich gegen die Pläne einer interamerikanischen Streitmacht wenden, Recht gegeben werden[89]. Keine rechtlichen Bedenken bestehen aber, wenn eine Streitmacht gebildet wird, die dazu bestimmt ist, in einen innerstaatlichen Konflikt mit Zustimmung der Regierung einzugreifen[90]. Aus den in der Satzung der OAS niedergelegten Grundsätzen ergibt sich dabei, daß der Einsatz der Streitmacht nur dann gerechtfertigt ist, wenn er der Erhaltung oder Herstellung demokratischer Verhältnisse dient, unter denen die Menschenrechte geachtet werden[91]. Unter diesen Umständen dürfte gewährleistet sein, daß die Streitmacht nur zur Bekämpfung totalitärer, nicht aber gegen alle sozial fortschrittlich eingestellten Bewegungen eingesetzt wird.

Vielfach wird die Ansicht vertreten, daß die Bildung einer interamerikanischen Streitmacht es den Vereinigten Staaten erleichtern werde, in ihrem Interesse in den lateinamerikanischen Staaten zu intervenieren. Diese Ansicht erscheint dann gerechtfertigt, wenn der OAS das Recht eingeräumt wird, mit einer solchen Truppe eigenmächtig in die inneren Angelegenheiten der Mitgliedstaaten einzugreifen. Bei einer interamerikanischen Streitmacht, die nur mit Zustimmung der betreffenden Regierung und nur im Interesse der Demokratie und der Menschenrechte eingesetzt werden darf, ist die Gefahr einer Einflußnahme der Vereinigten Staaten aber eher geringer als bei der gegenwärtigen Lage, bei der auf Grund bilateraler Vereinbarungen Spezialtruppen der Vereinigten Staaten, die „Green Berets", in vielen Ländern bei der Bekämpfung von Guerillas eingesetzt werden[92].

Zur Zeit besteht für die Bildung einer OAS-Truppe keinerlei Aussicht. Der von den Vereinigten Staaten mehr oder weniger erzwungene Einsatz der Interamerikanischen Friedensstreitmacht in der Dominika-

---

[89] *Sepúlveda*, „Excelsior", 4. Nov. 1965; ders., Coordinación, S. 10; *Warschaver*, S. 5 ff.; *Kutzner*, S. 215 ff.

[90] Das wird von *Kutzner* (a.a.O.) übersehen. Deshalb muß seiner allgemeinen Feststellung (S. 219, 223), die Aufstellung und der Einsatz einer interamerikanischen Streitmacht verstoße gegen Art. 15 SOAS und gegen die SVN, widersprochen werden. Ähnlich wie *Kutzner* auch *Warschaver*, S. 5 ff.

[91] Vgl. oben 4. Teil.

[92] NZZ, 25. Sept. 1967; AdG 1967, S. 13453. Eine gute Übersicht über die bilateralen Militärvereinbarungen der USA mit den lateinamerikanischen Staaten bei *Kutzner*, S. 209 ff.

nischen Republik hat den Gedanken so in Mißkredit gebracht, daß die Vereinigten Staaten es nicht einmal gewagt haben, offiziell die Bildung einer solchen Streitmacht vorzuschlagen. Um den Fortbestand der OAS nicht zu gefährden, hat sich Außenminister *Rusk* auf der 2. Interamerikanischen Sonderkonferenz im November 1965 in Rio de Janeiro darauf beschränkt, nur allgemein das Studium dieser Frage anzuregen[93]. Rusk erreichte jedoch nicht einmal, daß eine besondere Kommission für die Behandlung der Problematik eingesetzt wurde. Sowohl auf dieser Konferenz als auf der 3. Interamerikanischen Sonderkonferenz im Februar 1967 in Buenos Aires zeigte die Mehrheit der lateinamerikanischen Staaten nur Interesse für wirtschaftliche und soziale Zusammenarbeit, widersetzte sich aber aus Mißtrauen gegenüber den Vereinigten Staaten allen Bestrebungen, im Rahmen der OAS die Abwehr kommunistischer Unterwanderungsversuche zu koordinieren. Wie weit dieser Widerstand gegen die Stärkung der politisch-militärischen Solidarität geht, zeigte sich, als der Vorschlag Argentiniens abgelehnt wurde, bei der Revision der Satzung der OAS auch ein ständiges beratendes Verteidigungsorgan zu bilden[94]. Diese Ablehnung ist um so bemerkenswerter, als der Vorschlag praktisch nur auf die Institutionalisierung eines bereits bestehenden Organs, des „Interamerikanischen Verteidigungsausschusses" hinauslief[95]. Dieser Ausschuß hatte allerdings nach dem Zweiten Weltkrieg keine Bedeutung mehr, weil bilaterale Militärabkommen mit den Vereinigten Staaten in den Vordergrund getreten waren[96].

In Zentralamerika hat man erreicht, was von einer Minderheit für die ganze OAS angestrebt wird, die Gründung eines Organs für die gemeinsame Verteidigung, des „Zentralamerikanischen Verteidigungs-

---

[93] DSB 1965 II, S. 993 f.; NZZ, 24. Nov. und 1. Dez. 1965.

[94] Die Ablehnung erfolgte mit 11 gegen 6 Stimmen bei 3 Enthaltungen. Argentinien hat wegen der Ablehnung dem „Protokoll von Buenos Aires", durch das die Revision der Satzung der OAS erfolgte, die Erklärung beigefügt, daß es Vorschriften zur Stärkung des Sicherheitssystems des Kontinents für erforderlich halte — „La Crónica de la OEA" II, Nr. 5 (April 1967), S. 45.

[95] Vgl. *Kutzner*, S. 132 ff.

[96] Der „Interamerikanische Verteidigungsausschuß" wurde auf Grund der Resolution XXXIX der 3. Außenministerkonferenz (1942) ins Leben gerufen. Er blieb gemäß Resolutionen VII und XXXIV der Konferenz von Bogotá (1948) als ständiges Organ zur Vorbereitung der Selbstverteidigung bestehen. In die Satzung wurde er nicht aufgenommen, da man der OAS keinen militärischen Charakter geben wollte. Dafür wurde in Art. 44—47 ein „Beratendes Verteidigungskomitee" vorgesehen, das nicht ständig tagen, sondern nur zusammentreten sollte, wenn das Konsultationsorgan mit der Verteidigung gegen einen Angriff befaßt ist. Dieses Komitee hat sich bisher nie versammelt. Näheres bei *Connell-Smith*, S. 221 ff.; *Dreier*, Hemisphere Crisis, S. 43 ff.; *Fernández-Shaw*, S. 349 f., 351 f., 734 f.; *Mecham*, S. 329 ff.; *Thomas*, OAS, S. 123 ff. und zuletzt *Kutzner*, S. 347 ff.

rats"[97]. Seine Aufgabe ist es nicht zuletzt, die Bekämpfung kommunistischer Infiltration verbessern zu helfen. Ob das Endziel — eine gemeinsame zentralamerikanische Streitmacht — jedoch in absehbarer Zeit erreicht wird, erscheint fraglich, vor allem wenn man an die jüngsten bewaffneten Auseinandersetzungen zwischen El Salvador und Honduras denkt.

Zusammenfassend kann gesagt werden, daß in absehbarer Zeit mit der Bildung einer ständigen OAS-Truppe nicht zu rechnen ist. Das schließt jedoch nicht aus, daß sich bei einem akuten Konflikt eine Mehrheit für die Bildung einer interamerikanischen ad-hoc-Friedensstreitmacht findet. Die Geschichte des Interamerikanischen Systems zeigt, daß sich die amerikanischen Staaten in Krisenzeiten unter dem Druck der Verhältnisse stets zu gemeinsamen Aktionen haben durchringen können, so unterschiedlich die Meinungen und so groß die Animosität gegen die Hegemoniebestrebungen der Vereinigten Staaten auch gewesen sein mögen.

---

[97] Die Bildung des „Consejo de Defensa Centroamericana" wurde am 12. Dez. 1962 in der „Carta de San Salvador" von den Außenministern Costa Ricas, El Salvadors, Guatemalas, Honduras' und Nicaraguas beschlossen. Seine Gründung erfolgte am 2. Juli 1965 auf einer Konferenz in Guatemala — FAZ, 16. Aug. 1965; AdG 1962, S. 10307.

Sechster Teil

Abrüstung — die Atomwaffensperrverträge

Die Erörterung der Friedenssicherung wäre unvollständig ohne einen Hinweis auf die Abrüstungsbemühungen, d. h. die Bemühungen um Begrenzung, Reduzierung oder Einstellung der militärischen Rüstung, um die Gefahren kriegerischer Auseinandersetzungen zu mindern[1].

Nachdem die Abrüstungsverhandlungen des Völkerbundes erfolglos geblieben waren, wurde dieses Thema nach dem Zweiten Weltkrieg von den VN wieder aufgegriffen. Trotz intensiver Bemühungen blieben die Erfolge gering. Immerhin sind aber gerade in dem Bereich, von dem die größten Gefahren für die Menschheit ausgehen, bei den Atomwaffen, eine Reihe von Vereinbarungen erzielt worden. Daher ist die Hoffnung nicht unbegründet, daß trotz der bestehenden Spannungen zumindest auf diesem Gebiet das Wettrüsten eingeschränkt wird. 1959 wurde unter Beteiligung aller Staaten, die Souveränitätsansprüche in der Antarktis geltend machen, ein Vertrag über die Entmilitarisierung und das Verbot von Kernexplosionen in der Antarktis abgeschlossen. 1963 trat das sogenannte Testban-Abkommen in Kraft, das Kernwaffenversuche in der Atmosphäre, im Weltraum und unter Wasser untersagt, und 1967 der Vertrag über die friedliche Erforschung und Nutzung des Weltraums, der u. a. das Verbot der Stationierung von Massenvernichtungsmitteln im Weltraum vorsieht. Den bedeutsamsten Fortschritt auf dem Wege zu einer allgemeinen Abrüstung stellt der am 1. Juli 1968 in Washington, Moskau und London unterzeichnete, wegen seines diskriminierenden Charakters umstrittene „Vertrag über das Verbot der Verbreitung von Kernwaffen" dar[2].

Im Interamerikanischen System ist den Fragen der Abrüstung wenig Aufmerksamkeit gewidmet worden. Zwar wurden, zuletzt auf dem

---

[1] Zum Begriff Abrüstung *Heiser*, WVR I, S. 5.

[2] Deutscher Text in NZZ, 28. Juli 1968, und in AdG 1968, S. 14060 f.
Die Generalversammlung der VN hat am 12. Juni 1968 mit 95 gegen 4 Stimmen, darunter die von Kuba, bei 21 Enthaltungen (u. a. Argentinien, Brasilien, Frankreich und Indien) den Atomsperrvertrag gebilligt. Vgl. Näheres in „Vereinte Nationen" 1968, S. 84 ff., NZZ, 14. Juni 1968. Für einen Überblick über die Abrüstungsbemühungen und über die Texte der Vereinbarungen vgl. *Vereinigung Deutscher Wissenschaftler*, insbesondere S. 38 ff., 181 ff.

Gipfeltreffen der amerikanischen Präsidenten in Punta del Este im April 1967, Resolutionen verabschiedet, die die Notwendigkeit ausdrücken, im Interesse des wirtschaftlichen und sozialen Fortschritts, unnötige Militärausgaben zu vermeiden[3]. Wie die früheren Resolutionen dieser Art[4] ist aber auch die vom April 1967 nur eine unverbindliche Erklärung. Sie kann das Wettrüsten aus Prestigegründen, wie es zwischen gewissen Staaten Südamerikas zu beobachten ist[5], nicht verhindern.

Bedeutsam auf dem Gebiet der Rüstungsbeschränkung in Amerika ist allein der am 14. Februar 1967 in Tlatelolco (Mexiko) von 21 amerikanischen Staaten vereinbarte „Vertrag über das Verbot von Kernwaffen in Lateinamerika"[6].

Eine genaue Analyse der beiden Atomwaffensperrverträge würde den Rahmen dieser Arbeit sprengen, zumal der Vertrag von Tlatelolco die Bildung einer besonderen Organisation vorsieht, die nicht mit der OAS zusammenhängt. Wegen der Bedeutung und besonderen Aktualität der Verträge und weil es die OAS-Staaten mit Ausnahme Kubas und der Vereinigten Staaten waren, die den Vertrag von Tlatelolco abgeschlossen haben, und weil in ihm mehrfach sowohl auf die VN als auch auf die OAS Bezug genommen wird[7], soll kurz ein Vergleich des weltweiten und des regionalen Atomwaffensperrvertrages vorgenommen werden.

Der Vertrag von Tlatelolco ist ein regionaler Atomwaffensperrvertrag im Sinne des Art. VII des weltweiten Sperrvertrages. Er umfaßt

---

[3] „Declaración de los Presidentes de América", „La Crónica de la OEA" II, Nr. 6 (Juni 1967), S. 25, 28; deutsch EA 1967, D 512 ff.

[4] Etwa die Resolution LIX der 5. Internationalen Konferenz Amerikanischer Staaten in Santiago de Chile 1923 (*Fernández-Shaw*, S. 159, 652) und die Resolution VIII der 7. Außenministerkonferenz in Costa Rica 1960 (*Fernández-Shaw*, S. 709). Auch für die geplante 11. Interamerikanische Konferenz war die Rüstungsbeschränkung auf dem Programm (Punkt I, 12, b, 2) vorgesehen (*Fernández-Shaw*, S. 684).

[5] So z. B. zwischen Argentinien und Brasilien besonders bei der Kriegsmarine oder zwischen Chile und Peru bei den Luftstreitkräften. Über Rüstungsprobleme in Lateinamerika vgl. NZZ, 20. Okt. 1968.

[6] Er wurde allerdings nur von 14 Staaten sofort unterschrieben, AdG 1967, S. 13036 ff.; vgl. auch „Vereinte Nationen" 1968, S. 86 f. und NZZ, 15. Febr. 1967. Englischer und deutscher Text des Vertrages sowie ein kurzer Überblick über ihn in *Vereinigung Deutscher Wissenschaftler*, S. 222 ff., S. 50 f.; deutscher Text auch in EA 1967, D 152 ff. Zur Vorgeschichte des Vertrages *Brandt*, Jahrbuch für Internationales Recht 1969, S. 280 ff. und *García Robles*, „El Dia", 5. Nov. 1965.

[7] So bestehen der OAS und den VN gegenüber Informationspflichten: z. B. Art. 14 Abs. 3, 16 Abs. 6, 30 Abs. 2, 31. Beide Organisationen sollen besonders von friedensbedrohenden Vertragsverletzungen benachrichtigt werden (Art. 20 Abs. 2). Art. 19 Abs. 3 sieht die Beratung der Vertragsstaaten durch die von der OAS eingesetzte „Interamerikanische Kernenergiekommission" vor (zu dieser *Fernández-Shaw*, S. 474 f.).

Amerika südlich des 35. nördlichen Breitengrades einschließlich Teilen des Atlantischen und Pazifischen Ozeans mit Ausnahme des Territoriums der Vereinigten Staaten und der dazugehörigen Hoheitsgewässer[8]. Beide Verträge bezeichnen sich als Schritt zu einer allgemeinen und vollständigen Abrüstung[9]. Im Vertrag über Lateinamerika verpflichten sich unterschiedslos alle Vertragsstaaten, von denen ja noch keiner Kernwaffen besitzt, nukleare Energie nur für friedliche Zwecke zu nutzen[10]. Im allgemeinen Sperrvertrag wird dagegen zwischen zwei Klassen von Staaten unterschieden: die kernwaffenlosen Staaten, die auf nukleare Sprengvorrichtungen jeder Art verzichten[11], und die Kernwaffenstaaten, die zwar in der Präambel und in Art. VI versichern, sich um eine Beendigung des atomaren Wettrüstens und um eine allgemeine Abrüstung bemühen zu wollen, die jedoch keinerlei verbindliche Verpflichtung für eine Rüstungsbeschränkung eingehen[12].

Der Verzicht der Staaten Mittel- und Südamerikas auf Nuklearwaffen widerspricht nicht dem Vertrag von Rio de Janeiro. Denn weder die Beistandspflicht nach Art. 3 Abs. 1 noch die Pflicht, an kollektiven Zwangsmaßnahmen mitzuwirken, beeinträchtigen das Recht der Mitglieder, frei darüber zu entscheiden, ob sie überhaupt Waffengewalt anwenden oder nicht[13]. Erst recht bleibt es ihnen freigestellt, auf den Einsatz bestimmter Waffen zu verzichten.

Ein entscheidender Unterschied zwischen den Sperrverträgen besteht im Hinblick auf den Umfang des Verzichts der kernwaffenlosen Staaten. Während sich der weltweite Sperrvertrag auf alle Arten von nuklearen Sprengvorrichtungen bezieht[14], wird im Vertrag von Tlatelolco nur die Verwendung von Kernenergie für kriegerische Zwecke untersagt. Kernexplosionen zu friedlichen Zwecken werden aber ausdrücklich gestattet[15]. Damit wird den — in Anbetracht der Bedeutung, die die friedliche

---

8 Eine genaue Umschreibung der Zone enthält Art. 4 des Vertrages von Tlatelolco. Sie ist kleiner als die des Vertrages von Rio (Art. 4), geht aber im Atlantik und im Pazifik zum Teil über diese hinaus. Die Panamakanalzone fällt in den Bereich des Vertrages von Tlatelolco, nicht jedoch Puerto Rico und die östlich davon gelegenen Jungferninseln; vgl. dazu im einzelnen *Brandt*, Jahrbuch für Internationales Recht 1969, S. 280, 287, 294, 297 mit Nachweisen; *Robinson*, AJIL 1970, S. 282, 294 ff.

9 Präambeln der Verträge.

10 Präambel und Art. 1.

11 Art. II.

12 Ihre Verpflichtung geht nur dahin, alles zu unterlassen, wodurch ein kernwaffenloser Staat Verfügungsgewalt über atomare Sprengvorrichtungen erlangen könnte (Art. I). Kritisch dazu *Bindschedler* am 10. Sept. 1968 auf der Genfer Konferenz der Nichtnuklearen Staaten (NZZ, 13. Sept. 1968).

13 Vgl. oben 2. Teil, A und 3. Teil, A, II.

14 Art. I und II sprechen von Kernwaffen und „sonstigen nuklearen Sprengvorrichtungen ...“.

15 Präambel, Art. 1, 5, 12 Abs. 2, insbesondere aber Art. 17 und 18 Abs. 1, diese lauten:

Nutzung von Kernexplosionen gewinnen wird[16] — berechtigten Bedenken der kernwaffenlosen Staaten Rechnung getragen, in wirtschaftliche und technische Abhängigkeit zu geraten.

Beide Verträge sehen ein Kontrollsystem zur Überwachung der nuklearen Tätigkeit der kernwaffenfreien Vertragsstaaten vor. Mit der Durchführung dieser Kontrollen ist die Internationale Atomenergie-Behörde in Wien (IAEA) beauftragt, nach Maßgabe von multi- oder bilateralen Übereinkünften, die innerhalb bestimmter, in den Ver-

---

Art. 17: "Nothing in the provisions of this Treaty shall prejudice the rights of the Contracting Parties, in conformity with this Treaty, to use nuclear energy for peaceful purposes, in particular for their economic development and social progress."

Art. 18 Abs. 1: "The Contracting Parties may carry out explosions of nuclear devices for peaceful purposes — including explosions which involve devices similar to those used in nuclear weapons — or collaborate with third parties for the same purpose, provided that they do so in accordance with the provisions of this article and the other articles of the Treaty, particularly articles 1 and 5."

Der nordamerikanische Delegierte Foster erklärte auf der Genfer Abrüstungskonferenz am 7. März 1967, der Vertrag von Tlatelolco erlaube unter keinen Umständen Kernexplosionen, auch nicht zu friedlichen Zwecken (AdG 1967, S. 13092) — ebenso Freeman, der Beobachter der Vereinigten Staaten auf der Konferenz von Tlatelolco (DSB 1967 I, S. 436). Diese Auslegung ist aber angesichts der unzweideutig im Wortlaut ausgedrückten gegenteiligen Ansicht der Vertragsstaaten unhaltbar. Darauf wies der Vertreter Brasiliens auf der Abrüstungskonferenz am 14. März 1967 zu Recht hin (AdG 1967, S. 13093). Ebenso *Brandt*, Jahrbuch für Internationales Recht 1969, S. 280, 288 f. Zum Stand der Meinungen, insbesondere der der Vereinigten Staaten, *Robinson*, AJIL 1970, S. 282, 288 ff.

[16] Welche Bedeutung die Verwendung nuklearer Sprengstoffe für friedliche Zwecke in Zukunft haben wird, zeigt *Ginsburg* eindringlich in seinem Aufsatz: „Die friedliche Nutzung von Kernexplosionen" (NZZ, 19. Sept. 1968, Beilage Technik). *Ginsburg* berichtet über das sogenannte Plowshare-Programm der Vereinigten Staaten und unterscheidet verschiedene Anwendungsbereiche: Die Oberflächenexplosionen können z. B. für die Schaffung künstlicher Häfen, den Durchbruch von Gebirgsketten für Eisenbahn- und Straßenverbindungen, den Bau von Kanälen (besonders der Bau eines zweiten Panamakanals ist im Gespräch), die Ausbeutung oberflächennaher Erz- und Mineralvorkommen sowie für die Gewinnung von Grundwasser und die Entsalzung von Meerwasser ausgenutzt werden.

Durch unterirdische Explosionen können u. a. Erdöl, Erdgas und andere Bodenschätze erschlossen werden. Darüber hinaus bestehen zahlreiche Möglichkeiten für die wissenschaftliche Nutzung von Kernexplosionen, z. B. als Neutronenquellen.

Die meisten Projekte befinden sich im Planungs- oder Experimentierstadium. Einige sind jedoch schon erfolgreich durchgeführt worden, so 1967 das Projekt „Gasbuggy" zur Gewinnung von Erdgas. Auch Testexplosionen für das Panama-Projekt wurden bereits gezündet. Eine chronologische Übersicht über die durchgeführten und geplanten Kernexplosionen für friedliche Zwecke bei *Ginsburg*, a.a.O. am Ende. Ausführlich zu friedlichen Kernexplosionen: Hearings before the Joint Committee on Atomic Energy Congress of the United States, Ninety-First Congress, First Session on Peaceful Nuclear Explosion Services for Domestic and Foreign Users, May 8, 9, and July 17, 1969, Washington 1969.

trägen übereinstimmender Fristen abgeschlossen sein müssen[17]. Der Vertrag von Tlatelolco, der anders als der weltweite Sperrvertrag gleichzeitig die Gründungsurkunde einer Organisation, der „Organisation für das Verbot von Kernwaffen in Lateinamerika", mit Sitz in Mexiko-City ist[18], sieht darüber hinaus Kontrollen durch Organe dieser Organisation vor[19]. Da sich nukleare Sprengvorrichtungen für friedliche und solche für militärische Zwecke nicht wesentlich unterscheiden[20], ist eine besonders strenge Überwachung bei friedlichen Kernexplosionen vorgesehen. Sie müssen vorher der Organisation selbst und der IAEA in allen Einzelheiten mitgeteilt werden, und Vertretern von beiden ist das Recht einzuräumen, die Vorbereitungen und die Explosion selbst ungehindert zu beobachten[21].

Keiner der Verträge enthält Sanktionen für den Fall der Verletzung von Verpflichtungen durch einen Mitgliedstaat. Art. 20 des Vertrages von Tlatelolco räumt der Generalkonferenz der Organisation aber ein Empfehlungsrecht ein. Sofern die Vertragsverletzung den Frieden gefährdet, sollen der Sicherheitsrat und die Generalversammlung der VN, der Rat der OAS und die IAEA benachrichtigt werden. Besondere Bedeutung hat diese Vorschrift allerdings nicht, da es nach der Satzung der VN allen Staaten freisteht, bei internationalen Streitigkeiten und Friedensbedrohungen die VN anzurufen. Die amerikanischen Staaten können sich daneben an die OAS wenden.

Unterschiede enthalten auch die mehr formalen Bestimmungen der Verträge. So ist der Vertrag von Tlatelolco auf Dauer geschlossen[22], und es können keine Vorbehalte erklärt werden[23]. Der allgemeine Sperrvertrag gilt demgegenüber zunächst nur für 25 Jahre[24]. Um einen möglichst umfassenden Beitritt zu sichern, hat man die Aufnahme von

---

17 Art. III des allgemeinen Atomsperrvertrages und Art. 13 Vertrag von Tlatelolco. Mexiko hat sich als erster Staat auf Grund des Vertrages von Tlatelolco bereit erklärt, sein gesamtes Atomprogramm der Kontrolle der Internationalen Atomenergie-Behörde in Wien zu unterstellen, NZZ, 14. Sept. 1968 — AdG 1968, S. 14033.

18 Art. 7.

19 Die Organe sind: die Generalkonferenz, der Rat und das Sekretariat (Art. 8). Die Generalkonferenz ist das Hauptorgan. Sie soll alle 2 Jahre zusammentreten, in besonderen Fällen darüber hinaus Sondersitzungen abhalten. Sie hat umfangreiche Befugnisse, u. a. wählt sie den Rat und den Generalsekretär und hat das Budgetrecht (Art. 9). Der Rat besteht aus 5 Mitgliedern, er ist ein ständiges Organ (Art. 10). Oberster Verwaltungsbeamter ist der Generalsekretär (Art. 11). Alle 3 Organe sind in das Kontrollsystem eingeschaltet (Art. 9 Abs. 2 b, 10 Abs. 5, 11 Abs. 3, 16).

20 Zur Problematik der Abgrenzung *Brandt*, Jahrbuch für Internationales Recht 1969, S. 280, 283 ff.

21 Art. 18 Abs. 2.

22 Art. 30.

23 Art. 27.

24 Art. X Abs. 2.

Vorbehalten nicht ausgeschlossen. Beide Verträge können aus wichtigem Grund vorzeitig gekündigt werden[25]. Entstehen Streitigkeiten bei der Auslegung des Vertrages von Tlatelolco, und einigen sich die Parteien nicht auf andere Weise, so soll die Frage mit Zustimmung der Beteiligten dem IGH vorgelegt werden[26]. Eine vergleichbare Vorschrift im weltweiten Sperrvertrag fehlt: Die Großmächte wollten sich offensichtlich vorbehalten, den Vertrag jeweils nach ihren politischen Interessen auszulegen.

Schließlich soll noch ein bedeutsamer Unterschied erwähnt werden; er betrifft das Inkrafttreten der Verträge. Während der allgemeine Sperrvertrag bestimmt, daß die Hinterlegung der Ratifikationsurkunden durch die Vereinigten Staaten, die Sowjetunion und Großbritannien sowie durch 40 weitere Staaten — insgesamt kaum mehr als ein Drittel der in den VN vertretenen Staaten — für das Inkrafttreten genügt[27], sollte der Vertrag von Tlatelolco grundsätzlich erst wirksam werden, wenn vier Voraussetzungen erfüllt sind[28]:

— Alle amerikanischen Staaten der in Art. 4 umschriebenen Zone müssen den Vertrag ratifiziert haben.

— Alle Staaten, die nicht der Zone angehören, die aber Hoheitsrechte in ihr ausüben, müssen sich durch Ratifikation des Zusatzprotokolls I verpflichten, die kernwaffenfreie Zone zu achten.

— Alle Kernwaffenstaaten müssen durch Ratifikation des Zusatzprotokolls II versprechen, gegen die Vertragsstaaten weder Kernwaffen anzuwenden noch mit der Anwendung zu drohen[29]. Erlangen weitere Staaten Verfügungsgewalt über Kernwaffen, so ist die Wirkung des Vertrages vorübergehend suspendiert, bis auch diese Staaten das Zusatzprotokoll II ratifiziert haben[30].

— Die Abkommen mit der Internationalen Atomenergie-Behörde in Wien über die Kontrollen müssen abgeschlossen sein.

Diese Regelungen sollen sicherstellen, daß ein Staat, der sich zum Verzicht auf Kernwaffen bereit erklärt, daran nur gebunden ist, wenn, sozusagen als Gegenleistung, auch die übrigen Staaten dieser Zone auf nukleare Bewaffnung verzichten und die Kernwaffenmächte

---

[25] Art. 30 Vertrag von Tlatelolco; Art. X Abs. 1 allgemeiner Atomsperrvertrag.

[26] Art. 24.

[27] Art. IX Abs. 3.

[28] Art. 28 Abs. 1.

[29] Das Versprechen ist in Art. 3 des Zusatzprotokolls II allgemein ausgedrückt, so daß es auch für den Fall der Selbstverteidigung gelten dürfte. Großbritannien und die Vereinigten Staaten haben das Protokoll unterschrieben, AdG: 1967, S. 13494; 1968, S. 13835. Ausführlich zu Protokoll II und der Haltung der Vereinigten Staaten *Robinson*, AJIL 1970, S. 282, 298 ff.

[30] Art. 28 Abs. 4.

wenigstens eine Sicherheitsgarantie abgeben. So gerechtfertigt es war, die Wirksamkeit des Vertrages von Tlatelolco von der Erfüllung der genannten Voraussetzungen abhängig zu machen, um die militärischen Risiken zu mindern, die durch Verzicht auf nukleare Rüstung eingegangen werden, so fraglich ist es, ob unter diesen Umständen der Vertrag jemals in Kraft getreten wäre. Denn nicht nur die Ratifikation durch alle Staaten ist zweifelhaft[31], es besteht derzeit auch wenig Aussicht, daß die Nuklearmächte China, Frankreich und die Sowjetunion das Zusatzprotokoll II ratifizieren[32]. Damit aber die Bildung eines atomwaffenfreien Lateinamerika nicht von vornherein zum Scheitern verurteilt ist, hat man in Art. 28 Abs. 2 die Möglichkeit geschaffen, auf die Erfüllung der genannten Voraussetzungen ganz oder teilweise zu verzichten. Für Staaten, die von der Möglichkeit Gebrauch machen, gilt der Vertrag, sobald die Voraussetzungen erfüllt sind, auf die nicht verzichtet wurde. Nachdem im April 1969 Barbados als elfter Staat den Vertrag von Tlatelolco ratifiziert[33] und von der Verzichtsmöglichkeit des Art. 28 Abs. 2 Gebrauch gemacht hat, ist die erste Generalkonferenz gemäß Art. 28 Abs. 3 am 2. September 1969 in Mexico-City zusammengetreten[34].

Der weltweite Sperrvertrag ist am 5. März 1970 in Kraft getreten, nachdem über 40 Staaten sowie die Vereinigten Staaten, die Sowjetunion und Großbritannien ihre Ratifikationsurkunden hinterlegt haben[35]. Zunächst hatte es den Anschein, als ob der Vertrag sein Ziel, die Weiterverbreitung von Kernwaffen zu verhindern, nicht erreichen würde. Gerade die Schwellenmächte, d. h. die Staaten, die technisch schon in der Lage waren, Kernwaffen zu entwickeln, zögerten mit einer Zustimmung. Sie sahen ihre Sicherheitsbedürfnisse nicht befriedigt, solange die Kernwaffenmächte als Gegenleistung für den Verzicht der kernwaffenlosen Staaten weder eine wirksame Sicherheitsgarantie

---

[31] So enthielten sich beispielsweise Guayana und Kuba der Stimme, als die Generalversammlung der VN am 5. Dez. 1967 die Regierungen aufforderte, den Vertrag von Tlatelolco und die Zusatzprotokolle zu unterzeichnen: Resolution Nr. 2286 (XXII) — UN Monthly Chronicle, Jan. 1968, S. 25 f. — deutscher Text in „Vereinte Nationen" 1968, S. 96.

[32] Frankreich und die Sowjetunion enthielten sich bei der Abstimmung am 5. Dez. 1967 der Stimme.

[33] Vor Barbados hatten schon Bolivien, El Salvador, die Dominikanische Republik, Ecuador, Honduras, Mexiko, Nicaragua, Paraguay, Peru und Uruguay den Vertrag von Tlatelolco ratifiziert, AdG 1969, S. 14642.

[34] „Atomwirtschaft — Atomtechnik" 1969, Nr. 6, S. 281.

[35] Am 5. März haben neben den Vereinigten Staaten und der Sowjetunion noch 6 weitere Staaten ihre Ratifikationsurkunden hinterlegt. Bis zu diesem Zeitpunkt hatten das bereits 38 Staaten getan. Unterschrieben haben bis einschließlich 5. März insgesamt 98 Staaten. Vgl. im einzelnen FAZ, 6. März 1970.

abgeben[36], noch selbst bindende Verpflichtungen für eine atomare Abrüstung eingehen[37]. Außerdem befürchteten sie, auf dem Gebiete der friedlichen Nutzung von Kernenergie in technische Abhängigkeit zu geraten[38].

Obwohl diese Bedenken nicht völlig ausgeräumt sind, scheint sich aber jetzt auch bei der Mehrzahl der Schwellenmächte der Standpunkt durchzusetzen, daß der Vertrag über das Verbot der Verbreitung von Kernwaffen ein Fortschritt auf dem Wege zur Sicherung des Weltfriedens ist, da er die Bildung neuer Atommächte erschwert, und daß daher die Nachteile des Vertrages in Kauf genommen werden müssen[39].

---

36 Die Vereinigten Staaten, die Sowjetunion und Großbritannien haben zwar am 17. Juni 1968 vor dem Sicherheitsrat eine Erklärung abgegeben, daß sie Sofortmaßnahmen des Sicherheitsrates verlangen werden, falls ein kernwaffenloser Staat Opfer einer Aggression oder Aggressionsdrohung mit Kernwaffen wird (UN Monthly Chronicle, Juli 1968, S. 12 f.). Das bedeutet aber nicht, wie auch Staatssekretär Rusk audrücklich erklärte, die Übernahme zusätzlicher Pflichten, sondern lediglich eine Bestätigung der in der Satzung der VN enthaltenen Vorschriften. Die Bezeichnung Sicherheitsgarantie verdient diese Erklärung schon deshalb nicht, weil eine atomare Bedrohung nur von Nuklearstaaten ausgehen kann, und gerade diese, die Volksrepublik China ausgenommen, über ein Vetorecht im Sicherheitsrat verfügen. Von zahlreichen Staaten wird daher eine besondere Garantie der Kernwaffenmächte gefordert, so z. B. von Indien und Brasilien, während der Debatten in der Generalversammlung der VN („Vereinte Nationen" 1968, S. 87 f.) und auf der Konferenz der nichtatomaren Staaten im Sept. 1968 in Genf (NZZ, 14., 15. und 17. Sept. 1968).

37 Wie groß das Mißtrauen ist, daß die Atomgroßmächte den Sperrvertrag nur zur Festigung ihrer Hegemonie ausnützen, nicht aber als ersten Schritt zu einer allgemeinen Abrüstung ansehen, beweisen nicht zuletzt zahlreiche Erklärungen auf der Konferenz der nichtatomaren Staaten im Sept. 1968 in Genf, wo sich über die Kontinente und Einflußzonen hinweg eine Art Interessengemeinschaft der nichtatomaren Staaten bildete.

38 Um das zu verhindern, legte z. B. auch die Schweiz auf der Konferenz der nichtatomaren Staaten in Genf einen Resolutionsentwurf vor, der von den Atommächten feste Verpflichtungen forderte, den atomwaffenfreien Staaten Zugang zu den fortgeschrittenen Techniken auf nuklearem Gebiet zu verschaffen (NZZ, 17. Sept. 1968).

39 Von den Schwellenmächten haben u. a. Italien und im Nov. 1969 auch die Schweiz und die Bundesrepublik Deutschland den Atomsperrvertrag unterzeichnet. Eine Ratifikation durch diese Staaten ist jedoch erst dann zu erwarten, wenn weitere Fragen, z. B. die der Kontrolle der Kernreaktoren durch die IAEA, geklärt sind; vgl. die Erklärung der Bundesregierung anläßlich der Unterzeichnung, AdG 1969, S. 15080.

Andere Schwellenmächte, z. B. Indien (wegen der Nachbarschaft zur Atommacht China), Israel (wegen seiner Auseinandersetzung mit den arabischen Staaten) und auch die industriell fortgeschrittensten südamerikanischen Staaten Argentinien und Brasilien, scheinen dem Vertrag vorerst nicht beitreten zu wollen.

Schlußbetrachtung

Das Schwergewicht der Friedenssicherung durch die OAS liegt auf der einvernehmlichen Streitbeilegung. Wirksame Verfahren zur gerichtlichen oder schiedsgerichtlichen Entscheidung von Streitigkeiten zu entwickeln, ist der OAS ebensowenig gelungen wie den VN. Entgegen der Konzeption der interamerikanischen Verträge ist die Konsultation nach dem Vertrag von Rio zur Grundlage der friedlichen Beilegung geworden. Im Rahmen der Konsultation haben sich die traditionellen Verfahren, gute Dienste und Vermittlung besonders bewährt. Diese Verfahren sind auch von der im ganzen erfolgreichen Interamerikanischen Friedenskommission angewandt und bei der Reform der Satzung der OAS 1967 berücksichtigt worden. Günstig auf die Friedensbemühungen der OAS wirkte sich die vergleichsweise homogene Zusammensetzung ihrer Mitglieder aus.

Die Satzung der VN betont mehr die in Kap. VII vorgesehenen kollektiven Zwangsmaßnahmen. Für die friedliche Beilegung von Streitigkeiten sind die Organe der VN nur subsidiär zuständig. Obwohl die OAS-Mitglieder gehalten sind, einen Konflikt zunächst den regionalen Instanzen vorzulegen, haben sie doch das Recht, unmittelbar den Sicherheitsrat anzurufen. Dieser muß aber den Fall an die OAS verweisen, solange Aussicht besteht, daß sie ihn friedlich löst.

OAS und VN enthalten Systeme kollektiver Sicherheit. Das der OAS war im wesentlichen erfolgreich. Die VN waren dagegen nicht in der Lage, Kriege unter den Mitgliedern abzuwenden. Ausschlaggebend ist, ob bei einem Konflikt unmittelbare Interessengegensätze zwischen den beiden Großmächten, Vereinigte Staaten und Sowjetunion, bestehen oder nicht. Bei den VN war das in der Mehrzahl der Streitigkeiten der Fall, so daß die Friedensbemühungen ihrer Organe nur selten wirksam waren. Die Einführung eines Konsultationsverfahrens nach dem Vorbild der OAS, wie es Argentinien vorgeschlagen hatte[1], hätte daran nichts geändert.

Bei der OAS ist die Lage insofern anders, als ihre Mitglieder zu der Einflußsphäre der Vereinigten Staaten gehören, und daher im allgemeinen eine Rivalität zwischen den Großmächten fehlt. Gerade die

1 Am 17. Dez. 1956 im Politischen Sonderausschuß der VN — GAOR, XIth Session, Special Political Committee, 3rd mtg., S. 6 ff.

hegemonieartige Stellung der Vereinigten Staaten[2] wirkt sich günstig auf die Friedenssicherung durch die OAS aus. Denn unterstützt von den Vereinigten Staaten ist die OAS, was sie ja auch bewiesen hat, in der Lage, notfalls mit Zwangsmaßnahmen ihren Bemühungen um die Erhaltung des Friedens den nötigen Nachdruck zu verleihen, und zwar autonom, ohne Zustimmung des Sicherheitsrates. Diese reale Möglichkeit, daß Zwangsmaßnahmen ergriffen werden, fehlt in der Regel bei den Vereinten Nationen. Gerade dadurch wird aber die Bereitschaft, zumindest der kleineren Staaten der OAS, gefördert, Streitigkeiten einvernehmlich beizulegen.

Die Erfolge der OAS bei der Verhütung bewaffneter Auseinandersetzungen dürfen jedoch nicht darüber hinwegtäuschen, daß es in den meisten Fällen auch ihr nicht gelang, die den Streitigkeiten zugrundeliegenden Fragen zu lösen. Die immer wieder aufflammenden Konflikte im karibischen Raum zeigen das ebenso wie z. B. der nach wie vor bestehende Streit zwischen Bolivien und Chile um den Grenzfluß Lauca.

Ein bisher ungelöstes Problem sind die Spannungen mit Kuba, das spätestens seit 1962 zum kommunistischen Lager zu zählen ist. Das bestätigt aber nur die Feststellung, daß dort, wo die Interessengegensätze der Großmächte unmittelbar aufeinanderstoßen, nicht nur die VN, sondern auch die OAS mit ihren Friedensbemühungen scheitern.

Daß die Vormacht der Vereinigten Staaten aber nicht nur die Wirksamkeit der OAS fördert, zeigt der dominikanische Konflikt 1965. Zwar kann der Einsatz der Interamerikanischen Friedensstreitmacht als Höhepunkt regionaler Friedenssicherung gewertet werden. Doch die Tatsache, daß die Vereinigten Staaten vorher einseitig intervenierten und den Einsatz der OAS-Streitmacht praktisch erzwangen, löste eine schwerwiegende Vertrauenskrise in der OAS aus, die noch immer nicht überwunden ist.

In den lateinamerikanischen Staaten herrscht heute die Ansicht vor, daß Fragen kollektiver Sicherheit zur Zeit zweitrangig seien. Man ist der Meinung, daß die OAS ihre ganze Kraft den Problemen der wirtschaftlichen und sozialen Entwicklung Mittel- und Südamerikas zuwenden müsse. Diese Probleme seien nicht zuletzt mitursächlich für die politischen Spannungen.

---

[2] Ob die Vormacht der Vereinigten Staaten in vollem Umfang als Hegemonie angesehen werden kann oder nicht, soll hier nicht entschieden werden. *Triepel*, S. 300 ff. nahm nur eine partielle Hegemonie an, nämlich gegenüber einigen Staaten Zentralamerikas. Zum Begriff Hegemonie *Triepel*, §§ 8—12 und 14.

Ob die Friedenssicherung durch die OAS auch in Zukunft erfolgreich sein wird, hängt im wesentlichen von den Vereinigten Staaten ab. Nur wenn diese die Politik einseitiger Interventionen endgültig aufgeben und die OAS nicht zum Werkzeug ihrer Machtpolitik degradieren, wird die Mehrzahl der lateinamerikanischen Staaten auch weiterhin bei der Friedenssicherung wie in anderen Fragen der OAS Vorrang vor den VN einräumen.

Literaturverzeichnis

Accioly, H.: O Pacto de Bogotá, AJIA 1948, S. 3 ff.

— O princípio de não-intervenção e a convenção de Havana sôbre lutas civis, AJIA 1949, S. 3 ff.

— A ONU e os Organismos Regionais, AJIA 1952/54, S. 3 ff.

Aniceto Rodríguez, A.: La Conferencia de la OEA. ?Reunión de Cancilleres o mascarada internacional?, FI 1964/65, S. 547 ff.

Barcía Trelles, C.: El Derecho de Asilo Diplomático y el Caso Haya de la Torre, REDI 1950, S. 753 ff.

Baxter, R. R. - *Carroll*, D.: The Panama Canal, Dobbs-Ferry N. Y. 1965.

Bebr, G.: Regional Organizations: A United Nations Problem, AJIL 1955, S. 166 ff.

Berner, H.: Die panamerikanischen Friedenssicherungsverträge, Diss. Berlin 1938.

Bernstein Carabantes, E.: Punta del Este y las erróneas interpretaciones de un tratado, FI 1961/62, S. 518 ff.

Bindschedler, R.: Das Problem der Beteiligung der Schweiz an Sanktionen der Vereinten Nationen, besonders im Falle Rhodesiens, ZAÖRVR 1968, S. 1 ff.

Blesinger, L.: Die sogenannte vereinbarte und erbetene Intervention, Diss. Bonn 1966.

Bohan, R. T.: The Dominican Case: Unilateral Intervention, AJIL 1966, S. 809 ff.

Bothe, M.: Streitkräfte internationaler Organisationen, Köln—Berlin 1968.

Boutros Ghali, B.: Contribution à l'étude des ententes régionales, Paris 1949.

Bowett, D. W.: Self-Defence in International Law, Manchester 1958.

— The Law of International Institutions, London 1963.

— United Nations Forces, London 1964.

Boyd, A.: Die Vereinten Nationen. Ehrfurcht, Mythos und Wahrheit, Frankfurt 1967.

Brandt, N.: Der lateinamerikanische Atomsperrvertrag, Jahrbuch für Internationales Recht 1969, S. 280 ff.

Brownlie, J.: International Law and the Use of Force by States, Oxford 1963.

Caicedo Castilla, J. J.: El Panamericanismo, Buenos Aires 1961.

— La Organización de los Estados Americanos, Estudios de Derecho, 1963 (März), S. 7 ff., Facultad de Derecho y Ciencias Políticas de la Universidad de Antioquia (Bogotá).

Canyes, M. S.: La Organización de los Estados Americanos y las Naciones Unidas, 6. Aufl., Unión Panamericana, Washington D. C. 1963.

— The Inter-American System and the Conference of Chapultepec, AJIL 1945, S. 504 ff.

Cardón, R. L.: La Solución Pacífica de Controversias Internacionales en el Sistema Americano, Buenos Aires 1954.

Carillo Salcedo, J. A.: Consideraciones sobre el fundamento, naturaleza y significado de las operaciones de las Naciones Unidas destinadas al mantenimiento de la paz, REDI 1965, S. 164 ff.

Castañeda, J.: Pan Americanism and regionalism. A Mexican View, IO 1956, S. 373 ff.

— Conflictos de competencia entre las Naciones Unidas y la Organización de Estados Americanos, FI 1965/66, S. 303 ff.

Chayes, A.: Law and the Quarantine of Cuba, FA 1962/63, S. 550 ff.

— The Legal Case for U.S. Action on Cuba, DSB 1962 II, S. 763.

Christol, C. Q. - *Davis*, Ch. R.: Maritime Quarantine: The Naval Interdiction of Offensive Weapons and Associated Material to Cuba 1962, AJIL 1963, S. 525 ff.

Claude, I. L.: The OAS, the UN and the United States, Int. Conc. Nr. 547, 1964.

Colombos, J.: The International Law of the Sea, 4. Aufl., London 1961.

Congreso (IV.) Hispano-Luso-Americano de Derecho Internacional, Anuario Hispano-Luso-Americano de Derecho Internacional, Madrid 1963, S. 386 ff., 435.

Connell-Smith, G.: The Inter-American System, London—New York—Toronto 1966.

Córdova, R.: El Tratado Americano de Soluciones Pacíficas — Pacto de Bogotá, AJIA 1948, S. 10 ff.

Cuevas Cancino, F.: El problema de las relaciones entre un organismo regional y el mundial: Práctica en el caso de la OEA, AJIA 1952/54, S. 26 ff.

Dahm, G.: Völkerrecht, Bd. I—III, Stuttgart 1958, 1961.

— Die völkerrechtliche Verbindlichkeit von Empfehlungen internationaler Organisationen, DÖV 1959, S. 361 ff.

— Das Verbot der Gewaltanwendung nach Art. 2 (4) der UNO-Charta und die Selbsthilfe gegenüber Völkerrechtsverletzungen, die keinen bewaffneten Angriff enthalten, Festschrift für Rudolf Laun, Jahrbuch für Internationales Recht, Bd. IX (1962), S. 48 ff.

Delbrück, J.: Die Entwicklung des Verhältnisses von Sicherheitsrat und Vollversammlung der Vereinten Nationen, Diss. Kiel 1964.

D'Estéfano Pisani: La Presente Intervención Yanqui en la República Dominicana y el Derecho Internacional, Política Internacional (La Habana), 1965, Nr. 10, S. 41 ff.

Draper, G. I. A. D.: Regional Arrangements and Enforcement Action, Revue Egyptienne de Droit International 1964, S. 1 ff.

Dreier, J. L.: The OAS and the Hemisphere Crisis, New York 1962.

— The Organization of American States and United States Policy, IO 1963, S. 36 ff.

Dürig, G.: Staatsformen, Handwörterbuch der Sozialwissenschaften, Bd. IX, Stuttgart—Tübingen—Göttingen 1956, S. 742 ff.

Dupuy, R.-J.: Le Nouveau Panaméricanisme, Paris 1956.

— Organisation internationale et unité politique. La Crise de l'Organisation des États Américains, AFDI 1960, S. 185 ff.

Ehni, R.: Die Schweiz und die Vereinten Nationen von 1944—1947, Tübingen 1967.

Engel, S.: The New ODECA, AJIL 1966, S. 806 ff.

Ernst, H.: Die Interamerikanischen Konferenzen von Rio de Janeiro und Bogotá, Diss. Mainz 1950.

Falk, R. A.: The International Regulation of internal violence in the developing countries, Proc. ASIL 1966, S. 58 ff.

Fenwick, Ch.: The Organization of American States. The Inter-American Regional System, Washington 1963.

— The Unanimity Rule in Inter-American Conferences, AJIL 1948, S. 399 ff.

— The Ninth International Conference of American States, AJIL 1948, S. 553 ff.

— Application of the Treaty of Rio de Janeiro to the Controversy between Costa Rica and Nicaragua, AJIL 1949, S. 329 ff.

— The Inter-American Peace Committee, AJIL 1949, S. 770 ff.

— The Competence of the Council of the Organization of American States, AJIA 1949, S. 21 ff.

— The Revision of the Pact of Bogotá, AJIL 1954, S. 123 ff.

— Intervention — at the Caracas Conference, AJIL 1954, S. 451 ff.

— The Tenth Inter-American Conference: Some Issues of Inter-American Regional Law, AJIL 1954, S. 469 ff.

— Jurisdictional questions involved in the Guatemala Revolution, AJIL 1954, S. 597 ff.

— Inter-American Regional Procedures for the Settlement of Disputes, IO 1956 (Februar), S. 12 ff.

— The Issues at Punta del Este: Non-Intervention v. Collective Security, AJIL 1962, S. 469 ff.

— The Quarantine against Cuba: Legal or Illegal?, AJIL 1963, S. 588 ff.

— The Dominican Republic: Intervention or Collective Self-Defense, AJIL 1966, S. 64 ff.

— When is there a threat to the peace? — Rhodesia, AJIL 1967, S. 753 ff.

Fernández-Shaw, F.: La Organización de los Estados Americanos, 2. Aufl., Madrid 1963.

Fraenkel, E.: Regionalpakte und Weltfriedensordnung. Zur völkerrechtlichen Enwicklung der Nachkriegszeit, Vierteljahreshefte für Zeitgeschichte 1954, S. 34 ff.

Franzke, H.-G.: Schutzaktionen zugunsten der Staatsangehörigen im Ausland als Ausfluß des Rechtes auf Selbstverteidigung der Staaten, Diss. Bonn 1965.

Friedmann, W.: United States Policy and the Crisis of International Law, AJIL 1965, S. 857 ff.

— Intervention, civil war and the rôle of international law, Proc. ASIL 1965, S. 67 ff.

Frye, W. R.: A United Nations Peace Force, New York 1957.

Fuchs, G.: La Commission Interaméricaine de la Paix, AFDI 1957, S. 142 ff.

Fulbright, W.: Die Arroganz der Macht, Hamburg 1967.

García Amador, F.: La situación dominicana, Américas 1965 (August), S. 1 ff.

García Amador, F.: „Internal Violence" and the Inter-American System, Proc. ASIL 1966, S. 67 ff.

— Institutional developments in Central American Integration, Proc. ASIL 1967, S. 167 ff.

García Robles, A.: Misión de México ante las Naciones Unidas, „El Día" (Mexico), 5. November 1965.

Ginsburg, Th.: Die friedliche Nutzung von Kernexplosionen, NZZ, 19. September 1968, Beilage Technik.

Gómez Robledo, A.: La seguridad colectiva en el continente americano, Mexiko 1960.

— La crisis actual del Sistema Interamericano, FI 1962/63, S. 25 ff., 176 ff.

Goodrich, L. M. - *Hambro*, E.: Charter of the United Nations. Commentary and Documents, 2. Aufl., Boston 1949.

Graber, D. A.: United States Intervention in Latin America, YWA 1962, S. 23 ff.

Granow, H. U.: Konsultation, WVR II, S. 288 ff.

Green, L. C.: Armed Conflict, War, and Self-Defence, AVR 1956/57, S. 387 ff.

Hall, W. E.: A Treatise on International Law, 8. Aufl., Oxford 1924.

Heiser, H.-J.: Abrüstung, WVR I, S. 5 ff.

Henkin, L.: International Law and the Behavior of Nations, Rec. 1965 I, S. 171 ff.

Higgins, R.: The Development of International Law through the Political Organs of the United Nations, London—New York—Toronto 1963.

Houben, P.-H.: Principles of International Law Concerning Friendly Relations and Co-operation among States, AJIL 1967, S. 703 ff.

Informe Anual del Secretario General de la Organización de los Estados Americanos al Consejo de la Organización, 1963, 1965, 1966, Unión Panamericana, Washington D.C.

Inter-American Institute of International Legal Studies, The Inter-American System. Its Development and Strengthening, Dobbs-Ferry N. Y. 1966.

Jessup, Ph. C.: A Modern Law of Nations, New York 1949.

Jiménez de Aréchaga, E.: Derecho Constitucional de las Naciones Unidas, Madrid (1958).

— Traitement de différends internationaux par le Conseil de Securité, Rec. 1954 I, S. 1 ff.

— Treaty Stipulations in Favour of Third States, AJIL 1956, S. 338 ff.

— La legítima defensa individual en la Carta de las Naciones Unidas, Estudios de derecho internacional, Homenaje al Profesor Camilo Barcía Trelles, Universidad Santiago de Compostela 1958, S. 325 ff.

— La Coordination des Systèmes de l'ONU et de l'Organisation des États Américains pour le règlement pacifique des différends, Rec. 1964 I, S. 423 ff.

Kaiser, J.: Internationale und nationale Zuständigkeit im Völkerrecht der Gegenwart, Berichte der Deutschen Gesellschaft für Völkerrecht, Heft 7, Karlsruhe 1967, S. 1 ff.

Kelsen, H.: The Law of the United Nations, London 1951.

Kelsen, H. - *Tucker*, R.: Principles of International Law, 2. Aufl., New York 1966.

Kerley, E. L.: The Powers of Investigation of the United Nations Security Council, AJIL 1961, S. 892 ff.

Kipp, H.: Zum Problem der gewaltsamen Intervention in der derzeitigen Entwicklungsphase des Völkerrechts, Gedächtnisschrift Hans Peters, Berlin—Heidelberg—New York 1967, S. 393 ff.

Klein, F.: Begriff des „Angriffs" in der UN-Satzung, Festschrift für Jahrreiß, Köln—Berlin—Bonn—München 1964, S. 163 ff.

Klinghoffer, H.: Zur Terminologie des völkerrechtlichen Friedensschutzes. Mit Berücksichtigung der interamerikanischen Entwicklung, ÖZÖR, Bd. II (1950), S. 1 ff.

Krämer, L.: Die Tätigkeit der Organisation Amerikanischer Staaten (OAS) in den Jahren 1963 und 1964, Jahrbuch für Internationales Recht, Bd. XIII (1967), S. 481 ff.

Krakau, K.: Die kubanische Revolution und die Monroe-Doktrin, Frankfurt—Berlin 1968.

Krezdorn, F. J.: Les Nations Unies et les Accords Régionaux, Diss. Genf 1954,

Kuhn, W. B.: Das Problem des völkerrechtlichen Notstandes unter besonderer Berücksichtigung der amerikanischen Maßnahmen in der Kubakrise 1962, Diss. München 1966.

Kunz, J. L.: The Inter-American Conference on Problems of War and Peace at Mexico City and the problem of reorganization of the Inter-American System, AJIL 1945, S. 527 ff.

— Individual and collective self-defense in Art. 51 of the Charter of the United Nations, AJIL 1947, S. 872 ff.

— The Inter-American Treaty of Reciprocal Assistance, AJIL 1948, S. 111 ff.

— The Bogotá Charter of the Organization of American States, AJIL 1948, S. 568 ff.

— Critical Remarks on Lauterpacht's „Recognition in International Law", AJIL 1950, S. 713 ff.

— Interamerikanische Streitschlichtung unter dem Pakt von Bogotá, ÖZÖR, Bd. II (1950), S. 486 ff.

— The Laws of War, AJIL 1956, S. 313 ff.

— Sanctions in International Law, AJIL 1960, S. 324 ff.

— Panamerikanismus, WVR II, S. 732 ff.

— Rio-Pakt von 1947, WVR III, S. 128 ff.

Kutzner, G.: Die Organisation der Amerikanischen Staaten (OAS), Hamburg 1970.

— Die Tätigkeit der Organisation der Amerikanischen Staaten (OAS) in den Jahren 1965 und 1966, Jahrbuch für Internationales Recht 1969, S. 440 ff.

Larson, D.: The Cuban Crisis of 1962: Selected Documents and Chronology, Boston 1963.

Lauterpacht, H.: Recognition in International Law, Cambridge 1948.

Lehmann, H.: Das Interamerikanische System zur friedlichen Beilegung von Streitigkeiten, Diss. Bonn 1969.

Leichter, O.: Schwierige Übergangsperiode in den Vereinten Nationen, „Vereinte Nationen" 1965, S. 111 ff.

Lerche, Ch.: Development of Rules Relating to Peacekeeping by the Organization of American States, Proc. ASIL 1965, S. 60 ff.

Lewin-Kaljushnaja: Völkerrecht, (Ost-)Berlin 1967.

Lleras Camargo, A.: Inter-American Conference for the Maintenance of Continental Peace and Security, Rio de Janeiro, Report on the Results of the Conference, Congress and Conference Series No 53, Pan American Union, Washington D.C. 1947.

— Report on the IX. International Conference of American States, Annals 1949, S. 1 ff.

MacChesney: Some Comments on the „Quarantine" of Cuba, AJIL 1963, S. 592 ff.

MacDonald, R. St. J.: The Organization of American States in Action, University of Toronto Law Journal 1964, S. 359 ff.

Mahnke, H.-H.: Das Problem der Einheit der Völkerrechtsgemeinschaft und die Organisation der internationalen Sicherheit, Berlin 1965.

Manger, W.: Pan America in Crisis: The Future of the OAS, Washington 1961.

Mann, Th.: The Dominican Crisis: Correcting some Misconceptions, DSB 1965 II, S. 733 ff.

McDougal, M. S.: The Soviet-Cuban Quarantine and Self-Defense, AJIL 1963, S. 597 ff.

McDougal, M. S. - *Reisman,* W. M.: Rhodesia and the United Nations: The Lawfullness of International Concern, AJIL 1968, S. 1 ff.

McWhinney, E.: The „New" Countries and the „New" International Law: The United Nations' Special Conference on Friendly Relations and Cooperation among States, AJIL 1966, S. 1 ff.

Mecham, J. L.: The United States and Inter-American Security 1889—1960, Austin 1961.

Meeker, L. C.: Defensive Quarantine and the Law, AJIL 1963, S. 515 ff.

— The Dominican Situation in the Perspective of International Law, DSB 1965 II, S. 60 ff.

Meier, G.: Der Bewaffnete Angriff. Begriff und rechtliche Bedeutung in der Satzung der Vereinten Nationen, im Brüsseler Vertrag und im NATO-Vertrag, Diss. Göttingen 1963.

Menzel, E.: Regionale Abkommen, WVR III, S. 89 ff.

Merino Brito, G.: Intervención y Soberanía, Política Internacional (La Habana), 1965, Nr. 10, S. 23 ff.

Meyer-Lindenberg, H.: Die Friedenssicherung im amerikanischen Regionalsystem, ZAÖRVR 1956/57, S. 546 ff.

— Amerikanisches Völkerrecht, WVR III, S. 631 ff.

Morales, E. A.: El Tratado del Canal: Su historia e interpretación, Panamá y los Estados Unidos de América ante el Problema del Canal, S. 23 ff., Universidad de Panamá, Panamá 1966.

Münch, F.: Zum Stand der internationalen obligatorischen Gerichtsbarkeit, ZAÖRVR 1961, S. 221 ff.

— Neue Entwicklung der Formen der Friedenssicherung, AVR 1964/65, S. 158 ff.

— Tätigkeit der Vereinten Nationen in völkerrechtlichen Fragen, AVR 1966/67, S. 294 ff.

Münch, I. von: Internationale und nationale Zuständigkeit im Völkerrecht der Gegenwart, Berichte der Deutschen Gesellschaft für Völkerrecht, Heft 7, Karlsruhe 1967, S. 27 ff.

Nearing, S. - *Freeman*, J.: Dollardiplomatie. Eine Studie über amerikanischen Imperialismus, Berlin 1927.

Nizard, L.: La Question Cubaine devant le Conseil de Sécurité, RGDIP 1962, S. 486 ff.

Oldenhage, G.: Die Reaktionsmaßnahmen internationaler Organisationen gegen Pflichtverletzungen ihrer Mitgliedstaaten (Rechtscharakter, Rechtsformen, Rechtsprobleme), Diss. Göttingen 1963.

Oliver, C.: International Law and the Quarantine of Cuba: A Hopeful Prescription for Legal Writing, AJIL 1963, S. 373 ff.

Oliver, C. - *Tondel*, L.: The Inter-American Security System and the Cuban Crisis, Dobbs-Ferry N. Y. 1964.

Oppenheim, L. - *Lauterpacht*, H.: International Law, Bd. I, 8. Aufl., Bd. II, 7. Aufl., London 1960, 1952.

Ortiz, S.: La Comisión Interamericana de Paz, AJIA 1949, S. 72 ff.

Padelford, N. J.: The International Non-Intervention Agreement and the Spanish Civil War, AJIL 1937, S. 578 ff.

Parkinson, F.: Santo Domingo and after, YWA 1966, S. 143 ff.

Partsch, K. J.: Repressalie, WVR III, S. 103 ff.

Penna, Marinho, I.: O funcionamento do Sistema Interamericano dentro do Sistema Mundial, Rio de Janeiro 1959.

Pinto, R.: Les règles du droit international concernant la guerre civile, Rec. 1965 I, S. 455 ff.

Podesta Costa, L. A.: La Revisión de la Convención Interamericana sobre Derechos de los Estados en Caso de Luchas Civiles, AJIA 1949, S. 9 ff.

Pompe, C. A.: Aggressive War an International Crime, The Hague 1953.

Potter, P. B.: Pacific Blockade or War? AJIL 1953, S. 273 f.

Quintanilla, L.: La Comisión Interamericana de Métodos para la Solución Pacífica de Conflictos, AJIA 1948, S. 97 ff.

Rasco, J. I.: Hacia un Parlamento Latinoamericano, Américas 1965, Nr. 8 (August), S. 12 ff.

Robertson, A. H.: Revision of the Charter of the Organisation of American States, ICLQ 1968, S. 346 ff.

Robinson, D. R.: The Treaty of Tlatelolco and the United States: A Latin American Nuclear Free Zone, AJIL 1970, S. 282 ff.

Rönnefahrt, H. - *Euler*, H.: Konferenzen und Verträge (Vertrags-Ploetz), Teil II, 2. Aufl., Würzburg 1959.

Rosenne, Sh.: The Law and Practice of the International Court, Bd. I und II, Leyden 1965.

Roth, A. H.: The Minimum Standard of International Law Applied to Aliens, Diss. Genf 1949.

Ruda, J.-M.: Relaciones de la OEA y la UN en cuanto al mantenimiento de la paz y la seguridad internacionales, Revista Jurídica de Buenos Aires 1961 I—II, S. 15 ff.

Russell, R.: Development by the United Nations of Rules Relating to Peacekeeping, Proc. ASIL 1965, S. 53 ff.

Sand, M.: Une nouvelle jurisdiction centraméricaine, Journal du droit international 1966, S. 83 ff.

Scelle, G.: Manuel de Droit International Public, Paris 1948.

Schatzschneider, H.: Die neue Phase der Monroedoktrin angesichts der kommunistischen Bedrohung Lateinamerikas, Göttingen 1957.

Scheuner, U.: Die Vereinten Nationen und die Stellung der Nichtmitglieder, Festschrift für Carl Bilfinger, Köln—Berlin 1954, S. 371 ff.

— Die kollektive Sicherung des Friedens im gegenwärtigen Völkerrecht, Berichte der Deutschen Gesellschaft für Völkerrecht, Heft 2, Karlsruhe 1958, S. 1 ff.

— Eine internationale Sicherungsmacht im Dienste der Vereinten Nationen, Festgabe für Alexander·Makarov, ZAÖRVR 1958, S. 389 ff.

— Friedensbedrohung, WVR I, S. 570 ff.

— Kollektive Sicherheit, WVR II, S. 242 ff.

— Kollektive Selbstverteidigung, WVR II, S. 239 ff.

— Neutralität, WVR II, S. 590 ff.

— Decisions ex aequo et bono by International Courts and Arbitral Tribunals, International Arbitration, Liber Amicorum for Martin Domke, The Hague 1967, S. 275 ff.

Schlochauer, H.-J.: Bemerkungen zur Revision der Charter of the United Nations, Festgabe für Alexander Makarov, ZAÖRVR 1958, S. 416 ff.

Schmidt, H.-K.: Formulierungsprobleme für den deutschen Text der Charta der Vereinten Nationen; hier Art. 51, ÖZÖR, Bd. VII (1956), S. 90 ff.

Schreiber, A. P. - Schreiber, P. S. E.: The Inter-American Commission on Human Rights in the Dominican Crisis, IO 1968, S. 508 ff.

Schwarzenberger, G.: Power Politics, 3. Aufl., London 1964.

— The Inductive Approach to International Law, London — Dobbs-Ferry N. Y. 1965.

Seidl-Hohenveldern, I.: Völkerrecht, Köln—Berlin—Bonn—München 1965.

— Das Recht der internationalen Organisationen einschließlich der supranationalen Gemeinschaften, Köln—Berlin—Bonn—München 1967.

Sepúlveda, C.: ?Santa Alianza para el Continente?, „Excelsior" (Mexiko), 4. November 1965.

— Coordinación de las medidas coercitivas para la solución de conflictos internacionales en las Naciones Unidas y en la Organización de los Estados Americanos, Quinto Congreso Hispano-Luso-Americano de Derecho Internacional (Santiago de Compostela, 3. bis 12. Oktober 1966), Comisión IV, Madrid—Zaragoza 1966.

Seyerstedt, F.: United Nations Forces, Leyden 1966.

Siegler, H. von: Die Vereinten Nationen — Eine Bilanz nach zwanzig Jahren, Bonn—Wien—Zürich 1966.

Silva Herzog, J.: La República Dominicana. Nación Martir, Cuadernos Americanos (Mexico) 1965, Nr. 4, S. 7 ff.

Singh, Nagendra: Termination of Membership of International Organisations, London 1958.

Slater, J.: The United States, the Organization of American States, and the Dominican Republic 1961—1963, IO 1964, S. 268 ff.

— The Limits of Legitimization in International Organizations: The Organization of American States and the Dominican Crisis, IO 1969, S. 48 ff.

Somarriba Salazar, J.: Évolution de l'Organisation des États Américains (O.E.A.). Projets de réforme, AFDI 1966, S. 110 ff.

Stoetzer, O. C.: Panamerika-Idee und Wirklichkeit, Hamburg 1964.

Stone, J.: Aggression and World Order, London 1958.

— Legal Controls of International Conflicts, 2. Druck, London 1959.

Tate, M. D. - *Allen*, E. H.: Die Pläne für eine Neuregelung der vertraglichen Verhältnisse am Panamakanal, EA 1968, S. 599 ff.

Thomas, A. van Wynen - Thomas, A. J. jr.: Non-Intervention. The Law and its Import in the Americas, Dallas 1956.

— The Organization of American States, Dallas 1963.

— The Dominican Republic Crisis 1965, Dobbs-Ferry N. Y. 1967.

Tomuschat, Chr.: Die Interamerikanische Menschenrechtskommission, ZAÖRVR 1968, S. 531 ff.

Triepel, H.: Die Hegemonie, Stuttgart 1938.

Vallat, F.: The Peaceful Settlement of Disputes, Cambridge Essays in International Law, Essays Honour of Lord McNair, London 1965, S. 155 ff.

Vattel, E. de: Le Droit des Gens, ou Principes de la Loi Naturelle, Appliqués à la Conduite et aux Affaires des Nations et des Souverains, 2. Buch, photographische Reproduktion der 1. Ausgabe von 1758 (Londres) — Herausgeber Brown Scott, Washington 1916.

Vellas, P.: Le Régionalisme international et l'Organisation des Nations Unies, Paris 1948.

Verdross, A.: Völkerrecht, 5. Aufl., Wien 1964.

— Die österreichische Neutralität, ZAÖRVR 1958, S. 512 ff.

Vereinigung Deutscher Wissenschaftler e. V.: Die amerikanischen und die sowjetischen Vorschläge für eine allgemeine und vollständige Abrüstung und die Atomsperrverträge bis 1967 (herausgegeben von E. Menzel), Göttigen 1967.

Vosskamp, H.-W.: Mittel und Methoden der Sicherung der Vertragserfüllung in internationalen Zusammenschlüssen und Vereinigungen, Diss. Bonn 1966.

Waldock, C. H. M.: The Regulation of the Use of Force by Individual States in International Law, Rec. 1952 II, S. 451 ff.

Warschaver, E.: La Force Militaire Interaméricaine, Bruxelles 1966.

Wehberg, H.: L'Interdiction du Recours à la Force, le Principe et les Problèmes qui se Posent, Rec. 1951 I, S. 1 ff.

Weissberg, G.: The International Status of the United Nations, New York—London 1961.

Wengler, W.: Völkerrecht, Bd. I und II, Berlin—Göttingen—Heidelberg 1964.

— Das völkerrechtliche Gewaltverbot, Probleme und Tendenzen, Berlin 1967.

Whitton, J. B.: Radio Propaganda — A Modest Proposal, AJIL 1958, S. 739 ff.

Wilson Larman, C.: Law and Intervention in the Cuban „Invasion" of 1961, RDI 1965, S. 347 ff.

— International Law and the United States Cuban Quarantine of 1962, Journal of Inter-American Studies 1965, S. 485 ff.

Wittmann, F.: Das Problem des Obligatoriums in der internationalen Gerichtsbarkeit unter besonderer Berücksichtigung von Art. 36 Absatz 2 des Statuts des Internationalen Gerichtshofes, Diss. München 1963.

Wright, Q.: The Crime of „War-Mongering", AJIL 1948, S. 128 ff.

Wright, Q.: The Prevention of Aggression, AJIL 1956, S. 514 ff.

— United States Intervention in the Lebanon, AJIL 1959, S. 112 ff.

— Subversive Intervention, AJIL 1960, S. 521 ff.

— The Cuban Quarantine, AJIL 1963, S. 546 ff.

Yakemtchouk, R.: L'ONU, la Sécurité Régionale et le Problème du Régionalisme, Paris 1955.

Yepes, J. M.: Les Accords Régionaux et le Droit International, Rec. 1947 II, S. 235 ff.

Zemanek, K.: Das Problem der Beteiligung des immerwährend neutralen Österreich an Sanktionen der Vereinten Nationen, besonders im Falle Rhodesiens, ZAÖRVR 1968, S. 16 ff.

Papier | Fördert gute Waldnutzung
FSC® C083411

Kolibri 360 GmbH
Ferdinand-Jühlke-Straße 7
99095 Erfurt, Deutschland
produktsicherheit@kolibri360.de

Druck:
CPI Druckdienstleistungen GmbH
im Auftrag der
Kolibri 360 GmbH
Ferdinand-Jühlke-Str. 7
99095 Erfurt